객체지향 사고 프로세스

The Object-Oriented Thought Process

제5판

객체지향 사고 프로세스(제5판)

1쇄 발행 2020년 7월 3일
2쇄 발행 2020년 9월 30일

지은이 맷 와이스펠드
옮긴이 박진수
펴낸이 장성두
펴낸곳 주식회사 제이펍

출판신고 2009년 11월 10일 제406-2009-000087호
주소 경기도 파주시 회동길 159 3층 3-B호 / **전화** 070-8201-9010 / **팩스** 02-6280-0405
홈페이지 www.jpub.kr / **원고투고** submit@jpub.kr / **독자문의** help@jpub.kr / **교재문의** textbook@jpub.kr

편집팀 이종무, 이민숙, 최병찬, 이주원 / **소통 · 기획팀** 민지환, 송찬수, 강민철, 김수연 / **회계팀** 김유미
진행 및 교정 · 교열 이종무 / **내지편집** 북아이 / **내지디자인** 최병찬 / **표지디자인** 미디어픽스
용지 에스에이치페이퍼 / **인쇄** 한승인쇄사 / **제본** 광우제책사

ISBN 979-11-90665-21-6 (93000)
값 24,000원

객체지향 사고 프로세스

The Object-Oriented Thought Process

제5판

맷 와이스펠드 지음 / **박진수** 옮김

※ **드리는 말씀**

- 이 책에 기재된 내용을 기반으로 한 운용 결과에 대해 저/역자, 소프트웨어 개발자 및 제공자, 제이펍 출판사는 일체의 책임을 지지 않으므로 양해 바랍니다.
- 이 책에 기재한 회사명 및 제품명은 각 회사의 상표 및 등록명입니다.
- 이 책에서는 ™, ©, ® 등의 기호를 생략하고 있습니다.
- 이 책에서 사용하고 있는 제품 버전은 독자의 학습 시점이나 환경에 따라 책의 내용과 다를 수 있습니다.
- 이 책의 예제 코드에는 표준 자바 규칙을 따르지 않은 의사 코드가 포함되어 있으니 참고하시기 바랍니다.
- 책의 내용과 관련된 문의사항은 옮긴이나 출판사로 연락주시기 바랍니다.
  - 옮긴이: arigaram@gmail.com
  - 출판사: help@jpub.kr

샤론과 스테이시와 스테파니, 그리고 파울로에게

차례

옮긴이 머리말

객체지향 프로그래밍이란 개념이 처음 도입되던 시절을 떠올려 봅니다. 당시에 객체지향 개념을 제대로 인식하고 우리말 용어에 제대로 대응해서 쓰는 사람이 거의 없었습니다. 예를 들면, object를 당시에는 그냥 '오브젝트'라고 부르는 사람이 많았고 이를 그냥 '물체'라는 말로 부르는 사람도 있을 정도였습니다. 어떤 이는 '개체'라고 부르기도 했습니다. 그러다가 누군가가 객체라고 부르기 시작했는데, 사람들이 참 많이도 이 용어를 비난했습니다. 그러나 이제는 이 단어가 정착되어 있습니다. 그리고 사실은 객체라는 말이 더 정확한 번역어였습니다. object가 철학적으로는 '객관'을 의미하며, 객관화된 사물을 의미하기도 하므로 '객관체'나 '객관소'라고 부를 수 있으며, 이를 줄여서 '객체'라고 불렀다고 생각합니다(어쩌면 '그냥 subject가 주체니까 이에 대비되는 개념을 나타내는 용어인 object는 객체라고 불러야겠다'라고 생각했을 수도 있습니다).

이처럼 어떤 새로운 지식을 다루는 원어를 잘 표현할 번역 용어를 정착하게 하려면 큰 비난을 감수할 생각을 해야 합니다. 새 용어에 익숙하지 않아서 비난하거나, 자기나 동종업계가 쓰던 관행과 일치하지 않아서 비난하거나, 뭘 잘 몰라서 비난하는 사람이 생각보다 많기 때문입니다(사실, 귀찮은 걸 싫어하는 인간의 본능이 존재하는 한은 아마도 이런 일이 언제나 벌어질 겁니다).

그럼에도 비난을 감수하더라도 반드시 새로운 번역 용어를 도입해야만 하는 경우가 있습니다. 기존의 번역 용어가 얼토당토않는 것이거나, 개념을 혼동하게 하는 경우이거나, 개념을 명확하게 구분할 수 없게 하는 경우이거나, 그 밖의 다양한 경우를 들 수 있습니다.

예를 들면, 이 책에 나오는 implementation의 번역어인 '구현'이라는 말이 개념을 명확하게 구분하기 어렵게 번역한 용어에 속합니다. 사실, 영어는 한 가지 단어를 여러 의미로 쓰는 경우가 많은 언어입니다. 그렇게 하다 보니 이 책에서도 '구현(하다)'이라는 뜻, 구현을 담당하는 부분이라는 뜻, 구현해 만든 것이라는 뜻을 모두 뭉뚱그려서 implementation이라는 한 가지 단어로 표현하고 있습니다. 그런데 이게 우리말로는 각기 구현(하다), 구현부, 구현체처럼 각 개념을 잘 드러내는 말로 바꿀 수 있습니다. 물론 '굳이 이렇게 번역하지 않고 관행대로 그냥 '구현' 으로 다 표현하면 되지 않겠느냐'는 의견도 있었습니다만, 그럴 경우에 이 책의 저자가 진정으로 전달하고자 하는 진의를 전달하기 어렵게 됩니다. '구현체'라는 말을 '구현'에서 떼어 내 구별해서 써야만 '컴퓨터 메모리상에 구현된 클래스'라는 개념을 이해할 수 있기 때문입니다. 또한, 그래야만 객체와 클래스와 인스턴스가 서로 어떻게 다른지를 명확히 이해할 수 있습니다.

이 책의 저자는 객체지향 프로그래밍을 기술 수준이 아닌 개념 수준, 더 나아가서는 철학 수준에서부터 고찰하고 있습니다. 객체지향 프로그래밍의 탄탄한 개념적 기반, 철학적 기반을 다짐으로써 객체지향적으로 생각해 나가는 과정을 정립할 수 있게 하려고 합니다. 이런 저자의 진의와 이런 진의에 따라 저자가 전달하고자 하는 개념 및 철학적 사고방식을 제대로 전달하려면, 동일한 영어 단어일지라도 내포하는 개념이 서로 다르면 각기 다른 번역어로 표현해야 하고 철학 용어나 철학적 용어 표기 방식('-소'와 '-체'로 끝나는 방식)을 도입해야 합니다.

그래서 이 책에는 다소 철학적이면서도 사변적인 번역어를 많이 도입했습니다. 또한, 기존에 관행적으로 쓰이던 용어도 다르게 표현한 경우가 있습니다. 그러한 예들을 이 '옮긴이 머리말'의 바로 다음에 나오는 '주요 번역 용어 대조표' 부분에 실어 두었습니다.

이처럼 새롭게 도입한 용어들이 아마도 대다수 독자 여러분에게는 낯설게 다가설 것입니다. 그래서 본문을 읽기가 어려울 수도 있을 것입니다. 때로는 '기술자가 이런 것까지 알아야 되나요?'라고 생각할 수도 있을 것입니다. 그러나 어떤 기술이든 그 기술의 기초가 되는 원리나 원칙이나 철학은 어려운 법입니다. 이 책도 '객체지향 기술을 다룬다'기보다는 객체지향식으로 사고하는 방법을 다룬, 철학적이면서도 사변적인 면이 많은 책입니다. 그러니 이 책을 읽기가 쉽다면 그게 더 이상한 것입니다. 그럴지라도 일단 무술의 토대가 되는 기초 원리나 철학을 익혀 두면 무궁무진한 술기를 창안해 내며 고수가 될 수 있듯이, 다소 어려워 보이는 이 책의 내용과 번역 용어에 익숙해지면 단순히 객체지향 기술을 모방하는 사람이 아니라, 객체지향적으로 생각하는 과정을 익혀 객체지향 프로그래밍이 자연스러워지는 경지에 더 쉽게 다가설 수 있다고 생각합니다. (그럼에도 실무 현장에 아예 정착되어 버린 용어에 대해서는 베타리더들의 의견을 받아들여 더 널리 쓰는 용어로 표기했습니다(대표적으로는 원래 '합성체'로 번역하려 했던 '컴포지션'을 들 수 있습니다). 현실과 타협한 것입니다. 이러는 과정에서 꽤 많은 역주를 썼다가 다시 삭제했습니다. 이렇게까지 하면서 제가 베타리더의 의견에 수긍한 이유는 새로운 용어를 도입하는 게 오히려 독자가 이해하기 어렵게 하는 면이 있다는 점에 동의했기 때문입니다. 늘 딱 한 발자국만 앞서 나가는 게 가장 바람직한데, 이게 어느 정도가 한 발자국인지를 가늠하기는 정말 어렵습니다. 어쨌든 이 '옮긴이 머리말' 다음에 나오는 '주요 번역 용어 대조표'를 보면 알 수 있듯이, 최소한 몇 개 단어는 현장의 용례를 따랐습니다. 표에 나오는 말 중에 영어로 음차한 말들이 모두 그러한 예입니다.)

그리고 덧붙이고 싶은 말은 이 책에 나오는 코드는 자바 언어 형태로 작성되어 있기는 하지만, 어디까지나 개념을 표현하기 위해서 자바 언어 형태의 표기 방식을 빌려 쓰는 것일 뿐, 자바 언어 문법이나 자바 언어 관행을 충실히 따르는 코드가 아니라는 점을 밝혀 둡니다. 달을 가리키기 위해서 손가락을 빌렸을 뿐이니, 손가락 모양이 적절치 않다고 비난하는 일이 없었으면 합니다. 그러나 저 또한 프로그래밍 언어나 코딩 관례에 무지한 사람은 아니어서 적절하지 않거나 예쁘지 않은 손가락들이 있다는 점을 모르는 바는 아니었습니다. 하지만, 저자의 코딩 스타일이나 저자가 작성한 코드를 무시하고 제 마음대로 코드를 첨삭할 수는 없었습니다. 들여쓰기나 띄어쓰기 정도를 고치는 거야 손가락에 묻은 흙먼지를 털어 주는 일에 불과하니 제가 해도 된다고 생각하지만, 남의 손가락을 마음대로 베고 깎고 덧붙일 수는 없는 일입니다. 이 점을 양해해 주시기 바랍니다(몇 군데 손톱을 깎아 낸 곳이 있기는 합니다). 다만, 베타리더의 열정적인 의견을 어느 정도 반영하여 정말로 자바식 표현도 알아야 하는 경우에는 베타리더가 제시한 코드 중에 몇 가지를 원래 코드의 역주로 처리해 넣어 두었습니다.

마지막으로 이 책이 나오기까지 정말 오래 기다려 주시고 애써 주신 출판사 관계자 여러분과 이 책이 완결될 수 있게 애써 주신 베타리더 분들께 감사한 마음을 전합니다. 특히, 베타리더 분들이 정말 세심하고 꼼꼼하게, 마치 자신이 번역하는 책인 것처럼 오류를 잡아내고 의견을 제시해 주었습니다. 이 책의 품질을 높인 일 중에 절반은 아마도 베타리더로 활동해 주신 분들의 몫일 것입니다.

— 박진수

주요 번역 용어 대조표

이 책에 나오는 용어들 중 주요 번역 용어를 정리해 두었다. 참고로, 이 표의 '번역 용어' 항목에 있는 용어 중에는 이 책에서 사용하지 않는 용어도 있다. 하지만 그 개념을 알아 두면 좋겠기에 함께 기재해 두었다.

구현, 인터페이스

구분	원문에 표기된 꼴	기존 용례	번역 용어	해설
구현	implementation	구현	구현	무엇인가를 현실화하는 행위
	implements/an implement(또는 implementations/an implementation)	구현	구현부	객체 내에서 구현을 담당하는 코드를 말한다. 따라서 인터페이스와 서로 대비되는 개념이다. 기존에는 그냥 '구현'이라는 말로 널리 쓰인 단어인데, 이 단어로 번역해 버리면 책의 내용이 흐트러지며, 저자가 말하고자 하는 의미가 제대로 전달되지 않기에 이 책에서는 구현부로 표기했다. 객체 중에서 다른 객체와 접속(인터페이스)을 담당하는 부분이 아닌 나머지 부분(그중에서도 특히 내부 처리 기능을 담당하는 부분)을 의미한다. '구현소'로 번역하면 더 정확하지만, 이 책에서는 전기공학 패러다임을 차용한 점을 들어 '구현부'라고 번역했다.
	implements/an implement(또는 implementations/an implementation)	구현	구현체	무언가를 구현하는 행동을 통해서 만들어진 것을 말한다. 이는 객체의 구현부를 의미하는 게 아니라 '어떤 생각이나 청사진을 프로그램 코드로 현실화해 놓은 어떤 것'을 의미한다. 따라서 구현부가 들어가 있는 클래스는 컴퓨터 메모리에서 구현체가 된다. 즉, 프로그램이 실행되면 컴퓨터 메모리에는 클래스(부류체)가 아닌 클래스의 '구현체'가 자리 잡게 된다. 그리고 이 구현체를 인스턴스화하면 우리가 흔히 말하는 인스턴스(사례체)가 된다. 그리고 우리가 보통 객체라고 부르는 것은 사실은 이 클래스와 구현체, 인스턴스를 통칭하는 개념이다. 구현이라는 말로부터 구현체라는 말을 따로 구분해 내야만 이와 같은 관계를 정확히 이해할 수 있다. 이에 대해서는 16페이지의 '클래스란 정확히 무엇을 일컫는 말인가?'라는 단락 바로 위에 있는 '구현체와 객체를 구별하는 문제'라는 팁을 참고하자.

인터페이스	interface	인터페이스	인터페이스	접속하는 행위 그 자체를 말한다. 번역어로는 '접속'이 적절하겠으나, 현재 거의 모든 프로그래머가 인터페이스로 부르고 있다는 점을 감안해야 한다는 베타리더의 의견을 받아들여 그냥 인터페이스로 표기했다.
	interfaces/ an interface	인터페이스	인터페이스	원래는 '구현부'에 대비되게 '접속부'로 표기하는 게 맞겠으나, 현재 거의 모든 프로그래머가 인터페이스로 부르고 있다는 점을 감안해야 한다는 베타리더의 의견을 받아들여 그냥 인터페이스로 표기했다. '접속소'로 번역한다면 더 정확했을 용어다. 그러나 이 책에서는 전기공학 패러다임을 도입하고 있어서 전기공학의 용례대로 일단 접속부를 병기했다.
	interfaces/ an interface	인터페이스	인터페이스	접속을 담당하게 만든 어떤 것을 말한다. 예를 들어, 접속부만 있는 객체는 일종의 인터페이스다. 번역어로는 '접속체'가 적절하겠으나, 현재 거의 모든 프로그래머가 인터페이스로 부르고 있다는 점을 감안해야 한다는 베타리더의 의견을 받아들여 그냥 인터페이스로 표기했다.

구성, 구상, 추상

구분	원문에 표기된 꼴	기존 용례	번역 용어	해설
구성	construction	구성	구성	무엇인가를 이루는 행위
	constructs/ a construct	컨스트럭트	컨스트럭트	무엇인가를 구성하는 데 쓰는 기본 요소. 비유하자면 로봇을 만드는 데 필요한 나사, 볼트나 그 밖의 부품 같은 것을 말한다. 철학적 용어로 표현하자면 '구성소'가 되지만, 이 책에서는 실무 관행에 맞춰 달라는 베타리더의 의견을 받아들여 책의 본문에 한해서 '컨스트럭트'로 번역했다.
	constructs/ a construct	컨스트럭트	컨스트럭트	무엇인가로 이뤄진 것. 비유하자면 각종 부품이라는 구성소로 이뤄진 로봇. 하지만 철학적으로는 아주 큰 의미를 지닌 말로써 '구성체'라고 부른다. 그러나 이 책에서는 실무 관행에 맞춰 달라는 베타리더의 의견을 받아들여 책의 본문에서는 '컨스트럭트'로 번역했다.
구상	concrete	구상	구상	추상의 반대말로 구체성을 띈 상태. 참고로, 구체성을 띄게 하는 행위는 concretion이다(우리말로는 '구상화').
	concretes/ a concrete	구상	구상소	구체성을 띄게 하는 요소

	concretes/ a concrete	구상	구상체	추상 클래스나 추상 메서드와 같은 추상체의 반대말. 즉, 구상 클래스나 구상 메서드와 같은 것들. 즉, 구상소가 포함되어 구체성을 띠게 된 것
추상	abstract	추상	추상	구체성을 띠지 않은 상태. 참고로, 추상성을 띠게 하는 행위는 abstraction이다(우리말로는 '추상화').
	abstracts/ an abstract	추상	추상소	추상성을 띠게 하는 요소
	abstracts/ an abstract	추상	추상체	추상 클래스나 추상 메서드와 같은 것. 즉, 구성소가 들어 있지 않은 것. 또는 추상소만 있는 것

합성, 조립, 의존

구분	원문에 표기된 꼴	기존 용례	번역 용어	해설
합성	composition/ composite	컴포지션, 조립, 합성, 구성, 조성, 복합, 컴퍼짓	합성	다양한 것들을 한데 모아 새것을 만드는 행위. 예를 들어, 기본 클래스를 가지고 더 복잡한 클래스를 만드는 행위
	composites/ a composite	컴포지션, 조립, 합성, 구성, 조성, 복합, 컴퍼짓	컴포지션	합성하는 데 쓰이는 기본 요소. 기본 클래스(또는 기본 객체)가 이에 해당한다. 철학적인 용어로 표현하자면 '합성소'가 번역으로 제격이다. 그러나 이 책에서는 실무 관행에 맞춰 달라는 베타리더의 의견을 받아들여 '컴포지션'으로 번역했다.
	composites/ a composite	컴포지션, 조립, 합성, 구성, 조성, 복합, 컴퍼짓	컴포지션	합성소들을 한데 모아 만든 것. 예를 들면, 객체들로 더 복잡하게 구성한 객체를 복합 객체(complex objects)라고 하는데, 기본 객체는 합성소이고 복합 객체는 '합성체'다. 그러나 이 책에서는 실무 관행에 맞춰 달라는 베타리더의 의견을 받아들여 '컴포지션'으로 번역했다.
조립	assembly	조립	조립	다양한 것들을 한데 모아 새것을 만드는 행위. 합성과 거의 같은 개념이다.
	assemblies/ an assembly	조립, 어셈블리	어셈블리	조립하는 데 쓰이는 기본 요소. '조립소'라는 말이 정확한 번역어지만, 실무 관례를 반영해야 한다는 베타리더의 의견에 따라 '어셈블리'로 번역했다.
	assemblies/ an assembly	조립, 어셈블리	어셈블리	조립소들을 한데 모아 만든 것. 이 책의 저자는 컴포지션(합성체)과 어셈블리(조립체)를 구별해 사용하고 있다. '조립체'라는 말이 정확한 번역어이지만, 실무 관례를 반영해야 한다는 베타리더의 의견에 따라 '어셈블리'로 번역했다.

의존	dependency (또는 dependent)	의존성, 종속성	의존	서로 기대는 상태. 합성(응집이나 결합)을 통해 각 클래스는 서로 의존하게 된다.
	dependencies/ a dependency (또는 dependents/ a dependent)	의존성, 종속성	의존소	의존하는 관계를 이루는 기본 요소. 예를 들어, 어떤 시스템을 여러 컴포넌트가 모여서 구성하고 있을 때 시스템은 의존체에 해당하고 각 컴포넌트는 의존소에 해당한다.
	dependencies/ a dependency (또는 dependents/ a dependent)	의존성, 종속성	의존체	의존소들이 서로 의존하여 이루어진 것. 컴포지션(즉, 응집체나 결합체를 아우르는 말인 합성체)이든 어셈블리(즉, 조립체)이든 이 모든 것을 아우르는 말인 복합체이든 모두 의존체의 일종이다.

응집, 결합, 복합

구분	원문에 표기된 꼴	기존 용례	번역 용어	해설
응집	aggregation	응집, 집합연관, 집합	응집	다양한 것들을 강하게 서로 묶어 새것을 만드는 행위. 참고로 응집을 이룬 상태를 나타내는 단어는 aggregate다. 응집을 이 책에서는 합성의 한 가지 형태로 여긴다. 즉 '강하게 묶이게 하는 합성'이 응집이다.
	aggregates/ an aggregate (또는 aggregations/ an aggregation)	응집	응집소	응집하게 하는 데 쓰이는 기본 요소
	aggregates/ an aggregate (또는 aggregations/ an aggregation)	응집, 집합체	응집체	응집소들을 한데 모아 만든 것
결합	association	결합, 연관, 순수연관	결합	무언가를 서로 관련시키는 행위. 원래는 '연관'이라는 말이 더 정확한 번역어다. 그러나 관례적으로 결합이라는 말이 더 많이 쓰이고 있다는 베타리더의 의견에 따라 '결합'으로 번역했다. 응집보다는 더 느슨하게 묶는 행위다. 참고로, 결합된 상태를 나타내는 단어는 associate다. 그리고 이 책에서는 결합을 합성의 한 가지 형태로 여긴다. 즉, '약하게 결합하는 합성'이 결합이다.
	associates/ an associate (또는 associations/ an association)	결합/결합체	결합소	결합을 이루는 데 쓰이는 기본 요소

결합	associates/ an associate (또는 associations/ an association)	결합/결합체	결합체	결합된 것. 응집체보다는 약하게 묶인 것을 말한다.
복합	compoundation	복합	복합	응집이나 결합이라는 행위를 모두 아우르는 말이다. 참고로 복합을 이룬 상태를 나타내는 단어는 compound다.
	compounds/ a compound	복합/복합체/ 컴파운드	복합소	복합을 이루는 데 필요한 기본 요소
	compounds/ an compound	복합/복합체/ 컴파운드	복합체	복합을 이룬 것. 응집체와 결합체를 모두 아우르는 말

기타 번역 용어 정리

구분	원어	기존 용례	번역 용례	해설
	couple	결합하다	묶다	associate를 '결합하다'로 번역했으므로 '묶다'라는 번역 용어로 대체했다.
	coupling	결합	묶음	association을 '결합'으로 번역했으므로 '묶음'이라는 번역 용어로 대체했다.
	coupluled	결합한	묶은	associated를 '결합된'으로 번역했으므로 '묶은'으로 번역했다.

감사의 말

앞서 나온 초판부터 4판에 이르기까지 그랬던 것처럼, 이번 5판에도 많은 사람들의 수고가 보태졌다. 노력을 기울여 준 많은 사람들의 공로를 가능한 한 시간을 내어 보상해 드리고 싶다. 그들 없이는 이 책이 결코 나오지 못했을 것이기 때문이다.

무엇보다도 많은 도움을 준 아내 샤론에게 고맙다는 말을 전한다. 이 긴 과정 전반에 걸쳐 지원하며 격려해 주었을 뿐만 아니라, 글을 쓰는 내내 첫 편집자 역할도 맡아 주었기 때문이다.

또한, 지속적으로 후원해 준 어머니와 그 밖의 모든 가족에게 감사의 말을 전한다.

이 책의 초판 작업이 1998년에 시작되었다고 말하면 믿기 어려울지도 모르겠다. 5판까지 나오는 모든 시간 동안에 필자는 피어슨에 재직 중이던 모든 이와 함께 일하는 것이 즐거웠다. 특히, 편집자인 Mark Taber 및 Tonya Simpson과 협력할 수 있어서 무척 기뻤다.

Jon Upchurch에게는 많은 코드와 원고를 대상으로 기술 편집을 진행하면서 보여준 전문 지식에 특별히 감사의 말을 전한다. 놀라운 기술적 주제에 대한 Jon의 통찰력이 필자에게 큰 도움이 되었다.

마지막으로 두 딸 스테이시와 스테파니에게 고마움을 전한다. 늘 필자의 발가락 밑에 있어 준 고양이 파울로에게도 말이다.

— 맷 와이스펠드

이 책에 대하여

이 책에서 다루는 내용

제목에서 알 수 있듯이, 이 책은 객체지향적(Object-Oriented, OO)으로 생각하는 방법을 다룬다. 책의 주제와 제목을 선택하는 일은 중요하지만, 아주 개념적인 주제를 다루면서 이렇게 하기는 쉽지 않다. 여러 책이 프로그래밍과 객체지향에 대해 다양한 난이도에 맞춰 객체지향 분석, 객체지향 설계, 객체지향 프로그래밍, 디자인 패턴, 객체지향 데이터(XML), UML, 객체지향 웹 개발, 객체지향 모바일 개발, 다양한 객체지향 프로그래밍 언어 및 그 밖의 객체지향 프로그래밍과 관련된 여러 주제를 다루고 있다.

그러나 이러한 모든 책을 깊이 있게 학습해 본 사람들일지라도 여기서 다루는 모든 주제가 단 한 가지, 즉 여러분이 객체지향적으로 생각하는 방식에 기초를 두고 있다는 점을 놓치곤 한다. 종종 많은 소프트웨어 전문가와 학생은 코드 뒤에 숨어 있는 설계 개념을 제대로 이해하기 위해 시간과 노력을 충분히 쏟지 않은 채로 이러한 책들에 뛰어든다.

필자는 특정 개발 방법이나 프로그래밍 언어 또는 일련의 설계 도구를 학습하는 것만으로는 객체지향 개념을 배울 수 없다고 주장하는 편이다. 객체지향 개발을 한마디로 말한다면 생각하는 방식이다. 이 책은 전적으로 객체지향적으로 생각해 나가는 과정을 다룬다.

객체지향적으로 생각해 나가는 과정 속에서 프로그래밍 언어나 개발 관행 및 개발 도구를 따로 떼어 두기는 쉽지 않다. 종종 사람들은 프로그래밍 언어라고 부르는 영역에 발부터 들이밀고 난 후에 비로소 객체지향 개념들을 소개받고는 한다. 예를 들어, 몇 년 전에 많은 C 프로그래머들은 객체지향 개념에 조금이라도 노출되기 전에 먼저 C++로 곧바로 옮겨 타야 했고, 그러고 나서야 객체지향에 관해 소개를 받기도 했다.

또한, 객체지향 개념을 학습하는 일과 객체지향 언어로 프로그램을 작성하는 일이 서로 다르다는 점을 이해해야 한다. 이 책의 초판을 쓰기 전에 필자는 크레이그 라만(Craig Larman)의

〈What the UML Is – and Isn't(UML이란 무엇이고 무엇이 아닌가?)〉 등의 논문을 읽으면서 이런 점에 초점을 맞췄다.

> 불행하게도, 소프트웨어공학 및 UML 다이어그램 언어와 관련해 UML 표기법을 읽고 쓰는 기술을 습득하는 일이 때때로 객체지향 분석에 필요한 기술이나 객체지향 설계에 필요한 기술을 습득하는 일과 같은 것으로 여겨지는 것 같다. 물론, 실제로는 그렇지 않으며, 후자는 전자보다 훨씬 중요하다. 따라서 UML 표기법을 사용한다거나 컴퓨터 보조 설계(CASE) 도구를 사용하는 일보다는 객체지향 분석 및 설계와 관련한 지적 능력을 가장 앞세우는 교육 과정이나 교재를 찾는 게 바람직하다.

따라서 UML 같은 모델링 언어를 배우는 과정도 중요하기는 하지만, 그보다는 먼저 객체지향 기술을 배우는 게 훨씬 더 중요하다. 객체지향 개념을 완전히 이해하기도 전에 UML을 배운다는 것은, 전기에 대해 전혀 알지 못한 채로 전기 회로도를 읽는 방법을 배우는 것과 비슷하다.

이와 같은 문제는 프로그래밍 언어에서도 벌어진다. 앞에서 언급했듯이 많은 C 프로그래머는 객체지향 개념에 직접 노출되기도 전에 C++로 옮겨 타야 했고, 그런 후에야 비로소 객체지향 영역으로 이동했다. 프로그래머들과 면담해 보면 거의 항상 그랬다고 말할 것이다. C++ 프로그래머라고 주장하는 개발자가 사실은 C++ 컴파일러를 사용하는 C 프로그래머일 뿐이었다. 지금도 C#.NET, VisualBasic.NET, Objective-C, 스위프트 및 자바와 같은 언어가 잘 확립되어 있으므로 면담 시에 몇 가지 핵심 질문을 하는 것만으로도 프로그래머가 객체지향을 제대로 이해하는지 바로 알아차릴 수 있다.

비주얼베이직의 초기 버전은 객체지향적이지 않았다. C언어는 객체지향 언어가 아니며, C++는 C와 역으로 호환되도록 개발되었다. 이로 인해 C 구문만 사용한다면 C++의 모든 객체지향 기능을 묻어둔 채로도 C++ 컴파일러를 사용할 수 있다. Objective-C는 표준 ANSI C언어를 확장하도록 설계된 언어다. 더 나쁜 것은 프로그래머가 충분한 객체지향 기능을 사용하면서도 객체지향 프로그래머나 비객체지향 프로그래머가 이해하기 힘든 프로그램을 작성할 수도 있다는 점이다.

따라서 무엇보다 먼저 기본적인 객체지향 개념을 배워 둬야만 한다. 프로그래밍 언어에 직접 뛰어들고 싶은 유혹을 뿌리치고 시간을 내어 먼저 객체지향 사고 과정을 배우기 바란다.

5판에서 달라진 점

앞에서 자주 언급했듯이, 초판에서 필자는 새롭게 떠오른 신기술에 초점을 맞추기보다는 개념을 충실하게 다루는 데 집중할 생각이었다. 필자는 5판에서도 여전히 이와 같은 목표를 고수하지만, 이번 판에서는 이전 판보다 더 많은 '논쟁거리'를 도입했다. 이런 면에서 필자는 지금까지는 객체지향 개발이라는 것이 프로그래머 세계에서 가장 큰 논쟁거리였지만, 지금은 이게 유일하게 큰 논쟁거리가 아니라는 점을 말하고 싶다.

이 책의 초판이 1999년에 완성된 이후로도 많은 기술이 등장했지만, 그중 일부 기술은 사라졌다. 당시에 자바는 이제 막 나온 언어였음에도 주요한 객체지향 개발 언어였다. 웹 페이지는 곧 일상생활과 사업 활동에 필수재가 될 것으로 보였다. 우리는 모두 언제 어디서나 쓸 수 있는 유비쿼터스형 모바일 장치에 필요한 기술들이 어디서 유래했는지를 알고 있다. 지난 20년 동안 소프트웨어 개발자는 XML, JSON, CSS, XSLT, SOAP, RESTful 등의 웹 서비스를 개발했다. 안드로이드 기기는 자바를 사용하고(지금은 코틀린으로 전환 중) iOS 기기는 Objective-C와 스위프트를 사용한다.

즉, 지난 20년 동안(즉, 이 책의 1판부터 4판이 나오는 동안) 많은 기술이 도입되었다. 이 모든 기술을 초판의 기본 의도인 기초 객체지향 개념에 맞춰 요약하려는 게 이번 5판의 주요 목표다. 무슨 이유에서든 필자는 이 책의 초판이 성공한 이유가 기본적인 객체지향 개념에 초점을 맞췄기 때문이라고 생각한다. 앞에서 언급한 모든 기술을 우리가 어떤 식으로든 이번 판에서 요약했기 때문에 어떤 면에서 보면 여정을 모두 이룬 셈이다.

마지막으로, 이러한 기술들을 궁극적으로 모두 설계 방법론으로 아우른다면 그 개념을 SOLID라는 약어로 표현할 수 있는데, 이 SOLID라는 개념은 이 책의 모든 장에서 다룰 뿐만 아니라, 책의 끝 부분에 두 개의 새로운 장을 추가해서 다루고자 한다.

SOLID를 이루는 다섯 가지 원칙은 다음과 같다.

- **SRP**: 단일 책임 원칙(Single Responsibility Principle)
- **OCP**: 개방/폐쇄 원칙(Open/Close Principle)
- **LSP**: 리스코프 대체 원칙(Liskov Substitution Principle)
- **ISP**: 인터페이스 분리 원칙(Interface Segregation Principle)
- **DIP**: 의존성 반전 원칙(Dependency Inversion Principle)

필자는 종종 이 책의 앞부분을 이루고 있는 9개 장을 고전적인 객체지향 원칙이라고 여길 만한 부분이라고 생각한다. 마지막 부분을 이루고 있는 세 개의 장에서는 디자인 패턴과 의존성 회피 및 고전적인 원칙들을 기반으로 구축한 개념인 SOLID를 사용해 강력한 방법론을 표출한다.

이 책의 접근방식

필자는 프로그래밍 언어나 모델링 언어로 뛰어들기 전에 먼저 객체지향적으로 생각하는 과정에 익숙해져야 한다고 확실히 믿는 편이다. 이 책에는 코드와 UML 클래스 다이어그램들이 가득차 있지만, 그렇다고 해서 특정 프로그래밍 언어나 UML을 알아야만 하는 것은 아니다. 어쨌든 개념부터 배워야 한다고 필자가 말해 왔음에도 이 책에는 왜 이렇게도 많은 코드와 클래스 다이어그램이 있을까?

첫째, 객체지향 개념을 설명할 때 코드와 클래스 다이어그램을 쓰면 더 이해하기 쉽기 때문이다. 둘째, 코드와 클래스 다이어그램이 객체지향 과정에 필수적일 뿐만 아니라 입문 수준에서부터 다뤄야 하는 것이기 때문이다. 자바, C# 등에 중점을 두는 것이 아니라 기본 개념을 이해하는 데 도움이 되게 하자는 것이 핵심이다.

UML 클래스 다이어그램을 클래스와 클래스의 속성 및 메서드를 설명하는 시각적 도구로 사용하는 것이 아주 좋다. 실제로, 클래스 다이어그램은 이 책에서 사용된 UML의 유일한 구성요소다. UML 클래스 다이어그램을 사용하면 객체 모델의 개념적 본질을 훌륭하게 모델링할 수 있다. 필자는 클래스 설계를 설명하기 위해, 그리고 클래스끼리 서로 어떤 식으로 관련되어 있는지를 설명하기 위해 객체 모델을 교보재로 삼아 계속 사용할 것이다.

이 책의 예제 코드에서는 루프 및 함수 등의 개념을 보여주지만, 이러한 개념들을 이해하기 위해 코드 자체를 이해해야만 하는 것은 아니다. 이러한 코드 자체에 대해 더 자세히 알고 싶다면 해당 코드를 작성하는 데 사용된 언어의 구문을 다루는 책으로 따로 공부하면 될 것이다.

또한, 이 책이 자바, C#.NET, VB.NET, Objective-C, 스위프트 또는 UML을 알려주지 않는다는 점을 강조하고 싶다. 이 책이 개념 중심의 책이라는 점을 꼭 이해해야 하며, 이 책에 나오는 예제 코드는 클래스를 설계하는 최적의 방법을 설명하려는 의도로 작성된 게 아니고 여러분이 객체지향 개념에 대해 생각하기 위한 보충 교재로 작성된 것일 뿐이라는 점도 이해하기 바란다. 예를 들어, '펭귄'과 '짖지 않는 개'를 사용해 모델을 만들 일이 거의 없을 거라는 게 분명하지만, 개념을 재미있게 설명하기에는 좋다. 이러한 마음가짐을 바탕으로, 이 책이 객체지향 분석이나 객체지향 설계 및 객체지향 프로그래밍과 같은, 그 밖의 객체지향 주제에 대한 여러분의 갈증을 해소할 수 있기 바란다.

이 책의 대상 독자

이 책은 객체지향 프로그래밍이라는 개념을 일반적인 측면에서 소개한 책이다. 이 주제를 보강하기 위해 코드를 예로 드는 게 바람직할 수도 있었겠지만, 개념(concepts)이라는 용어가 중요하므로 코드에 초점을 맞추기보다는 독자가 객체지향적으로 생각하게 하는 데 초점을 맞추었다. 무엇보다 객체지향 프로그래밍이 고유한 패러다임을 나타내지 않는다는 점을 이해해야 한다. 객체지향 프로그래밍은 그저 현대의 소프트웨어 개발자가 사용할 수 있는 방대한 도구 중의 하나일 뿐이기 때문이다.

1995년에 이 책의 초판이 처음 만들어졌을 때 객체지향 프로그래밍은 초기 단계에 있었다. 객체지향 언어를 담은 그릇(예를 들면, 스몰토크) 외에는 객체지향 언어가 실제로는 존재하지 않았기 때문에 그 당시가 초기 단계라고 말할 수 있다. 객체지향 구조를 강요하지 않은 C++ 언어는 지배적인 언어였지만, C 기반 언어였다. 자바 1.0은 1996년에 나왔고, C# 1.0은 2002년에 나왔다. 실제로 이 책 초판이 1999년에 출간되었을 때 객체지향이 실제로 주요 개발 패러다임이 될 것이라고 확신하긴 어려웠다. (자바 2는 1998년 12월에 이르기까지도 출시되지 않았다.) 객체지향 프로그래밍이 현재 지배력을 발휘하고 있음에도 메꿔야 할 흠집이 객체지향 프로그래밍이라는 갑옷에 여전히 남아 있다.

따라서 초판을 읽었던 독자와 이번 판을 읽을 독자는 서로 다른 면이 있다고 생각한다.

1995년부터 2010년에 이르기까지 구조적으로 프로그래밍을 하던 많은 프로그래머가 객체지향 프로그래밍이라는 기예(art)에 맞춰 다시 교육을 받았다. 이 학생들의 대다수는 대학과 직장에서 코볼, 포트란, C, 비주얼베이직을 배우며 자랐다. 오늘날의 학생들은 대학 졸업, 비디오 게임 작성, 웹사이트 제작 또는 모바일 앱 제작에 필요한 프로그래밍을 배울 때 객체지향 언어를 사용한다. 따라서 5판의 접근 방식은 초판이나 2판과 크게 다르다. 구조적 프로그래머에게 객체지향 개발자가 되도록 가르치는 대신에 객체지향 언어로 성장해 온 프로그래머를 가르쳐야 하기 때문이다.

업무 관리자, 설계자, 개발자, 프로그래머 및 프로젝트 관리자가 모두 이 책을 읽을 독자들이다. 즉, 객체지향이 무엇인지를 전반적으로 이해하기를 바란다면 이 책이 적합하다. 이 책을 읽고 나면 더 발전된 주제를 다루는 그 밖의 책으로 옮겨 타기 위한 강력한 발판을 마련할 수 있을 것이다.

독자 의견

이 책의 독자인 여러분은 가장 중요한 비평가이자 논평가다. 우리는 여러분의 의견을 소중히 여기며, 옳은 일, 더 잘할 수 있는 일, 출판하고 싶은 분야, 그리고 그 길을 가고자 하는 것에 대한 지혜로운 조언을 듣길 원한다.

무엇보다 여러분의 의견을 환영한다. 이 책에 대해 좋은 점이나 나쁜 점 또는 더 나은 책을 만들기 위한 조언을 이메일 혹은 글로 남겨 주기 바란다.

이 책의 주제와 관련된 기술적 문제에 관해서는 도울 수 없다는 점을 미리 알린다.

글을 쓸 때는 반드시 책의 제목과 저자 및 여러분의 이름과 이메일 주소를 작성하기 바란다. 우리는 여러분의 의견을 주의 깊게 검토한 후에 저자 및 편집자와 공유할 예정이다.

이메일 주소는 community@informit.com이다.

예제 코드

이 책의 예제 코드는 https://github.com/Jpub/TOOTP5에서 다운로드할 수 있다.

베타리더 후기

김진영(야놀자)

자바 언어로만 개발을 만 5년 꽉 채우고 6년 차인 개발자입니다. 자바를 사용하는 것이 곧 객체지향 프로그래밍을 한다는 의미가 아니란 것은 알았지만, 이 책을 보며 제가 놓치고 있었던 개념적 사항을 되짚어 볼 수 있어서 좋았습니다. 초심자보다도 객체지향 개발을 해보며 내가 정말 객체지향적으로 프로그래밍을 하고 있는지 되짚어 보고 싶은 분에게 추천합니다.

송재욱(우아한형제들)

객체지향 개념에 대해 자세히 기술된 책입니다. 객체지향 언어를 쓴다고 해서 그 코드가 객체지향적이라 할 수는 없습니다. 생각 외로 많은 코드가 객체지향 언어를 절차지향 방식으로 짜는 사례가 많기 때문입니다. 개념에 대한 기초적인 이해 없이 실무에 들어갔을 때 하기 쉬운 실수가 여기서 비롯됩니다. 코드보다 개념 해설이 더 많아 조금 지루할 수도 있겠지만, 탄탄한 기초를 갖추기 위해 이런 책 한 권쯤은 읽어야 한다고 생각합니다.

양성모(현대오토에버)

이 책은 객체지향 프로그래밍의 기본 개념을 간결한 문장으로 설명합니다. 객체지향 언어를 처음 접하는 경우나, 개념을 다시 정리하기에 좋은 내용이 수록되어 있습니다. 잊고 있었던 기본기를 다시 정립할 수 있었습니다.

이현수(무스마 기술연구소)

신입 시절에 도서관에서 이 책의 구판을 빌려 읽은 적이 있는데, 아마 책의 절반도 이해하지 못했던 것 같습니다. 하지만 이 책을 통해 학습의 방향을 잡고 실무에서 객체지향 프로그래밍을 해오면서 책에 제시한 내용을 체득하고 거기에 더해 기존의 방식을 비판적으로 바라볼 수 있는 시각을 얻게 되었습니다. 개정판으로 다시 읽어보고 리뷰를 하니 감회가 새로웠습니다.

최용호(넥슨코리아)

개발자에게 객체지향이라는 단어는 너무나 익숙하지만, 의미를 제대로 이해하고 개발에 적용하는 개발자는 흔치 않습니다. 이론뿐만 아니라 프로그래밍에 접목하기 위해서는 수많은 시행착오와 깨달음이 필요하기 때문입니다. 이 책은 객체지향을 제대로 이해하는 데 필요한 개념을 세세하게 설명합니다. 또한, 애매하고 어려운 용어를 쉽고 정확하게 이해할 수 있도록 애쓴 역자의 고충이 엿보였습니다. 객체지향을 제대로 익히고 싶은 개발자에게 꼭 추천하고 싶은 책입니다.

제이펍은 책에 대한 애정과 기술에 대한 열정이 뜨거운 베타리더의 도움으로
출간되는 모든 IT 전문서에 사전 검증을 시행하고 있습니다.

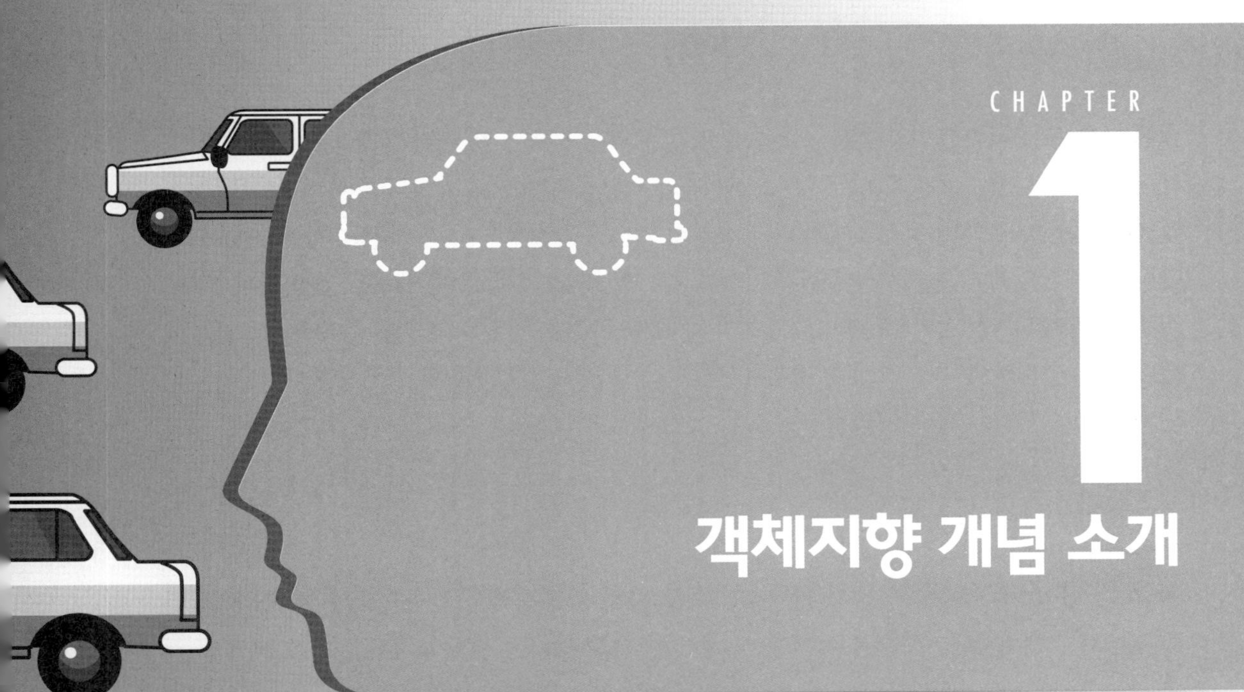

CHAPTER

1 객체지향 개념 소개

객체지향(Object-Oriented, OO) 소프트웨어 개발이 1960년대 초부터 계속 이어져 왔지만, 프로그래머들 중 대다수는 이런 점을 잘 모른다. 스몰토크나 C++와 같은 대중적인 객체지향 프로그래밍 언어가 이미 널리 사용되었음에도, 객체지향 패러다임은 1990년대 중반에서 후반에 이르러서야 비로소 탄력을 받기 시작했다.

객체지향 방법론의 등장은 인터넷이 비즈니스 플랫폼이나 엔터테인먼트 플랫폼으로 각광을 받기 시작한 시기와 일치한다. 요컨대, 객체는 네트워크를 통해서 잘 작동한다. 그리고 인터넷 시대가 진즉에 열렸다는 점이 명확해진 후에야 비로소, 새롭게 출현한 웹 기반 기술을 개발하기에는 객체지향 기술이 적합하다는 점이 드러났다.

이 책의 첫 번째 장 제목이 '객체지향 개념 소개'라는 점을 말하고 넘어가고자 한다. 이 책에서는 '기술'이라는 단어에 내포된 면을 다루기보다는 '개념'이라는 단어에 내포된 면을 다룬다. 기술은 소프트웨어 산업에서 매우 빠르게 새 기술로 대체되지만, 개념은 끊임없이 진화한다. 필자는 '진화'라는 단어를 썼는데, 비교적 안정된 상태에서 변화한다는 점을 나타내기에 적합한 용어이기 때문이다. 그리고 바로 이런 진화적 측면이 '개념'에 초점을 맞추기에 아주 적합하다. 개념은 일관성을 보이더라도 늘 새롭게 해석할 수 있으므로 아주 흥미로운 토론 거리가 될 수 있다.

지난 25년 동안 이뤄진 이와 같은 진화 과정을 쉽게 되짚어 볼 수 있는데, 이에 따르면 1990년대 중반부터 후반에 걸쳐 최초의 기본 브라우저가 나타난 이래로, 오늘날의 지배적인 모바일/전화/웹 애플리케이션에 이르기까지 다양한 산업 기술의 발전에 맞춰 객체지향이라는 개념이 진화해 왔다. 언제나 그렇듯이, 우리가 하이브리드 앱 등을 모색할수록 새로운 개발 방식 또한 더 가까이 다가선다. 이 모든 여정에 걸친 각 여행 구간마다 객체지향 개념이 자리 잡고 있었다. 그렇기 때문에 이번 장에서 다룰 주제들은 아주 중요하다. 이러한 객체지향 개념은 25년 전과 마찬가지로 오늘날에도 유효하다.

기본 개념

이 책에서는 객체지향 시스템을 설계할 때 개념이 어떻게 사용되는지 생각하는 것에 초점을 맞춘다. 역사적으로 객체지향 언어는 캡슐화와 상속 및 다형성으로 정의되어 왔다(필자는 이것을 '고전적인' 객체지향이라고 부른다). 따라서 어떤 한 언어가 이러한 측면들을 모두 구현하지 않으면 일반적으로 객체지향적 언어가 아닌 것으로 간주한다. 필자는 이 세 가지 개념을 혼합한 것 외에도 항상 합성이라는 개념도 추가해 넣는다. 따라서 객체지향 개념을 목록으로 나타내면 다음과 같다.

- 캡슐화(encapsulation)
- 상속(inheritance)
- 다형성(polymorphism)
- 합성(composition)

이 책의 나머지 부분에서 이 개념들을 모두 자세히 다뤄 볼 생각이다.

이 책의 초판에서부터 고심해 온 문제 중 하나는 늘 변화하는 현재의 설계 관행에 이와 같은 개념들을 직접 연관시키는 방법이었다. 예를 들어, 객체지향 설계 시에 상속을 사용해야 하는지에 관해 늘 논쟁이 벌어졌다. 상속이 실제적으로는 캡슐화를 깨뜨리는가? (이 주제는 다음 장에서 다룰 것이다.) 지금도 많은 개발자들이 가능한 한 상속을 피하려고 한다. 따라서 '굳이 상속을 사용해야 하나?'라는 질문이 나올 수 있다.

늘 그렇듯이 개념들을 고수하는 게 필자의 접근방식이다. 상속 사용 여부에 관계없이, 여러분은 최소한 상속이 무엇인지 이해해야 하므로, (상속에 관한) 교육을 받아야만 설계 방식을 선택할 수 있다. 코드를 유지보수할 때 거의 확실하게 상속을 사용한 코드를 보게 될 것이므로, 여러분이 상속을 사용하든지 그렇지 않든 간에 상속을 공부해 두어야 한다.

소개 부분에서 언급했듯이, 이 책의 대상 독자는 기본적인 객체지향 개념을 일반적으로 소개받기 원하는 사람들이다. 이런 점을 염두에 두면서 이번 장에서는 기본적인 객체지향 개념을 소개하며, 이를 바탕으로 여러분이 중요한 설계 결정을 내리는 데 필요한 토대를 탄탄하게 쌓길 바란다. 이 소개 부분에서 다루는 개념들이, 이후에 나오는 여러 장에 걸쳐서 다룰 주제들에 다 잇닿는 것은 아니지만, 해당 주제들을 자세히 살펴보는 데 필요하다.

객체와 레거시 시스템

객체지향이 주류가 되면서 개발자가 직면한 문제 중 하나는 새로운 객체지향 기술을 레거시 시스템(legacy system, 즉 '구형 시스템' 또는 '기존 시스템')과 통합하는 것이었다. 그 당시에는 객체지향 프로그래밍과, 절차적 프로그래밍이라고도 부르던 구조적 프로그래밍을 서로 다른 것으로 여겼는데, 이런 개발 패러다임이 그 시절에는 가장 지배적이었다.

필자는 객체지향 프로그래밍과 구조적 프로그래밍은 서로 경쟁하는 관계에 있는 게 아니라고 생각했기 때문에 늘 그러한 패러다임이 이상하다고 생각했다. 객체들은 구조적 코드와 잘 통합되므로 보완적이다. 지금도 종종 필자는 '구조적 프로그래밍을 하는가, 아니면 객체지향 프로그래밍을 하는가?'라는 질문을 받는다. 망설임 없이 필자는 양쪽 방식을 다 쓴다고 대답할 것이다.

같은 맥락에서 말하자면, 객체지향 코드는 구조적 코드를 대체하기 위한 것이 아니다. 객체지향적이지 않은 많은 레거시 시스템이 작업을 제대로 수행하고 있는데도 굳이 변경하거나 교체해서 위험을 무릅쓸 이유가 있을까? 단지 변화할 요량으로 레거시 시스템을 변경하는 일은 하지 않는 편이 대체로 더 바람직하다. 객체지향적이지 않은 코드로 작성된 시스템은 본질적으로 잘못된 것이 없다. 하지만 완전히 새로 개발하는 경우라면 객체지향 기술을 반드시 고려해야 한다(어떤 경우에는 그렇게 할 수밖에 없다).

지난 25년 동안 객체지향 개발 방식이 꾸준하고 현저하게 성장하기는 했지만, 인터넷과 모바일 인프라와 같은 네트워크에 더욱 의존하게 되면서 객체지향 개발이 더욱 주류가 되었다. 브라우저 및 모바일 앱에서 수행하는 처리(transaction)가 폭증하면서 새로운 시장이 열렸으며, 대부분의 소프트웨어가 새로 개발되고 있기 때문에 레거시는 큰 문제가 되지 않는다. 레거시 문제가 있다고 할지라도 레거시 시스템을 객체 래퍼로 둘러싸는 경향이 있다.

> **객체 래퍼**
>
> 객체 래퍼(object wrappers)는 다른 코드를 둘러싸는 객체지향 코드다. 예를 들어, 구조적 코드(예: 루프 및 조건)를 객체 래퍼 내부에 둠으로써 객체처럼 보이게 할 수 있다. 객체 래퍼를 사용해 보안 기능, 이식 불가능한 하드웨어 기능 등을 **둘러쌀**(wrap) 수도 있다. 구조적 코드를 포장하는 일은 6장 '객체를 사용해 설계하기'에서 자세히 설명한다.

소프트웨어 개발에서 가장 흥미로운 점 중에 하나는 레거시 코드(legacy code, 즉 '기존 코드')와 모바일 및 웹 기반 시스템을 통합하는 일이다. 대부분의 경우에 모바일 웹 프런트엔드는 궁극적으로 메인 프레임에 있는 데이터에 연결된다. 메인 프레임과 모바일 웹 개발 기술을 결합할 수 있는 개발자가 필요하다.

여러분은 아마 객체인 것을 알아차리지 못한 채로 일상 생활에서 객체를 경험하고 있을 것이다. 이러한 경험은 자동차를 탈 때, 휴대전화로 이야기할 때, TV를 볼 때, 컴퓨터 게임을 할 때, 그 외 기타 여러 상황에서 일어날 수 있다. 초고속 통신망이 본질적으로 객체 기반 고속도로가 되었다. 기업이 모바일 웹을 선호하게 되면서, 전자 상거래에 사용되는 기술이 대부분 객체지향이므로 객체도 선호하게 되었다.

> **모바일 웹**
>
> 의심의 여지없이 인터넷의 등장은 객체지향 기술로의 전환에 큰 자극을 주었다. 네트워크에서 사용하기에는 객체가 적합하기 때문이다. 인터넷은 이러한 패러다임 전환의 최전선에 있었지만, 이제는 모바일 네트워크가 주요한 방식으로 이런 혼합체에 합류했다. 이 책에서 모바일 웹이라는 용어는 모바일 앱 개발 및 모바일 웹 개발과 관련된 개념의 맥락에서 사용된다. 하이브리드 앱이라는 용어는 때때로 웹 및 모바일 장치의 브라우저에서 렌더링되는 애플리케이션을 나타내는 데 사용된다.

객체지향 프로그래밍과 절차적 프로그래밍

객체지향 개발의 장점에 대해 더 깊이 파고들기 전에 더 근본적인 질문인 '객체는 정확히 무엇인가?'를 생각해 보자. 이 질문은 복잡하면서도 단순하다. 소프트웨어 개발 방법을 배우기 쉽지 않다는 점에서는 복잡하다. 하지만 사람들이 이미 객체(물체)라는 관점에서 생각하며 산다는 점에서 보면 간단하다.

팁

객체지향 전문가인 로버트 마틴(Robert Martin)이 발표한 유튜브 동영상 강의를 보면 '사람들이 객체라는 관점에서 생각한다'는 말은 마케팅 담당자가 지어낸 문구라는 의견이 있다. 곰곰이 생각해 볼 만한 점이 있는 말이다.

예를 들어, 여러분이 어떤 사람을 보게 된다면 사람을 일종의 객체(objects)[1]로 간주하게 된다. 그리고 객체는 속성과 행위라는 두 가지 성분으로 정의된다.[2] 사람에게는 눈 색깔, 나이, 키 등과 같은 속성(attributes)이 있다. 또한, 사람은 걷기, 말하기, 호흡 등과 같은 행위(behaviors)를 한다. 객체에 대한 기본적인 정의에 따르자면 **객체란 데이터와 행위라는 양면(both)을 포함하는 엔터티(entity)**[3]다. **'양면'**이라는 단어는 객체지향 프로그래밍과 다른 프로그래밍 방법론과의 주요 차이점이다. 예를 들어, 절차적 프로그래밍에서 코드는 완전히 다른 함수나 절차와 구별된다.

이상적으로 생각하자면, 그림 1.1에서 볼 수 있듯이 이러한 절차는 '블랙 박스'가 되고, 이 블랙 박스로 입력 내용이 들어가면 출력 내용이 나온다. 데이터는 별도의 구조로 배치되며, 이러한 함수 또는 절차에 맞춰 다뤄진다.

객체지향 프로그래밍과 절차적 프로그래밍과의 차이점

객체지향 설계에서 속성과 행위는 한 가지 객체 안에 모두 포함되는 반면에, 절차적 설계나 구조적 설계에서는 속성과 행위가 일반적으로 분리된다.

그림 1.1 블랙 박스

---

1 옮긴이 여기서 말하는 객체는 '개체'나 '사물' 또는 '물체'나 '객관적 인식 대상'이라는 개념을 말하는 것이다. 철학 용어로 말하자면 '대상'이나 '객관'에 해당한다. 그리고 객관을 표현한 어떤 '체'를 '객관체(object)'라고 할 수 있는데, 이것의 줄임말이 '객체'인 것이다. 바로 다음에 나오는 엔터티에 관한 주석과 비교해 보자. 이렇게 길고 장황하게 주석을 다는 이유는 '객체' 또한 저자가 앞으로 언급하는 여러 '체'의 한 사례이기 때문이다. 그동안 우리나라에서는 이러한 '체'라는 개념을 도입하지 않아 '객체지향' 관련 개념과 용어를 혼동스러워한 부분이 있다. 다행히 이 책의 저자는 '결합/결합체', '응집/응집체', '의존/의존체', '합성/합성체' 등으로 어떤 '성질'과 그러한 성질로 구성된 체, 즉 '성질체'를 구분하고 있다. 다만, 이 책에서는 현장의 언어 사용 관행에 맞춰 composition은 '합성'으로, composite는 '합성체'가 아닌 '컴포지션'으로 번역했다.

2 옮긴이 사실 여기서도 속성과 행위는 각기 '속성체'와 '행위체'라고 불러야 개념을 더 정확히 드러내는 말이 된다.

3 옮긴이 엔터티란 우리말로는 '개체'나 '실재'로 번역할 수 있는 용어인데, 이는 속성(즉, 특성)이나 이름이 있고 다른 것과 구별되는 존재 또는 존재성을 의미한다. 행위가 없는 존재도 존재이고 속성이 없는 존재도 존재이므로 엔터티는 객체보다는 더 포괄적인 개념이라 할 수 있다. '개체'로 번역하지 않은 건, '객체'를 '개체'로 부르기도 하기 때문에 두 가지를 혼동하지 않게 하기 위해서다.

객체지향 설계의 인기가 높아짐에도 초기에 곧바로 받아들여지지 않고 그 당시의 현실에 맞춰 받아들여질 수밖에 없었던 이유 중 하나는 객체지향적이지 않아도 완벽하게 작동하는 시스템이 많았기 때문이다. 그런 상황에서는 그저 변화하기 위해 시스템을 변경할 필요가 전혀 없었다. 컴퓨터 시스템에 정통한 사람이라면 누구나, 큰 변화가 아닌 것처럼 느껴지더라도, 그게 큰 재앙의 전조가 될 수 있다는 점을 알았기 때문이다.

이런 상황이었기 때문에 객체지향 데이터베이스들을 받아들이는 일부터도 난관에 봉착하게 되었다. 객체지향 개발이 시작된 시점에서 객체지향 데이터베이스가 관계형 데이터베이스를 대체할 가능성이 다소 높아지기는 했다. 그러나 이런 일은 결코 일어나지 않았다. 업계에서는 관계형 데이터베이스에 많은 돈을 투자했고, 이 데이터베이스들이 잘 작동했기 때문에 객체지향 데이터베이스로 전환할 이유가 전혀 없었던 것이다. 또한, 시스템을 관계형 데이터베이스에서 객체지향 데이터베이스로 변환하는 데 들어갈 모든 비용과 위험이 명백했기 때문이기도 했다.

사실을 말하자면, 지금은 업계를 주도하는 세력들이 기뻐할 만한 중간 지대를 찾아냈다. 오늘날의 많은 소프트웨어 개발 사례에는 객체지향 및 구조화와 같은 다양한 개발방법론이 섞여 쓰이고 있다.

그림 1.2에서 볼 수 있듯이 구조적 프로그래밍에서 데이터는 프로시저와 종종 분리되기도 하지만, 데이터가 전역적인 경우가 많아서 코드 범위를 벗어난 데이터일지라도 간단히 변경할 수 있다. 다시 말하면, 데이터에 대한 접근을 제어하거나 예측하기가 어렵다는 말이다(즉, 여러 함수가 전역 데이터에 접근할 수 있다). 둘째, 데이터에 접근할 수 있는 사람을 제어할 수 없으므로 테스트를 한다거나 디버깅을 하기가 훨씬 더 어렵다. 객체지향 방식에는 데이터와 행위를 훌륭하고 완전한 패키지인 객체로 결합함으로써 이러한 데이터 제어 문제를 해결할 수 있다.

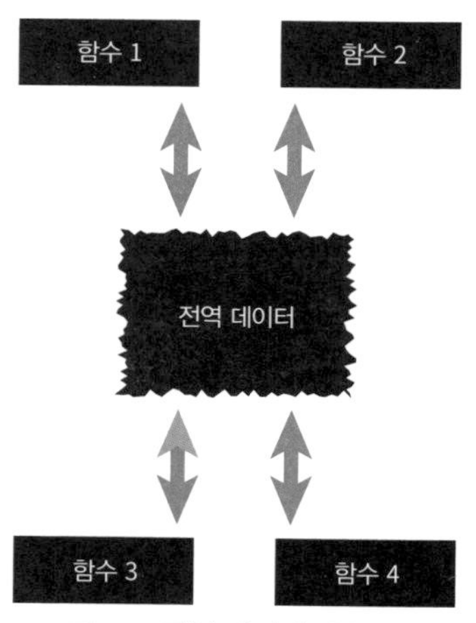

그림 1.2 전역 데이터 사용하기

적절한 설계

제대로 설계된 객체지향 모델이라면 전역 데이터가 전혀 없을 것이라고 말할 수 있다. 이로 인해 객체지향 시스템에서는 데이터 무결성(data integrity)이 달성된다.

객체지향 패러다임으로 그 밖의 소프트웨어 개발 패러다임을 대체하려고 했던 게 아니고 진화적 반응의 결과로 객체지향 패러다임이 나왔다는 말이다. 구조적 프로그램에는 배열 등과 같은 복잡한 자료구조가 있다. C++에는 구조체라는 것도 있는데, 이 구조체의 특성 중 많은 부분이 객체(클래스)의 특성과 닮아 있다.

그러나 객체는 자료구조나 정수 및 문자열과 같은 기본 데이터 형식(data type, 즉 '자료형' 또는 '데이터 유형' 또는 '자료 유형' 또는 '데이터 타입') 이상의 것이다. 객체에는 속성을 나타내는 데 사용되는 정수 및 문자열과 같은 엔터티(entities)가 들어 있지만, 행위를 나타내는 메서드(methods)도 들어 있다. 객체에서 메서드는 데이터에 대한 연산이나 그 밖의 연산을 수행하는 데 사용된다. 더 중요한 것은 객체의 멤버(속성 멤버와 메서드 멤버)에 대한 접근을 제어할 수 있다는 점이다. 이것은 속성(attributes)과 메서드[4]에서 모두 일부 멤버가 다른 객체에 대해 숨겨질 수 있음을 의미한다. 예를 들어, `Math`라는 객체에 `myInt1`과 `myInt2`라고 부르는 두 개의 정수가 있다고 하자. 대체로 그렇지만, `Math` 객체는 `myInt1` 및 `myInt2`의 값을 설정하고 검색하는 데 필요한 메서드를 포함한다. 또 이 객체는 두 정수를 더하기 위해 `sum()`이라는 메서드를 포함할 수도 있다.

> **데이터 은닉**
>
> 객체지향 용어에서는 데이터를 **속성**(attributes)이라고 하며, 행위를 **메서드**(methods)라고 한다. 속성이나 메서드에 접근하지 못하게 제한하는 일을 **데이터 은닉**(data hiding)이라고 한다.

객체지향 용어로는 **캡슐화**(encapsulation)라고 부르는 행위, 즉 동일한 엔터티에서 특성들과 메서드들을 한 곳으로 합침으로써, `Math` 객체의 데이터에 대한 접근을 제어할 수 있다. 정수인 `myInt1`과 `myInt2`를 접근금지(off-limits) 대상으로 정의해 두었다면, 논리적으로 연결되지 않은 다른 함수는 이 정수들을 조작할 수는 없고, 오직 `Math` 객체만 조작할 수 있다.

---

4 옮긴이 용어를 정치하게 다듬을 수 있게 우리는 속성과 메서드(즉, 방법)라는 용어에서 '속성체(attributes)' 및 '방법체(methods)'와 구별해 낼 수 있다. 속성체는 변수로 나타내어 속성(데이터)을 담고, 방법체는 함수나 프로시저의 꼴로 나타내어 방법(연산 방식, 연산 절차)을 담는다. 이 책의 뒷부분에 보면 구조적 프로그래밍과 객체지향 프로그래밍이 서로 배타적인 게 아니라 객체지향 프로그래밍에 구조적 프로그래밍 기술이 적용될 수 있다고 하면서 그 예로 함수와 프로시저를 들고 있는데, 해당 부분을 제대로 이해하려면 '속성체'와 '방법체'라는 개념과 이 두 '체'를 구성하기 위한 기술(記述, discription) 방식이 각기 변수와 함수 및 프로시저에 대한 기술이라는 점을 이해해야 한다. 다만 이러한 '체'의 개념을 우리나라에서는 제대로 다룬 적이 없으므로 독자가 어려워할 내용임은 확실하다. 그런데도 굳이 소개하는 건, 저자의 진정한 의도와 진정으로 나타내고 싶어 하는 개념을 드러냄으로써 독자들이 이해하는 게 바람직하다고 보았기 때문이다.

건실한 클래스가 되게 설계하는 지침

클래스 속성으로 접근하는 일을 제한하지 않으면, 객체지향 클래스를 잘못 설계할 수 있다는 점에 유념하자. 다른 프로그래밍 방법에서 그러하듯이, 여러분이 객체지향 설계를 할 때 잘못된 코드임에도 효율적으로 설계할 수도 있다는 점을 알아야 한다. 여러분은 그저 건실한 클래스(sound class)가 되게 설계하는 지침을 준수하기 바란다(5장 '클래스 설계 지침' 참조).

다른 객체(예: `myObject`)가 `myInt1`과 `myInt2`를 합산한 결과에 접근하려는 경우라면 어떨까? 이는 `Math` 객체가 하기 나름이다. `myObject`는 `Math` 객체에 메시지(message)를 보낸다. 그림 1.3은 두 객체가 메서드를 거쳐 소통하는 방법을 보여준다. 여기에 쓰인 메시지라는 것은 실제로는 `Math` 객체의 `sum` 메서드에 대한 호출이다. 이렇게 호출되면 `sum` 메서드는 값을 `myObject`에 반환한다. 이것의 장점은 `myObject`가 합계를 계산하는 방법을 알 필요가 없다는 점이다(물론, 추측할 수는 있지만). 이 설계 방법론을 사용하면 `myObject`를 변경하지 않고 `Math` 객체에서 합계를 계산하는 방법을 변경할 수 있다(합계를 검색하는 방법이 변경되지 않는 한). 여러분은 그저 합계만 원할 뿐, 계산 방법까지 알아야 하는 것은 아니다.

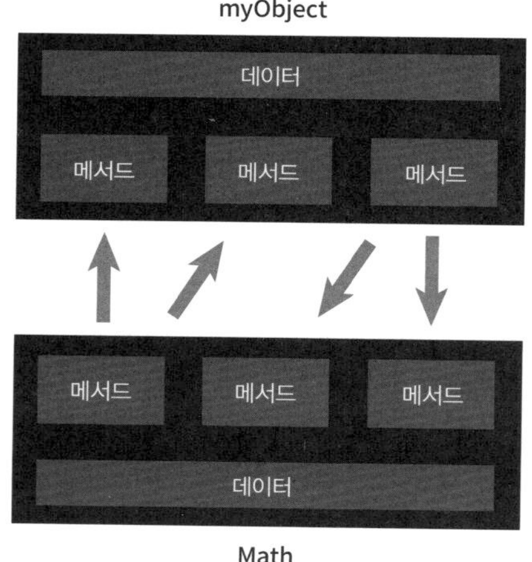

그림 1.3 객체 간 소통

간단한 계산기 예제를 사용하면 이 개념을 설명할 수 있다. 계산기로 합계를 계산할 때 여러분은 계산기의 인터페이스(숫자판과 LED 화면)만 사용하면 된다. 계산기에는 키를 순서대로 정확히 누를 때 호출되는 합산 방법(sum method)이 있다. 여러분이 정답을 돌려받게 되더라도, 전자적으로나 알고리즘적으로 어떻게 처리한 것인지는 전혀 알 수 없다.

합계를 계산하는 일은 `myObject`의 책임이 아니며, `Math` 객체의 책임이다. `myObject`가 `Math` 객체에 접근하는 한 적절한 메시지를 보내고 요청한 결과를 얻을 수 있다. 일반적으로 객체는 다른 객체의 내부 데이터를 조작해서는 안 된다(즉, `myObject`는 `myInt1` 및 `myInt2`의 값을 직접 변경하지 말아야 한다). 일반적으로 큰 객체를 만들어 많은 작업을 하기보다는 작은 객체를 만들어 특정 작업만 감당하게 하는 게 좋은데, 그 이유는 나중에 살펴본다.

절차적 개발에서 객체지향적 개발로 옮겨 타기

전반적으로 절차적 개발 기술과 객체지향적 개발 기술의 차이점을 이해했으므로 이제 두 기술을 자세히 살펴보자.

절차적 프로그래밍

절차적 프로그래밍(procedural programming)은 일반적으로 시스템의 데이터를 다루는 연산과 데이터를 분리한다.

예를 들어, 네트워크를 통해 정보를 보내려면 네트워크 파이프의 다른 쪽 끝에 있는 프로그램이 이 정보를 사용해 처리할 것으로 예상하는 관련 데이터만 전송된다(그림 1.4 참조). 다시 말해, 데이터를 전송하려면 클라이언트와 서버 간에 일종의 주고받기(handshake) 계약이 있어야 한다. 이 모델에서는 실제로는 어떤 부호도 전선을 통해 전송되지 않을 수 있다.

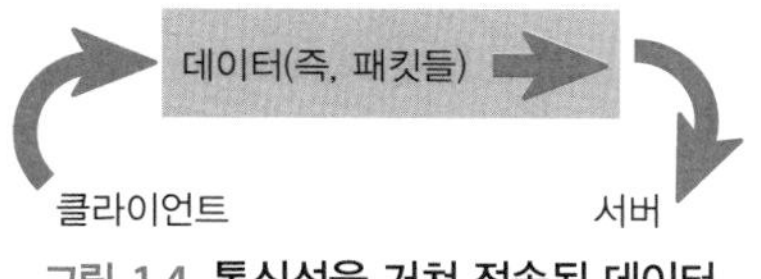

그림 1.4 **통신선을 거쳐 전송된 데이터**

객체지향 프로그래밍

객체지향 프로그래밍의 기본 장점은 데이터와 이 데이터를 다루는 연산(코드)이 객체에 캡슐화되어 있다는 점이다. 예를 들어, 어떤 한 가지 객체가 네트워크를 통해 전송되면 이 객체에 포함된 데이터와 행위까지 함께 전송된다.

단일 엔터티

이론상으로는 단일 엔터티(single entity)라는 관점에서 생각하는 것이 좋지만, 많은 경우에 양쪽에 코드의 사본이 있기 때문에 행위 자체는 전송되지 않을 수 있다. 그렇기는 해도 네트워크를 통해 전송되는 전체 객체를 단일한 엔터티 하나로 생각하는 게 중요하다.

그림 1.5에서 Employee 객체는 네트워크를 통해 전송된다.

적절한 설계

이 개념의 좋은 예로는 브라우저가 로드(load, 메모리에 적재)하는 객체다. 종종 브라우저는 객체가 어떤 일을 할지 미리 알지 못하는 경우가 있는데, 이는 해당 코드가 미리 자리 잡고 있던 게 아니기 때문이다. 객체가 로드되고 나서야 브라우저는 객체 내에 있는 코드를 실행하고 객체 내에 포함된 데이터를 사용한다.

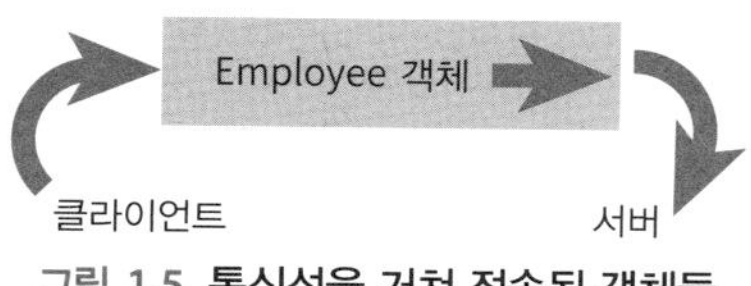

그림 1.5 통신선을 거쳐 전송된 객체들

객체란 정확히 무엇일까?

객체는 객체지향 프로그램의 빌딩블록이다. 객체지향 기술을 사용하는 프로그램은 기본적으로 객체들의 모음(collection)인 것이다. 예를 들어, 회사 시스템에 해당 회사의 직원을 나타내는 객체가 포함되어 있다고 가정해 보자. 이러한 객체는 다음에 나오는 여러 절에 걸쳐서 설명하는 데이터와 행위로 이루어진다.

객체의 데이터

객체 내에 저장된 데이터는 객체의 상태를 나타낸다. 객체지향 프로그래밍 용어에서 이 데이터를 속성(attributes)이라고 한다. 우리의 예제에서, 그림 1.6에 표시된 것처럼 직원을 나타내는 속성으로는 사회보장번호, 생년월일, 성별, 전화번호 등이 있을 수 있다. 다양한 객체(이 경우에는 직원)를 구별하는 정보가 속성에 담긴다. 속성에 대해서는 이번 장의 뒷부분에서 클래스에 대해 논의할 때 자세히 설명한다.

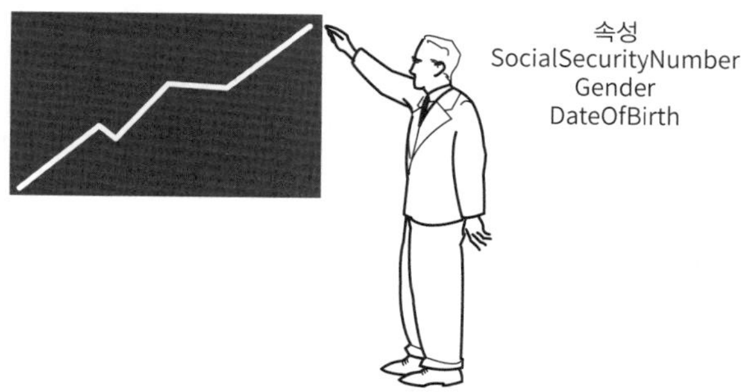

그림 1.6 직원을 나타내는 속성들

객체의 행위

객체의 행위(behaviors)는 객체가 할 수 있는 일을 나타낸다. 절차적 언어에서 행위는 프로시저(procedures)와 함수(functions) 및 서브루틴(subroutines) 형식으로 정의한다. 객체지향 프로그래밍 용어로 표현하자면 이러한 행위라는 용어는 메서드(methods)라는 용어로 아우를 수 있는데, 여러분은 메시지를 보내어 메서드를 호출한다. 우리가 예로 든 직원 예제에서 직원 객체에 필요한 행위 중 하나가 다양한 속성값을 설정하고 반환하는 역할을 담당한다. 따라서 각 속성에는 이에 대응하는 메서드인 `setGender()` 및 `getGender()` 등이 있어야 한다. 이런 메서드들이 있다면 정보가 필요한 그 밖의 객체는 직원 객체로 메시지를 보내어 직원의 성별이 무엇인지를 물어볼 수 있다.

당연히, 객체지향 기술과 마찬가지로 게터(getters, 즉 '데이터 획득 메서드')와 세터(setters, 즉 '데이터 설정 메서드')를 응용하는 방법이 이 책의 초판이 출판된 이후로 꾸준히 발전해 왔다. 데이터와 관련해서는 특히 그렇다. 말할 것도 없이 객체를 사용할 때 얻을 수 있는 강력한 장점 중에서도 가장 흥미로운 하나는 '데이터가 패키지의 일부이며, 코드와 분리되어 있지 않다'는 점이다.

XML의 출현은 데이터를 이식 가능한 방식으로 제시하는 데 관심을 기울이게 했을 뿐만 아니라, 코드가 데이터에 접근하는 방법을 대체할 수 있게 했다. 닷넷(.NET) 기술에서는 게터와 세터를 데이터 자체의 프로퍼티(properties)[5]로 간주한다.

---

5 옮긴이 이 책에서는 객체지향과 관련한 일반적인 용어 사용 사례에 따라 properties/property를 '프로퍼티'로 음차해 표기했는데, 이는 attributes/attribute를 객체지향과 관련해서는 '속성'으로 부르는 관행이 있기 때문에 서로 구분하기 위해서다. 다만, 이게 다른 분야에서는 반대로 부르기도 한다는 점에 주의해야 한다. 예를 들어, 닷넷 등에서 게터와 세터와 연관되어서는 properties가 '속성'으로 번역되어 불린다는 점에 주의하자는 말이다. 참고로, property라는 말 자체의 의미로 볼 때 '객체가 지닌 자산' 또는 '객체에 속한 자산' 또는 '객체 귀속 자산'이라는 게 가장 정확한 개념을 드러내는 어구일 것이다. 따라서 properties를 '귀속 자산', 즉 '속성'이라고 번역하는 게 더 정확하겠지만, 이미 관행처럼 attribute를 속성이라고 부르는 객체지향 관련 도서들이나 현장의 사용 용례와 혼동하지 않기 위해 이 책에서는 프로퍼티로 번역했다.

예를 들어, Name이라는 속성을 다음과 같이 자바로 표기해 생각해 보자.

```
public String Name;
```

해당 게터 및 세터는 다음과 같다.[6]

```
public void setName(String n) { name = n; };
public String getName() { return name; };
```

이제 Name이라는 XML 속성을 만들 때 C#.NET에서는 다음 코드처럼 정의하지만, 자바 예제와 동일한 접근 방식을 따를 수 있다.

```
private string strName;

public String Name
{
    get { return this.strName; }
    set {
        if (value == null) return;
        this.strName = value;
    }

}
```

이 기법에서 게터와 세터는 실제로는 속성(attributes)(이 경우에 Name)의 **프로퍼티**(properties, 등록정보)다.

어떤 방식으로 접근하든지 목적은 동일하며, 속성에 대한 접근 제어가 목적이다. 이번 장에서 필자는 먼저 접근자(accessor) 역할을 하는 메서드의 본질을 개념적으로 살피는 데 집중하고 싶

---

6 옮긴이 이 게터와 세터를 자바 언어 관례에 따라 더 알기 쉽게 구현하면 다음과 같다는 의견이 있었다.

```
public void setName(String name) {
    this.name = name;
}

public String getName() {
    return this.name;
}
```

그러나 저자의 표기가 잘못된 것은 아니며, 저자가 설명한 대로 어디까지나 객체지향 개념을 이해할 수 있게 자바 언어를 예시용 코드 표현 방식으로 사용하는 것일 뿐이다. 오히려 원저자의 표기가 개념 자체를 이해하기에는 더 좋아 보이며, 현업에서 어떤 식으로 사용되는지를 이해하기에는 이 의견이 좋아 보인다.

다. 우리는 이후에 나올 여러 장에서 더 많은 속성에 관해 더 다룰 것이다.

> **게터와 세터**
>
> 게터와 세터라는 개념이 있기 때문에 데이터 은닉이라는 개념이 성립할 수 있다. 객체들이 그 밖의 객체 내 데이터를 직접 조작해서는 안 되므로, 게터와 세터로 객체 데이터에 대한 접근 권한을 제어해야 한다. 게터를 접근자 메서드(accessor methods)라고 부르기도 하고 세터를 변경자 메서드(mutator methods)라고 부르기도 한다.

우리는 메서드의 인터페이스(interface, 즉 '접속부')만을 보여주고 있을 뿐, 메서드 내의 구현(implementation, 이하 '구현부'로 표기)을 보여주고 있지 않다는 점에 유념하자. 다음에 나오는 정보는 사용자가 메서드를 효과적으로 사용하기 위해 알아야 할 것이다.

- 메서드의 이름
- 메서드에 전달된 매개변수
- 메서드의 반환 형식

행위를 설명하기 위해 그림 1.7을 생각해 보자.

그림 1.7 Employee의 행위들

그림 1.7에 나오는 Payroll(급여) 객체에는 특정 직원에 대한 급여를 계산하는 CalculatePay() 라는 메서드가 있다. 다른 정보 중에서 Payroll 객체는 이 직원의 사회보장번호(Social Security

Number)[7]를 얻어야 한다. 이 정보를 얻으려면 급여 객체가 Employee(직원) 객체(이 경우에 getSocialSecurityNumber() 메서드)에 메시지를 보내야 한다. 메시지를 보낸다는 말은 기본적으로 Payroll 객체가 Employee 객체의 getSocialSecurityNumber() 메서드를 호출한다는 의미다. 이렇게 메시지를 받은 Employee 객체는 메시지를 인식해 요청받은 정보를 반환한다.

더 자세히 설명하기 위해 나타낸 그림 1.8은 우리가 이야기한 Employee/Payroll(직원/급여) 체계를 나타내는 클래스 다이어그램이다.

Employee
– socialSecurityNumber: String – gender: boolean – dateOfBirth: Date
+ getSocialSecurityNumber: String + getGender: boolean + getDateOfBirth: Date + setSocialSecurityNumber: void + setGender: void + setDateOfBirth: void

Payroll
– pay: double + calculatePay: double

그림 1.8 Employee 클래스와 Payroll 클래스를 나타내는 다이어그램들

UML 클래스 다이어그램

이것은 우리가 본 첫 번째 클래스 다이어그램으로, 아주 기본적인 클래스 다이어그램이어서 적절한 클래스라면 포함하고 있어야 할 생성자들이 표시되어 있지 않다. 그렇지라도 걱정할 일은 아니다. 3장 '그 밖의 객체지향 개념들'에서 클래스 다이어그램과 생성자에 관해서 더 자세히 다룰 생각이니 말이다.

각 클래스 다이어그램은 클래스 이름, 데이터(즉, 속성), 행위(즉, 메서드)라는 세 가지 부분으로 정의한다. 그림 1.8에서 Employee 클래스 다이어그램의 속성 부분에는 socialSecurityNumber(사회보장번호), gender(성별) 및 dateOfBirth(생년월일)가 포함되어 있으며, 메서드 부분에는 이러한 속성을 가지고 연산하는 메서드들이 들어 있다. 여러분은 UML 모델링 도구를 사용함으로써 실제 코드에 해당하는 클래스 다이어그램을 작성하고 유지할 수 있다.

---

7 옮긴이 우리나라의 주민등록번호와 비슷한 역할을 하는 번호다. 일종의 건강보험 가입자 번호와 비슷한 번호이기는 한데, 이 번호를 다양한 용도로 사용하므로 실제로는 주민등록번호와 같은 효과를 가진다.

모델링 도구

시각적 모델링 도구들은 UML(Unified Modeling Language, 통합 모델링 언어)을 사용해 클래스 다이어그램을 작성하고 조작하는 메커니즘을 제공한다. 이 책에서는 전반적으로 클래스 다이어그램을 사용하며 논의를 전개한다. 이런 다이어그램들은 클래스와 다른 클래스와의 관계를 시각화하는 데 도움이 되는 도구로 사용한다. 이 책에서는 UML을 클래스 다이어그램을 그리는 일에만 사용한다.

이번 장의 뒷부분에서 클래스와 객체 간의 관계를 살펴보겠지만, 일단은 '클래스란 객체를 만드는 템플릿이다'라고 생각하면 된다. 객체가 생성되면 우리는 객체가 인스턴스화되었다고 말한다. 따라서 세 명의 직원을 만들었다는 것은, 실제로는 `Employee` 클래스를 가지고 완전히 서로 다른 세 개의 인스턴스(instances)를 만들었다는 뜻이다. 이렇게 되면 (클래스의) 속성 및 메서드의 복사본(copy)이 각 객체만의[8] 고유한 속성과 메서드가 된다. 예를 들어, 그림 1.9를 생각해 보자. `John`이라는 직원 객체(그러므로 John은 이 직원 객체를 식별하기 위한 부호인 셈)에는 `Employee` 클래스에 정의된 모든 속성 및 메서드의 자체 복사본이 있다.

`Mary`라는 직원 객체에도 클래스에서 복사된 자체 속성과 자체 메서드가 있다. 다시 말해서, `John`이라는 객체에도 `dateOfBirth` 특성과 `getDateOfBirth` 메서드의 별도 복사본이 있을 뿐만 아니라, `Mary`라는 객체에도 이 특성과 메서드의 복사본이 있다는 말이다.

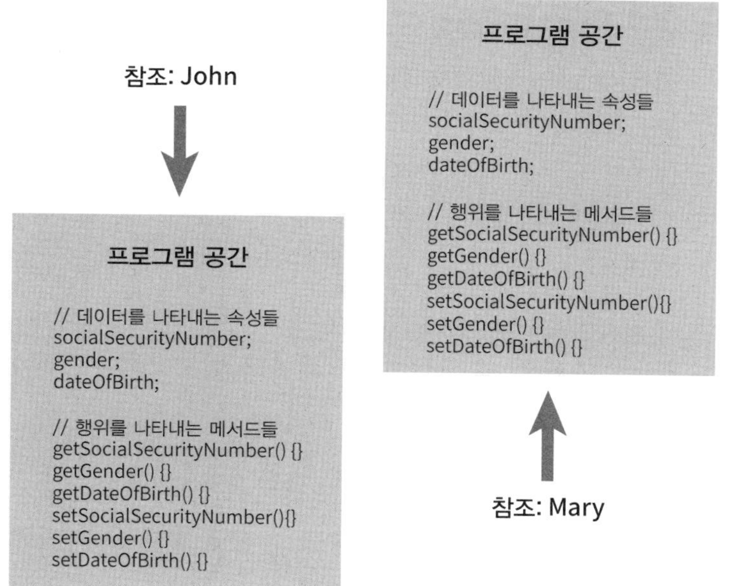

그림 1.9 프로그램 공간들

8 옮긴이 즉, '각 인스턴스만의'

구현체와 관련된 문제

각 객체에 메서드의 물리적 사본이 반드시 필요한 것은 아니다. 오히려 각 객체는 동일한 구현체(implementation)를 가리키기만 할 뿐이다(points). 그러나 이런 식으로 객체의 물리적 사본을 구현하는 일은 컴파일러나 운영 플랫폼이 담당해야 할 문제다. 개념적 수준에서만 보자면, 객체란 완전히 독립적이며, 고유한 속성과 메서드를 갖고 있는 것으로 여겨도 된다.

클래스란 정확히 무엇을 일컫는 말인가?

간단히 말하자면 클래스란 객체의 설계도다. 객체를 인스턴스화할 때는 클래스를 사용해 객체를 어떤 식으로 구축할지를 따져 보게 된다. 실제로, 클래스와 객체를 설명하려는 것은 '닭이 먼저냐 계란이 먼저냐'를 따지는 일처럼 설명하기 곤란한 일이다. 객체(object)라는 용어를 사용하지 않고 클래스(class)를 설명하기 어렵고 그 반대도 마찬가지다. 예를 들어, 특정 개별 자전거는 객체다. 그러나 누군가가 자전거를 만들기 위해 설계도(즉, 클래스)를 그려야 했다고 하자. 그런데 객체지향 소프트웨어에서 닭이 먼저냐, 계란이 먼저냐라는 난제가 있는 것처럼 여겨지기도 하지만, 사실 우리는 어떤 것이 먼저인지를 알고 있다. 바로 클래스가 먼저다. 클래스가 없으면 객체를 인스턴스화할 수 없다. 따라서 이번 단원에 나오는 많은 개념은 이번 장의 앞부분에서 설명한 내용과 비슷한다. 특히, 속성과 메서드에 대해 이야기할 때 그렇다.

이 책은 특정 구현체(implementation)에 중점을 두기보다는 객체지향 소프트웨어의 개념들에 중점을 두고 있지만, 일부 개념을 예제 코드를 통해 설명하는 것이 도움이 된다고 생각해서 이 책 전반에 걸쳐 자바 코드 조각을 사용했다. 이렇게 하는 것이 개념 중 일부를 설명할 때 더 알맞을 때가 있기 때문이다. 그러나 특정 주요 예제의 경우에는 코드를 여러 언어로 작성해 내려받을 수 있도록 했다.

다음 단원에서는 클래스의 기본 개념과 클래스의 상호 작용 방식을 설명한다.

객체 생성

클래스는 그림 1.10과 같이 객체의 템플릿(templates, 틀)이라고 생각하거나, 과자를 여러 모양으로 잘라 구울 때 쓰는 모양틀(cutters)에 비유해 볼 수 있다. 클래스는 객체를 생성하는 데 쓰인다.

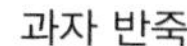

그림 1.10 클래스 템플릿

클래스는 일종의 더 고수준인 데이터 형식으로 생각할 수 있다. 정수 형식이나 부동 소수점 형식의 변수를 생성하는 경우를 살펴보자.

```
int x;
float y;
```

여러분은 미리 정의된 클래스를 사용해 객체를 만들 수도 있다.

```
MyClass myObject;
```

여기에 나오는 이름만 보고도 `MyClass`가 클래스이고 `myObject`가 객체임을 금방 알 수 있다.[9]

각 객체에는 고유한 속성(데이터)과 행위(함수 또는 루틴)가 있다. 클래스에는 이 클래스로 생성할 모든 객체가 소유할 속성과 행위가 정의되어 있다. 클래스는 코드의 한 가지 단편이다. 클래스에서 인스턴스화된 객체를 개별적으로 배포하거나 라이브러리의 일부로 삼아 배포할 수 있다. 클래스로 객체를 생성하므로, 클래스에 객체의 기본 빌딩 블록(속성, 행위 및 메시지)을 정

9 옮긴이 여기서 myObject는 정확히 말하면 객체라기보다는 객체가 있는 메모리 주소를 가리키는 포인터다. 달리 말하면 객체에 대한 식별자(identifier)라고 할 수 있다. 그러나 관행적으로 객체를 가리키는 포인터나 식별자를 그냥 객체라고 뭉뚱거려 부르는 경향이 있으므로, 원저자의 말도 틀린 건 아니다. 원저자의 말이 틀리다는 베타리더의 의견이 있어서 의견을 보충하였다.

의해야 한다. 요컨대, 객체를 만들기 전에 클래스부터 설계해야 한다는 말이다.

예를 들어, Person 클래스를 다음과 같이 정의할 수 있다.

```
public class Person {

    // 속성들
    private String name;
    private String address;

    // 메서드들
    public String getName() {
        return name;
    }

    public void setName(String n) {
        name = n;
    }

    public String getAddress() {
        return address;
    }

    public void setAddress(String adr) {
        address = adr;
    }

}
```

옮긴이 이 코드의 메서드 부분을 자바 코드 관례에 맞추면 다음과 같다.

```
public String getName() {
    return this.name;
}

public void setName(String name) {
    this.name = name;
}

public String getAddress() {
    return this.address;
}

public void setAddress(String address)
{
    this.address = address;
}
```

그러나 이 책에서는 어디까지나 자바 언어에 비슷하게 의사 코드를 작성해 독자의 이해를 돕고자 하는 것일 뿐, 자바 언어 문법이나 코드 관례를 온전히 따르고 있지는 않다. 즉, 이 책에 나오는 코드는 일종의 자바 비슷한(Java like) 의사 코드다. 자바 언어로 된 코드가 아니다.

속성

이미 본 것처럼 클래스의 데이터는 속성(attributes)으로 표시된다. 각 클래스는 해당 클래스에서 인스턴스화된 각 객체의 상태를 저장할 속성을 정의해야 한다. 이전 섹션의 Person 클래스 예제에서 Person 클래스는 name 및 address의 속성을 정의한다.

접근 지정

데이터 형식이나 메서드가 public으로 정의되면 다른 객체에서 이것들에 직접 접근할 수 있다. 데이터 형식이나 메서드가 private으로 정의되면 이것들을 소유한 객체만 접근할 수 있다. protected나 그 밖의 접근 변경자를 사용해 정의한다면 데이터 형식이나 메서드에 관련된 객체가 접근할 수 있는데, 이와 같은 객체들에 대해서는 3장에서 배우게 된다.

메서드

이번 장의 앞부분에서 배운 것처럼 메서드는 클래스의 필수 행위를 구현한다. 클래스에서 인스턴스화된 모든 객체에는 해당 클래스에서 정의한 메서드가 포함되어 있다. 메서드는 다른 객체에서 호출된 행위(메시지)를 구현하거나 클래스의 기본 내부 행위를 제공할 수 있다. 내부 행위란 다른 객체가 접근할 수 없는 비공개(private) 메서드를 말한다. Person 클래스에서 행위는 getName(), setName(), getAddress(), setAddress()다. 이러한 메서드들을 사용하면 그 밖의 객체가 이 객체의 속성값을 살펴본 후에 변경할 수 있다. 이것은 객체지향 시스템에서 흔히 볼 수 있는 기술이다. 모든 경우에, 객체 내의 속성에 대한 접근은 객체 자체에 의해 제어되어야 한다. 어떤 객체도 다른 객체의 속성을 직접 변경해서는 안 된다.[10]

메시지

메시지는 객체 간의 소통 메커니즘이다. 예를 들어, 객체 A가 객체 B의 메서드를 호출할 때 객체 A는 객체 B에 메시지를 전송한다. 객체 B의 응답은 반환값(return value)으로 정의된다. 객체의 비공개(private) 메서드를 다른 객체에서 호출할 수 없는 반면에, 공개(public) 메서드를 다른 객체에서 호출할 수 있다. 다음 코드는 이 개념을 보여준다.

```
public class Payroll {

    String name;
    Person p = new Person();
    p.setName("Joe");

        ... 나머지 코드

    name = p.getName();
}
```

이번 예제(Payroll 객체가 인스턴스화되었다고 가정)에서 Payroll 객체는 getName() 메서드를 통해 Person 객체의 name 속성을 조회하기 위해 Person 객체로 메시지를 전송한다. 우리는 개념에 관심을 더 두고 있으므로 실제 코드에 대해서는 지나치게 염려하지 않아도 된다. 이 책의 진도를 나가면서 코드를 더 자세하게 다룰 것이다.

10 옮긴이 이는 캡슐화 원리(또는 은닉 원리)를 위배하기 때문이다. 캡슐화 원리를 위배해 객체끼리 속성을 직접 변경해 버리면 각 객체는 객체(철학적 용어로는 '객관체')의 성질을 잃어 버리고 일종의 주체(철학적 용어로는 '주관체')가 되어 버린다. 즉, 내가 다룰 수 있는 '타자'가 아닌 내가 다루기 어려운 '자신'이 되어 버린다는 말이다. 이게 근본적으로 객체지향이라는 개념을 무너뜨린다. 그러면 객체지향 프로그래밍을 할 수 없게 된다.

시각화 도구로 클래스 다이어그램 사용하기

수년에 걸쳐 소프트웨어 시스템 설계를 지원하기 위한 다양한 도구와 모델링 방법이 개발되었다. 처음부터 필자는 교육 과정을 돕기 위해 UML 클래스 다이어그램을 사용했다. 이 책에서는 UML을 자세히 설명하지 않지만, 우리는 UML 클래스 다이어그램을 사용해 우리가 작성하려고 하는 클래스를 설명할 것이다. 실제로 이번 장에서 이미 클래스 다이어그램을 사용한 적이 있다. 그림 1.11은 이번 장의 앞부분에서 설명한 Person 클래스 다이어그램을 보여준다.

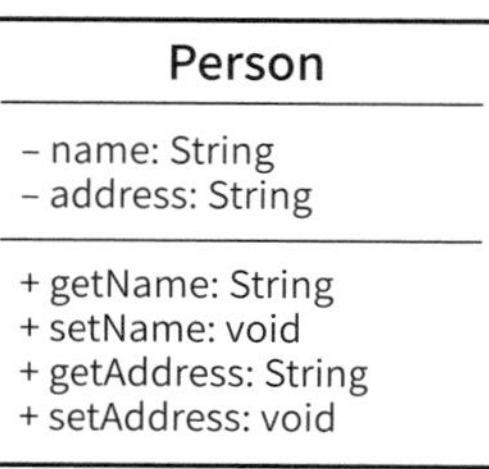

그림 1.11 Person 클래스 다이어그램

앞에서 살펴본 것처럼, 속성들과 메서드들이 서로 분리되어 있다는 점에 유념하자(위쪽이 속성이고 아래쪽이 메서드). 우리가 객체지향 설계에 대해 더 깊이 파고들수록 이 클래스 다이어그램은 훨씬 더 정교해질 것이고, 서로 다른 클래스 간에 상호 작용하는 방식에 대한 정보를 훨씬 더 많이 전달할 것이다.

캡슐화 및 데이터 은닉

객체를 사용할 때의 주요 이점 중 하나는, 모든 속성과 행위를 객체에 나타낼 필요가 없다는 점이다. 좋은(적어도 일반적으로 좋은 것으로 받아들여지는) 객체지향 설계에서 객체는 여타 객체와 상호 작용하는 데 필요한 인터페이스만 나타내야 한다. 객체 사용과 관련이 없는 세부 사항을 그 밖의 객체들이 알 수 없도록 감추어야 한다(기본적으로는 '알아야 할 것만 알게 한다'는 것을 철칙으로 삼아야 한다).

캡슐화(encapsulation)는 객체 속에 속성뿐만 아니라 행위도 함께 들어 있다는 사실에 기반하여 정의할 수 있는 개념이다. 데이터 은닉(data hiding)은 캡슐화의 주요 부분이다.

예를 들어, 숫자의 제곱을 계산하는 객체라면 계산 결과를 얻을 수 있게 하는 인터페이스를 제공해야 한다. 그러나 제곱을 계산하는 데 사용된 내부 속성 및 알고리즘을 요청 객체에 제공할 필요는 없다. 캡슐화를 염두에 두고 클래스를 설계하면 클래스가 견고해진다. 다음 절에서는 캡슐화의 기초가 되는 인터페이스와 구현부(implementation)라는 개념을 다룬다.

인터페이스

우리는 인터페이스(interface)가 객체들 사이의 기본적인 의사 소통 수단을 정의한다는 점을 보았다. 각 클래스 설계는 적절한 인스턴스화 및 연산을 위한 인터페이스를 지정한다. 객체가 제공하는 인터페이스 중에 한 개를 지정해 메시지를 전송하면 해당 객체가 제공하는 행위라면 어떤 것이든지 간에 호출할 수 있어야 한다. 인터페이스는 클래스 사용자가 클래스와 상호작용하는 방식을 완전히 설명해야 한다. 대부분의 객체지향 언어에서 인터페이스의 일부인 메서드들은 public으로 지정한다.

> **비공개 데이터**
>
> 데이터 은닉이 제대로 작동하려면 모든 속성을 private으로 선언해야 한다. 따라서 속성은 인터페이스의 일부가 아니다. public 메서드들만이 클래스 인터페이스의 일부다.
>
> 속성을 public으로 선언하게 되면 데이터 은닉 개념이 깨진다.

방금 언급한 숫자 제곱 예제를 사용해 계산해 보자. 이 예제에서 인터페이스는 다음과 같은 두 부분으로 이뤄져 있다.

- Square(제곱) 객체를 인스턴스화하는 방법
- 값을 객체로 보내고 그 값의 제곱을 반환받는 방법

이번 장의 앞부분에서 설명한 것처럼 사용자가 속성에 접근해야 할 때는 속성값을 반환하는 메서드(즉, 게터)가 만들어진다. 그런 다음 사용자가 속성값을 얻으려면 해당 값을 반환하는 메서드를 호출한다. 이러한 방식으로 속성이 포함된 객체는 해당 속성에 대한 접근을 제어한다. 이는 특히 보안과 테스트 및 유지보수에 꼭 필요하다. 속성에 대한 접근을 제어하면 문제가 발생했을 때 속성을 변경할 가능성이 있는 모든 코드를 추적할 필요가 없다. 그저 한 곳(즉, 세터)에서만 변경하면 그만이다.

보안 측면에서, 여러분은 제어되지 않는 코드가 중요한 데이터를 변경하거나 검색되기를 바라지 않는다. 예를 들어, ATM을 사용하는 경우에 PIN을 요청해 데이터에 대한 접근을 제어할 수 있다.

> **시그니처 역할도 하는 인터페이스**
> 클래스들을 확장하는 데 사용되는 인터페이스들을 어떤 한 클래스의 인터페이스와 혼동하지 말아야 한다. 필자는 메서드들에 의해서 표현된 인터페이스들이 시그니처(signature)와 같은 것이라고 보는 편이다.

구현부

공개 속성(public attributes)과 공개 메서드(public methods)만 인터페이스로 간주한다. 사용자는 내부 구현부 중 어떤 부분도 볼 수 없으며, 클래스 인터페이스를 통해서만 그 밖의 객체와 상호 작용해야 한다. 따라서 비공개(private)로 정의된 게 어떤 것이든지 간에 사용자는 접근할 수 없으며, 비공개로 정의된 것들은 클래스의 내부 구현부의 일부로 간주된다.

이전 예제들(예를 들면, Employee 클래스)에서는 속성만 숨겨졌다. 메서드들 중에 외부 객체와 인터페이스를 하는 일에만 쓸 수 있게 한 것들을 제외한 나머지 메서드들을 감춰야 하며, 이렇게 감춰진(즉, 은닉된) 메서드들은 인터페이스(즉, 접속부)의 한 부분이 아니게 된다. 이전 단원에 나온 제곱근의 예를 계속 살펴보자면, 사용자는 정답이 제대로 나오는 한 제곱근을 계산하는 방법에 신경 쓰지 않는다. 따라서 구현부는 인터페이스와 다르게 언제든 필요할 때 변경할 수 있으며, 이렇게 변경해도 나머지 사용자 코드에 영향을 미치지 않는다. 예를 들어, 계산기를 제조해서 판매하는 회사가 있다고 할 때, 계산 결과에 영향을 미치지 않게 하면서도 내부 알고리즘을 바꿀 수 있을 것이다(아마도 더 효율적인 것이 되게 개선할 수 있을 것이다).

인터페이스/구현부 패러다임의 실제 예

그림 1.12는 코드가 아닌 현실의 객체를 사용하는 인터페이스/구현부 패러다임을 보여준다. 토스터에는 전기가 필요하다. 이 전기를 얻으려면 토스터의 코드를 전기 콘센트(인터페이스)에 꽂아야 한다. 필요한 전기를 얻기 위해 모든 토스터는 전기 콘센트 규격에 맞게 코드를 구현해야 한다. 이러한 규격은 토스터와 전력 회사(실제로는 전력 산업) 사이의 인터페이스다.

실제 구현부 부분이 석탄을 태워서 전기를 생산하는 발전소이든 그렇지 않든 간에 토스터 쪽에서 신경 쓸 일이 아니다. 웬만한 토스터용 전기들과 관련해서 말하자면, 원자력 발전소이거나 해당 지역 내에 자리 잡은 발전기가 구현의 대부분을 담당하는 게 현실이기는 하다. 어쨌든 이러한 모델에 근거하여 그림 1.12와 같이 인터페이스 사양을 준수하는 한 모든 기기에 전기를 공급할 수 있다.

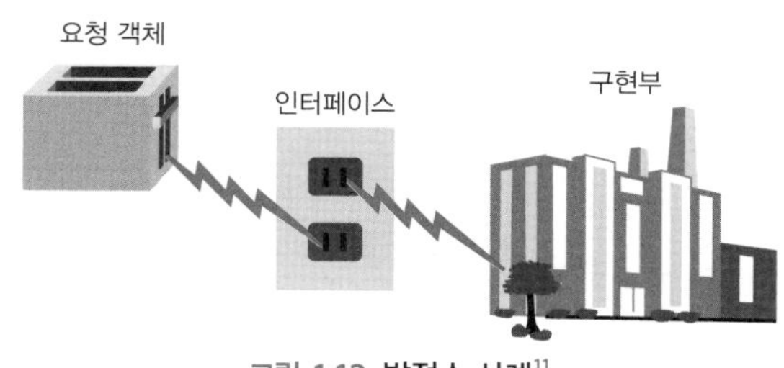

그림 1.12 **발전소 사례**[11]

인터페이스/구현부 패러다임의 모델

Square 클래스를 더 살펴보자. 정수의 제곱 값을 계산하는 클래스를 작성한다고 가정하자. 여러분은 별도의 인터페이스와 구현부를 제공해야 한다. 즉, 여러분은 사용자가 호출해 제곱 값을 얻는 방법을 지정해야 한다. 또한, 여러분은 제곱을 계산하는 구현부를 제공해야 한다. 그러나 사용자는 특정 구현부에 대해 아무것도 몰라야 한다. 그림 1.13은 이를 수행하는 한 가지 방법을 보여준다. 클래스 다이어그램에서 더하기 부호(+)는 공개(public)를 나타내고 빼기 부호(-)는 비공개(private)를 나타낸다. 따라서 메서드 이름 앞에 더하기 부호가 붙은 게 인터페이스다.

IntSquare
- squareValue: int
+ getSquare: int - calculateSquare: int

그림 1.13 **Square 클래스**

이 클래스 다이어그램은 다음 코드에 해당한다.

---

11 옮긴이 이 그림에 보이는 전기 단자를 전기공학에서는 '접속부'라고 부른다. 여기서 말하는 '인터페이스/구현부 패러다임'이란 전기공학의 '접속부/구현부에 비유할 수 있는 개념'이라는 뜻이다.

```
public class IntSquare {

    // 비공개 속성(private attribute)
    private int squareValue;

    // 공개 인터페이스(public interface)
    public int getSquare(int value) {

        squareValue = calculateSquare(value);

        return squareValue;

    }
    // 비공개 구현부(private implementation)
    private int calculateSquare(int value) {

        return value * value;

    }
}
```

옮긴이 이 코드는 저자가 본문 내용을 설명하기 좋게 의사 코드용으로 작성한 것이다보니, 객체지향 원칙이나 자바 언어 관례에 완전히 부합하는 코드는 아니다.
베타리더는 자바 언어 관례에 맞춰 작성한다면 다음처럼 작성하는 게 좋겠다는 의견을 내었다.

```
public class IntSquare {
    public int getSquare(int value) {
        return calculateSquare(value);
    }

    private int calculateSquare(int
value) {
        return value * value;
    }
}
```

그러나 이는 앞서 나온 UML과는 맞지 않으므로 참고만 하자.

사용자가 접근할 수 있는 클래스의 유일한 부분은 공개 메서드인 getSquare(인터페이스)다. 제곱 알고리즘의 구현부는 비공개인 calculateSquare 메서드에 있다. 또한, 사용자가 이 속성이 존재한다는 점을 알 필요가 없으므로 squareValue 속성은 공개되지 않는다. 따라서 우리는 구현부의 일부를 감췄다. 객체는 사용자가 인터페이스와 상호 작용해야 하는 인터페이스만 나타내며, 객체 사용과 관련이 없는 세부 사항은 다른 객체에는 숨겨진다.

구현부가 변경되더라도(예를 들어, 여러분이 프로그래밍 언어에 내장된 제곱 함수를 사용하려고 하더라도) 인터페이스를 변경할 필요는 없다. 이런 코드는 자바 라이브러리 메서드인 Math.pow를 사용해야 할 것이다. Math.pow로도 우리가 만든 제곱 계산 부분과 똑같은 기능을 수행하게 할 수는 있지만, 인터페이스는 여전히 calcurateSquare다.

```
// 비공개 구현부
private int calculateSquare(int value) {

    return = Math.pow(value,2);

}
```

옮긴이 코드 중에 return 부분을 자바 문법에 맞게 표기하면 이렇다는 베타리더의 의견이 있었다.

```
return (int) Math.pow(value, 2);
```

사용자는 인터페이스가 변하지 않아서 이전과 동일한 함수를 사용할 수 있지만, 구현부는 변경되었다. 데이터를 다루는 코드를 작성할 때 이게 아주 중요하다. 예를 들어, 사용자가 애플리케이션 코드를 변경하지 않은 채로 데이터 저장소를 파일이 아닌 데이터베이스로 바꿀 수 있다.

상속

상속(inheritance)을 통해 클래스는 그 밖의 클래스들이 지닌 속성과 메서드를 물려받을 수 있다. 이를 통해 새로 만들려고 하는 클래스가 아닌 그 밖의 클래스들이 공통으로 지닌 속성과 행위를 추상화해 새 클래스를 만들 수 있다.

객체지향 프로그래밍의 주요 설계 문제 중 하나는 다양한 클래스의 공통성을 고려하지 않는 것이다. 예를 들어, Dog 클래스와 Cat 클래스가 있고 이 두 가지에 각기 눈 색깔에 대한 속성이 있다고 가정하자. 절차적 모델에서 Dog의 코드와 Cat의 코드에는 각기 이 속성이 포함된다. 객체지향 설계에서 색상 속성은 그 밖의 일반적인 속성 및 메서드와 더불어 Mammal(포유류)이라는 클래스로 옮길 수 있다. 이렇게 했다면 그림 1.14에서 보듯이 Dog(개)과 Cat(고양이)은 모두 Mammal 클래스에서 상속을 받으면 된다.

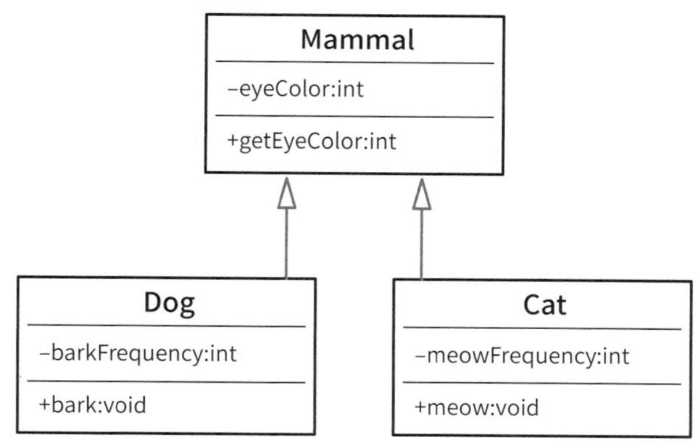

그림 1.14 Mammal의 위계구조

Dog과 Cat 클래스는 모두 포유류에서 상속된다. 이것은 Dog 클래스가 다음 속성을 가짐을 의미한다.

```
eyeColor          // Mammal에서 상속받는다.
barkFrequency     // Dog들을 위해서만 정의된다.
```

같은 맥락에서 Dog 객체에는 다음과 같은 메서드들이 있다.

```
getEyeColor        // Mammal에서 상속받는다.
bark               // Dog들을 위해서만 정의된다.
```

Dog 객체나 Cat 객체가 인스턴스화되면 자체 클래스의 모든 것과 부모 클래스의 모든 것이 포함된다. 따라서 Dog은 클래스 정의의 모든 속성과 Mammal 클래스에서 상속된 속성을 갖는다.

> **행위**
>
> 오늘날에는 행위(behaviors)를 인터페이스 안에 기술해 두는 경향이 있으며, 속성들을 상속하는 게 직접 상속의 가장 일반적인 용례라는 점에 주목할 만하다. 이러한 방식으로 행위는 데이터와 분리되어 추상화된다.

슈퍼클래스 및 서브클래스

슈퍼클래스(superclass)는 부모 클래스(parent class)라고도 부르고 때로는 기저 클래스(base class)라고 부르는데, 상속을 받는 클래스들에 공통으로 들어가는 속성과 행위가 모두 이러한 클래스들에 들어 있다. 예를 들어, Mammal 클래스의 경우에 모든 포유류는 eyeColor(눈 색) 및 hairColor(털 색)와 비슷한 속성과 generateInternalHeat(체온 내기) 및 growHair(털 기르기)와 같은 행위를 갖는다. 모든 포유류에는 이러한 속성과 행위가 있으므로, 각 유형의 포유류에 대해 상속 트리에 복제할 필요가 없다. 복제(duplication)에는 더 많은 작업이 필요하며, 더 걱정스러운 것이 될 수도 있는데, 오류와 불일치가 발생할 수 있기 때문이다.

서브클래스(subclass)는 자식 클래스(child class)라고도 부르고 파생 클래스(derived class)라고도 부르는데, 이것은 슈퍼클래스의 확장체(extension)[12]다. 따라서 Dog 클래스와 Cat 클래스는 Mammal 클래스의 모든 공통 속성과 행위를 상속한다. Mammal 클래스는 Dog이라는 서브클래스와 Cat이라는 서브클래스의 슈퍼클래스로 간주된다.

---

12 옮긴이 extension을 '확장'이 아닌 '확장체'라고 번역한 건, 그 앞에 관사가 있고 또 문맥상 구체어로 나타내야 하기 때문이다. 그동안 우리말로 번역된 책들을 보면 추상명사인 '확장'과, 관사를 붙이거나 복수형으로 변형함으로써 그 확장의 의미를 '확장체'로 바꾼 경우를 구분하지 않고 모두 '확장'으로만 표기하는 경우가 많았다. 하지만 이 책은 개념을 정치하게 다루는 책이라서, 어떤 추상적인 개념(예를 들면, 확장)과 그 개념을 코드로 구현한 것(예를 들면, 확장체)을 구분해야 저자의 본의를 이해할 수 있는 책이다. 그래서 독자들에게는 생소하겠지만, 굳이 '확장체'로 번역한 것이다. 베타리더는 이를 '외연'으로 표기하면 어떻겠느냐는 의견을 내었는데, 분명 확장체가 슈퍼클래스의 '외연'을 넓힌 것이기는 해도 '외연'이라는 용어와는 개념이 전혀 다르다. 확장체를 '외연'이라고 부르게 되면 슈퍼클래스는 '내포'가 되어 버리는데, 이렇게 되면 마치 슈퍼클래스가 알갱이이고 서브클래스는 껍데기다라는 식의 오해를 불러 일으킬 수 있다.

상속은 다양한 설계 이점을 제공한다. Cat 클래스를 설계할 때 Mammal 클래스는 필요한 많은 기능을 제공한다. Mammal 객체로부터 상속받은 Cat은 그것이 포유류를 포유류답게 하는 모든 속성과 행위를 이미 가지고 있다. 좀 더 구체적으로 고양이 유형의 포유류를 만들려면, Cat 클래스는 고양이에만 관련된 속성이나 행위를 포함해야 한다.

추상화

상속 트리는 상당히 커질 수 있다. Mammal 클래스와 Cat 클래스가 완성되면 개(또는 사자, 호랑이 및 곰)와 같은 다른 포유류를 매우 쉽게 추가할 수 있다. Cat 클래스는 다른 클래스의 슈퍼클래스일 수도 있다. 예를 들어, 페르시아 고양이, 샴 고양이 등을 위한 클래스를 제공하기 위해 Cat 클래스를 더 추상화해야 할 수도 있다. Cat과 마찬가지로 Dog 클래스는 GermanShepherd(셰퍼드)와 Poodle(푸들)의 부모가 될 수 있다(그림 1.15 참조). 상속의 힘은 추상화와 조직 기술에 달려 있다.

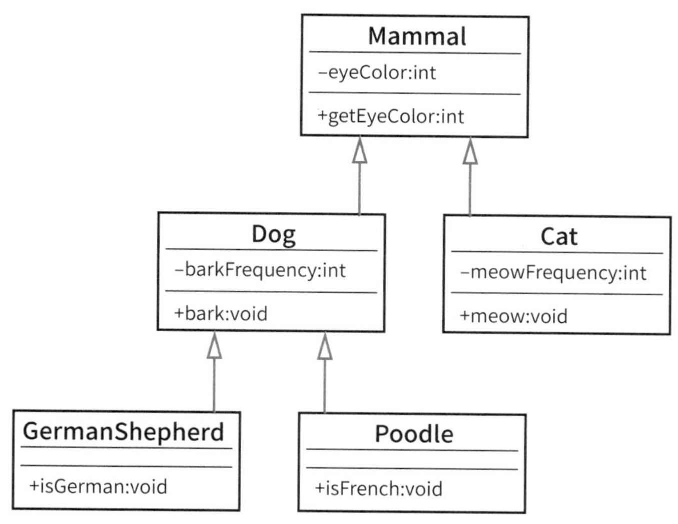

그림 1.15 Mammal에 대한 UML 다이어그램

하지만 이처럼 여러 단계에 걸쳐서 추상화를 해야 하는 경우도 있기 때문에 개발자들 중에 많은 수가 상속을 아예 사용하지 않는 이유가 되기도 한다. 자주 볼 수 있듯이, 어느 수준까지 추상화를 해야 하는지를 정하기는 어렵다. 예를 들어, 펭귄이 새이고 매도 새인 경우에 모두 '새'라는 클래스(나는 일을 담당하는 메서드가 있는 클래스)에서 상속해야 하는가?

최신 객체지향 언어(예를 들면, 자바와 닷넷과 스위프트)에서 부모 클래스는 하나여야만 하는 반면에, 자식 클래스는 여러 개 있을 수 있다. C++와 같은 일부 언어에서는 부모 클래스를 여러 개 둘 수 있다. 전자의 경우를 **단일 상속**(single inheritance)이라고 하고, 후자의 경우를 **다중 상속**(multiple inheritance)이라고 한다.

> **다중 상속**
>
> 두 부모로부터 상속을 받은 아이를 생각해 보자. 아이는 어떤 눈 모양을 상속하는가? 이는 컴파일러를 작성할 때 중요한 문제다. C++는 다중 상속을 허용한다. 하지만 대다수 언어는 그러지 않는다.

`GermanShepherd`와 `Poodle`이라는 두 클래스는 `Dog`에서 상속한다는 점에 유의하자. 각 클래스에는 단일 메서드만 포함되어 있다. 그러나 그것들은 `Dog`으로부터 상속받기 때문에 `Mammal`로부터도 상속받는다. 따라서 `GermanShepherd`와 `Poodle`이라는 클래스에는 `Dog`과 `Mammal`에 포함된 모든 속성과 메서드가 포함되어 있다(그림 1.16 참조).

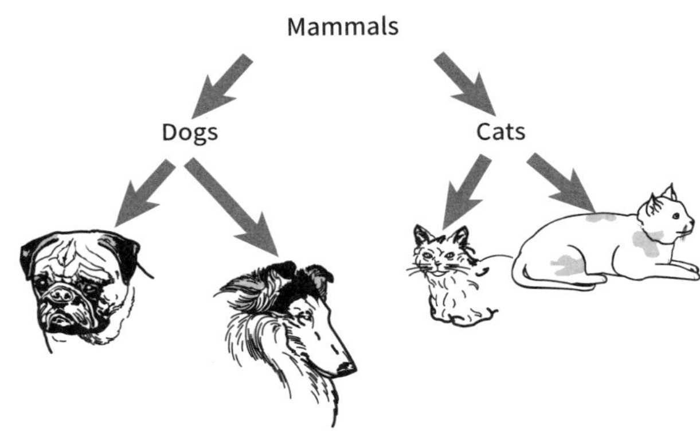

그림 1.16 포유류 계층

Is-a 관계

`Circle`(원형), `Square`(사각형) 및 `Star`(성형)가 모두 `Shape`(도형)에서 직접 상속되는 `Shape` 예제를 생각해 보자. 원형은 도형이고(circle 'is a' shape) 사각형도 도형이므로(square 'is a' shape) 이 관계를 종종 **is-a 관계**(is-a relationship)라고 한다. 서브클래스가 슈퍼클래스로부터 상속을 받으면 슈퍼클래스가 할 수 있는 모든 것을 할 수 있다. 따라서 `Circle`, `Square` 및 `Star`는 모두 `Shape`의 확장체(extensions)인 것이다.

그림 1.17에서 각 객체의 이름은 각각 `Circle`, `Star` 및 `Square` 객체의 그리기 방식을 나타낸다.

우리가 이 Shape 시스템을 설계할 때, 다양한 모양을 어떻게 사용하는지를 표준화하면 큰 도움이 될 것이다. 따라서 도형을 그리려면 어떤 도형으로 그리든지 간에 draw라는 메서드를 호출하기로 결정할 수 있다. 이 결정을 지킨다면, 여러분은 도형을 그릴 때마다 도형이 무엇이든 관계없이 draw 메서드만 호출하면 그만이다. 다형성의 기본 개념이란, 그게 Circle이든 Star이든 Square이든 간에 자신을 그려내는 책임을 각기 져야 한다는 점이다. 이것은 그리기 프로그램이나 문서 작성 프로그램과 같은 많은 현재 소프트웨어 애플리케이션에서 일반적인 개념이다.

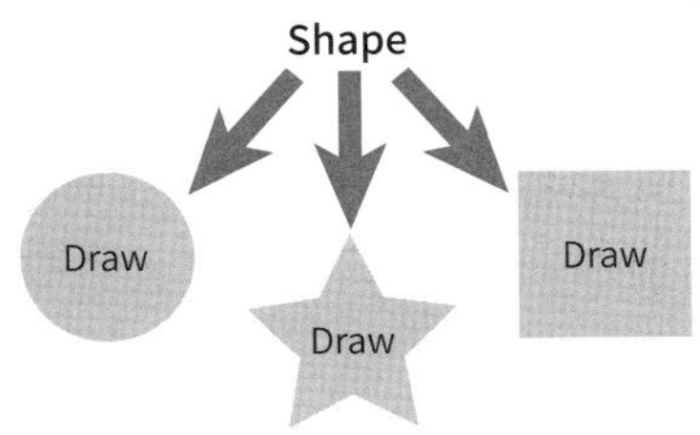

그림 1.17 도형의 위계구조[13]

다형성

다형성(polymorphism)은 문자 그대로 다양한 형상(shapes)을 의미하는 그리스 단어다. 다형성은 상속과 밀접하게 관련되어 있지만, 종종 객체지향 기술의 가장 강력한 점 중에 하나로 여겨진다. 메시지가 어떤 한 객체로 전송될 때, 해당 객체는 해당 메시지에 응답하도록 정의된 메서드를 지니고 있어야 한다. 상속 위계구조에서 모든 자식 클래스는 해당 슈퍼클래스에서 인터페이스를 상속한다. 그러나 각 자식 클래스는 서로 분리된 엔터티(entity)[14]이므로 각각 동일한 메시지에 대한 별도의 응답이 필요할 수 있다.

예를 들어, Shape 클래스와 draw라는 행위를 생각해 보자. 누군가에게 도형을 그리라고 하면 첫 번째로 받을 질문은 '어떤 도형을 그리라는 말이야?'일 것이다. 도형을 그리라는 지시에 쓰

13 옮긴이 위계구조(hierachy)는 계층구조(layerd structure)를 내포하는 개념으로 계층구조만을 일컫는 건 아니다. 한자어에 익숙치 않은 세대에서는 그냥 '하이어라키'라고 부르거나 '계층구조'라고 부르는 경향이 있는데, 이는 지양하는 게 바람직하다. 참고로 위계구조란 순서(또는 차례나 순위) 있게 여러 가지가 서로 연결된 구조를 말한다. 대표적으로는 트리(tree)가 있다. 이런 구조 중에서 특별히 층별로 순위를 구별할 수 있다면 이게 계층구조다. 대표적인 계층 구조로는 스택(stack)을 들 수 있다.

14 옮긴이 entity는 존재자 또는 존재성을 의미하는 철학 용어이자 본질/실재/실재물 등을 의미하는 용어이기도 하다. 그러나 객체지향의 기반을 이루는 온톨로지라는 학문에 비춰 볼 때 이는 그 밖의 것들과 구분되는 고유한 특성을 지닌 존재를 의미하며, 이는 곧 '개체'라는 의미이기도 하다.

인 용어가 추상적인 개념만 나타내므로 어떤 사람도 도형을 그릴 수 없다(사실 Shape 코드 내에 있는 draw 메서드에는 구현부가 포함되어 있지 않다). 여러분은 구체적인 도형을 지정해야 한다. 이를 위해 Circle에서 실제 구현부를 제공한다. Shape에 draw 메서드가 있지만, Circle은 이 메서드를 오버라이딩(overriding, 즉 재정의)해서 자신만의 draw 메서드가 되게 한 다음에 이 메서드를 제공한다. 오버라이딩은 기본적으로 부모 구현부를 자식 구현부로 대체하는 것을 의미한다.

예를 들어, Circle과 Square와 Star라는 세 가지 도형으로 이뤄진 배열 한 가지가 있다고 가정해 보자. 세 가지 도형은 모두 Shape 객체로 취급되므로 각 Shape 객체에 draw 메시지를 보낼 수는 있지만, 이렇게 하더라도 draw에 대한 실제 구현부들을 Circle, Square 및 Star가 제공하므로 최종 결과는 세 가지 객체별로 달라진다. 요컨대, 각 클래스는 동일한 draw 메서드에 대해 다르게 반응하며, 자신을 그려낼 수 있다는 말이다. 이것이 다형성의 의미다.

다음 Shape 클래스를 생각해 보자.

```
public abstract class Shape{

    protected double area;

    public abstract double getArea();

}
```

Shape 클래스에는 도형의 면적 값을 담는 area라는 속성이 있다. getArea() 메서드에는 abstract라는 식별자가 붙어 있다. 메서드가 abstract로 정의되면 이 메서드에 대한 구현부(implementation, 즉 '구현')을 서브클래스가 제공해야 한다. 이 경우에 Shape의 서브클래스가 있어야만 getArea()의 구현부를 제공할 수 있다. 이제 Shape에서 상속하는 Circle이라는 클래스를 만들자(extends 키워드는 Circle이 Shape를 상속한다는 점을 지정한다).

```
public class Circle extends Shape {

    protected double radius;

    public Circle(double r) {
        radius = r;
    }

    public double getArea() {
```

```
        area = 3.14 * (radius * radius);
        return (area);
    }

}
```

여기서는 **생성자**(constructor)라는 새로운 개념을 소개한다.

Circle 클래스에는 클래스의 이름이 같은 메서드인 Circle이 있다. 메서드 이름이 클래스와 동일하고 반환 형식이 지정되지 않은 메서드는 생성자라고 부르는 특별한 메서드다. 생성자를 클래스가 객체를 생성할 때의 진입점(entry point, 입구)으로 생각하자. 생성자는 초기화 및 생성 초기에 필요한 작업을 수행하기에 좋은 장소다.

Circle이라는 이름을 지닌 생성자는 반지름을 나타내는 단일 매개변수를 받아들여 Circle 클래스의 radius 속성에 할당한다.

Circle 클래스는 원래 Shape 클래스에서 abstract로 지정한 getArea 메서드에 대한 임플리멘테이션도 제공한다.

우리는 비슷한 클래스인 Rectangle을 만들 수 있다.

```
public class Rectangle extends Shape {

    double length;
    double width;

    public Rectangle(double l, double w) {
        length = l;
        width = w;
    }

    public double getArea() {
        area = length * width;
        return (area);
    }

}
```

이제 원하는 수의 사각형, 원 등을 만들고 getArea() 메서드를 호출할 수 있다. 모든 사각형과 원이 Shape에서 상속되고 모든 Shape 클래스에 getArea() 메서드가 있기 때문이다. 서브클래스가 슈퍼클래스로부터 추상 메서드를 상속받는 경우, 해당 메서드의 구상 구현부(concrete implementation, 즉 '구체적인 구현')를 제공해야 하며, 그렇게 하지 않으면 서브클래스도 추상 클래스가 되고 만다(UML 다이어그램은 그림 1.18 참조). 이 접근법은 또한 그 밖의 새로운 클래스를 아주 쉽게 만들 수 있는 메커니즘을 제공한다.

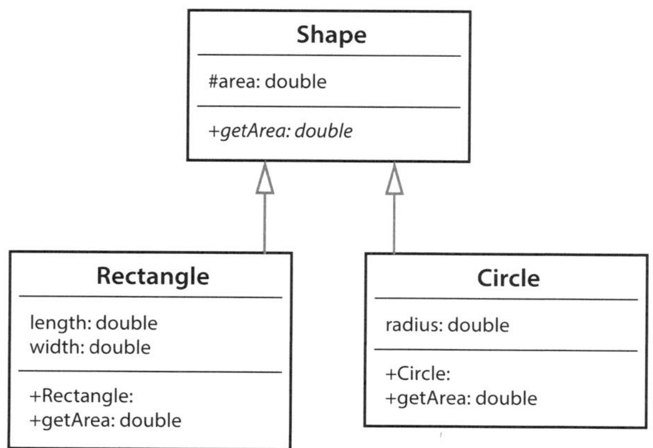

그림 1.18 UML 다이어그램의 모양 만들기

따라서, 우리는 다음과 같은 방식으로 Shape 클래스들을 인스턴스화할 수 있다.

```
Circle circle = new Circle(5);
Rectangle rectangle = new Rectangle(4, 5);
```

그런 다음 스택 등의 컨스트럭트(construct, 즉 '구성체')를 사용해 이러한 Shape 클래스들을 해당 스택에 추가할 수 있다.

```
stack.push(circle);
stack.push(rectangle);
```

스택이란 무엇일까?

스택(stack)이란 후입선출(last-in first-out) 시스템인 자료구조다. 스택은 동전 교환기와 비슷하다. 동그랗고 길쭉한 동전통 상단에 동전을 삽입하고 동전이 필요할 때 상단에서 동전을 가져오는데, 처음으로 집어내는 동전은 여러분이 마지막으로 넣은 바로 그 동전이다. 어떤 항목을 스택에 밀어 넣는다는 건, 다른 동전을 교환기에 밀어 넣듯이, 스택의 최상단에 해당 항목을 추가한다는 의미다. 스택에서 항목을 꺼낸다는 건, 마지막으로 넣은 항목을 스택에서 꺼내는 것을 의미한다(예: 동전을 맨 위에서 빼는 것과 같은 원리다).

이제 재미있는 부분이 나온다. 우리는 (내용물을 하나씩 꺼냄으로써) 스택을 비울 수 있으며, 스택에 있는 Shape 클래스들이 어떤 종류인지에 대해서는 걱정할 필요가 없다.

```
while (!stack.empty()) {
    Shape shape = (Shape) stack.pop();
    System.out.println("Area = " + shape.getArea());
}
```

실제로, 우리는 모든 도형에 다음처럼 동일한 메시지를 보내고 있다.

```
shape.getArea()
```

그러나 실제 행위는 도형의 종류에 따라 다르게 이뤄진다. 예를 들어, Circle은 원형의 면적을 계산하고 Rectangle은 직사각형의 면적을 계산한다. 실제로(그리고 이게 핵심 개념이다) Shape 클래스에 메시지를 보내고 사용 중인 Shape의 자식 클래스에 따라 다른 행위가 발생한다.

이러한 접근 방식은 애플리케이션뿐만 아니라 클래스 간 인터페이스에 대한 표준화를 제공하기 위한 것이다. 워드프로세서와 스프레드시트 애플리케이션이 포함된 오피스 제품군 애플리케이션을 생각해 보자. print()라는 인터페이스를 포함하는 Office라는 클래스를 워드프로세서와 스프레드시트가 저마다 지니고 있다고 가정해 보자. 이 print() 인터페이스는 오피스 스위트의 일부인 모든 클래스에 필요하다. 여기서 흥미로운 점은 워드프로세서와 스프레드시트가 print() 인터페이스를 호출하지만, 서로 다른 작업을 수행한다는 점이다. 하나는 워드프로세서로 작업하는 문서를 인쇄하고 다른 하나는 스프레드시트로 작업하는 문서를 인쇄한다.

> **합성에 의한 다형성**
>
> '고전적인' 객체지향 프로그래밍에서는 다형성을 전통적으로 상속으로 구현했다. 그러나 '합성'을 사용해 다형성을 구현하는 방법이 있다. 12장 '객체지향 설계의 SOLID 원칙'에서 이에 대해 논의한다.

합성

객체에 다른 객체가 들어있다고 생각하는 게 자연스럽다. 텔레비전에는 동조기와 화면이 포함되어 있다. 컴퓨터에는 비디오 카드와 키보드 및 드라이버가 있다. 컴퓨터 자체도 객체로 간주할 수 있지만, 그 안에 담긴 디스크 드라이버 또한 객체와 다름없다. 실제로 여러분은 컴퓨터를 열어 디스크 드라이버를 분리해 손에 쥘 수 있다. 컴퓨터와 디스크 드라이버가 모두 객체로 간주된다는 말이다. 컴퓨터에는 디스크 드라이버와 같은 객체가 그 밖에도 여러 개 들어 있다.

이런 식으로 어떤 객체를 종종 그 밖의 객체들을 사용해 구축하거나 합성할 수 있는데, 이것이 합성이라는 개념이다.

추상화

상속과 마찬가지로 합성은 객체를 만드는 메커니즘을 제공한다. 실제로 필자는 클래스를 그 밖의 클래스를 사용해 작성하는 방법으로는 **상속**(inheritance)과 **합성**(composition)이라는 두 가지가 있다고 주장하는 편이다. 우리가 보았듯이 상속은 한 클래스가 그 밖의 클래스로부터 상속을 받을 수 있게 한다. 따라서 우리는 공통 클래스의 속성과 행위를 추상화할 수 있다. 예를 들어, 개는 포유동물이고 고양이도 포유동물이기 때문에 개와 고양이는 모두 포유동물이다. 합성을 응용하면 클래스 안에 그 밖의 클래스들을 포함시키는 식으로 클래스를 작성할 수 있다.

자동차와 엔진의 관계를 생각해 보자. 엔진을 자동차에서 분리하면 얻을 수 있는 이점이 분명히 있다. 엔진을 따로 만들어 둔다면 다양한 자동차에 해당 엔진을 사용할 수 있다는 장점이 생긴다는 건 두말하면 잔소리다. 그러나 우리는 엔진이 자동차(engine 'is a' car)라고 할 수는 없다. '엔진이 자동차'라는 말을 하기는 쉬워도 말이 되지 않는다(그리고 이와 같은 합성이라는 개념으로 실물 시스템을 모델링하기 때문에 우리가 바라던 효과이기도 하다). 그렇게 하기보다 우리는 'has-a' 항을 사용해 합성 관계를 설명한다. 자동차는 엔진을 지니고 있는 것이다(car 'has a(an)' engine).

Has-a 관계

상속은 is-a 관계로 간주되고 합성은 has-a **관계**로 간주된다. 이전 단원에 나온 예를 사용하면, 텔레비전에는 동조기가 있고(television 'has a' tuner) 화면도 있다(television 'has a' video display). 텔레비전이 확실히 동조기인 것은 아니므로 이 두 가지 사이에는 상속 관계가 성립하지 않는다. 같은 맥락에서 우리가 보통 컴퓨터라고 부르는 컴퓨터 시스템(키보드와 마우스와 모니터까지 포함된 시스템)에는 비디오 카드가 들어 있고(computer 'has a' video card), 키보드가 들어 있고('has a' keyboard), 디스크 드라이브가 들어 있다('has a' disk drive). 상속·합성 및 이것과 서로 관련이 있는 주제는 7장 '상속과 합성에 익숙해지기'에 자세히 설명되어 있다.

결론

객체지향 기술들을 논의할 때 다루어야 할 것들이 참 많다. 그러나 이번 장에서는 다음에 나오는 주제들을 특별히 더 잘 이해해야 한다.

- **캡슐화(encapsulation):** 객체지향 및 개발에서 데이터와 행위를 단일 객체로 캡슐화(즉, '봉지로 둘러싸기' 또는 '포장')하는 것이 가장 중요하다. 단일 객체에는 데이터와 행위가 모두 포함되며, 우리는 이러한 데이터와 행위 중에 우리가 원하는 것들을 골라 그 밖의 객체로부터 은닉해 둘 수 있다.
- **상속(inheritance):** 클래스는 다른 클래스에서 상속하고 슈퍼클래스에 의해 정의된 속성과 메서드를 활용할 수 있다.
- **다형성(polymorphism):** 다형성이란 비슷한 객체가 다른 방식으로 동일한 메시지에 응답할 수 있음을 의미한다. 예를 들어, 모양이 많은 시스템이 있을 수 있다. 그러나 원형, 사각형 및 성형은 저마다 다른 모양으로 그려진다. 다형성을 사용하면 이러한 각 도형에 같은 메시지(예: draw)를 보내더라도 각 도형은 자신을 다른 모양으로 그려내게 할 수 있다.
- **합성(composition):** 합성은 어떤 한 객체가 이 객체와 다른 그 밖의 여러 객체를 사용해 만든 것임을 의미한다.

이번 장에서는 객체지향 개념의 기초를 다루고 있으므로 여러분은 지금까지 나온 내용을 잘 이해해야 한다.

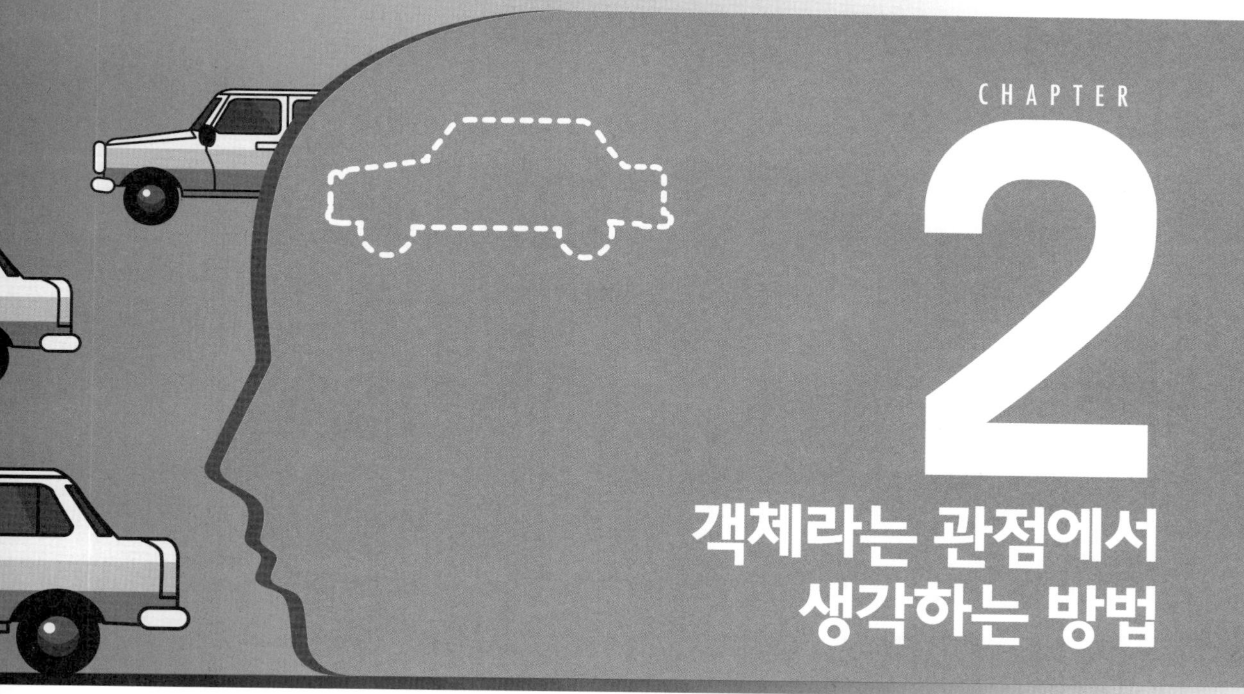

CHAPTER

2 객체라는 관점에서 생각하는 방법

1장 '객체지향 개념 도입'에서 여러분은 객체지향이라는 개념의 기초를 배웠다. 이 책의 나머지 부분에서는 이러한 개념에 대해 더 깊이 파고 들면서 이와 연관된 그 밖의 여러 개념도 소개한다. 객체지향 설계이든 아니든 우수한 설계에는 다양한 요인이 있다. 객체지향 설계의 기본 단위는 클래스다. 객체지향 설계의 최종 결과는 강력하고 기능적인 객체 모델, 즉 완전한 시스템이다.

인생에서 겪는 대부분의 일이 그러하듯이 문제에 접근하는 데 있어서 옳기만 한 방법이나 그르기만 한 방법은 없다. 일반적으로 동일한 문제에 대한 해결 방법이 여러 가지다. 따라서 객체지향 솔루션을 설계하려고 할 때 처음부터 완벽하게 설계하려고 애쓸 필요는 없다(언제나 개선할 부분이 있을 것이다). 여러분이 진짜로 해야 할 일은 브레인스토밍을 하면서 생각하는 과정이 다른 방향으로까지 나아가게 하는 것이다. 전반적인 아이디어가 창의적인 게 될 것이기 때문에, 문제를 해결할 때 표준(standards)이나 관례(conventions)를 확인하려고 하지 않아도 된다.

사실, 설계 과정의 초기에는 특정 프로그래밍 언어를 고려하지 마라. 업무에 있어서 첫 번째 순서는 업무에 관련된 문제를 식별하고 해결하는 것이다. 먼저 개념을 분석하고 설계하는 일부터 하자. 업무 문제의 기본이 되는 경우에만 특정 기술을 고려하자. 예를 들어, 무선 기술이 없으면 무선 통신망을 설계할 수 없다. 그러나 여러분이 고려해야 할 소프트웨어 솔루션이 두 개 이상인 경우가 종종 있다.

따라서 시스템이나 클래스를 설계하기 전에 문제를 생각하면서 재미난 시간을 보내기 바란다! 이번 장에서 우리는 객체지향 사고와 관련된 미술과 과학을 탐구한다.

생각을 근본적으로 바꾸는 게 사소한 일은 아니다. 예를 들어, 구조적 개발에서 객체지향 개발로 전환하는 일에 대해 많은 말들이 오갔다. 앞에서 말했듯이 이 토론의 한 가지 부작용은 구조적 개발과 객체지향 개발이 상호 배타적이라는 오해를 이끌어 낸 점이다. 하지만 그렇지는 않다. 래퍼(wrappers)[15]에 대해 논의할 때 알게 되겠지만, 구조적 개발과 객체지향 개발이 공존한다. 실제로 객체지향 애플리케이션을 작성할 때 모든 곳에서 구조적 구문을 사용한다. 필자는 루프나 if 문 등을 사용하지 않는 객체지향 프로그램이나 그 밖의 프로그램을 본 적이 없다. 그러나 객체지향 설계로 전환하려면 다른 종류의 투자가 필요하다.

포트란에서 코볼로 언어를 바꾼다거나 심지어 C언어로 바꿔야 할 때, 여러분은 새로운 언어를 배우면 그만이라고 생각하겠지만, 코볼에서 C++, C#.NET, VisualBasic.NET, Objective-C, 스위프트, 자바 같은 언어로 전환하려면 생각하는 방식을 아예 새롭게 익혀야 한다. 이는 이런 과정에서 남용되는 문구인 **'객체지향 패러다임'**이라는 것이 자신의 추하게 생긴 이면을 내비치기 때문이다. 객체지향 언어로 옮겨 탈 생각이라면 무엇보다 먼저 객체지향 개념을 익히고 객체지향 방식으로 생각하는 과정을 익히는 일에 투자해야 한다. 이렇게 패러다임을 전환하지 않는다면 다음 두 가지 문제 중 하나가 벌어질 것이다. 프로젝트가 실제로는 객체지향적이지 못하거나(예를 들어, 객체지향 구문을 쓰지 않은 채로 C++를 사용하는 경우), 프로젝트가 완전히 '객체지향 감각 상실적(object-disoriented)'인 망작이 될 것이다.

객체지향 사고 과정을 잘 이해하기 위해 할 수 있는 세 가지 중요한 사항을 이번 장에서 다룬다.

- 인터페이스와 구현부의 차이점을 아는 것
- 더 추상적으로 생각하기
- 사용자에게 가능한 한 인터페이스를 적게 제공하기

우리는 1장 '객체지향 개념 소개'에서 이러한 개념 중 일부를 이미 다루었고 이제 훨씬 더 자세히 설명한다.

15 옮긴이 래퍼란 포장지처럼 기존 코드를 둘러 싸는 코드를 말한다.

인터페이스와 구현부의 차이점 이해

1장에서 보았듯이 강력한 객체지향 설계를 구축하는 비결 중 하나는 인터페이스(interface, 즉 '접속부')와 구현부(implementation, 즉 '구현')의 차이점을 이해하는 것이다.[16] 따라서 클래스를 설계할 때 사용자가 알아야 할 사항, 그리고 아마도 더 중요한 건 사용자가 몰라야 할 사항을 잘 구분해 둬야 한다는 점이다. 캡슐화 시에 고유한 데이터를 은닉하는 메커니즘이란 필수적이지 않은 데이터를 사용자로부터 숨기는 수단이다.

> **주의**
>
> 인터페이스라는 개념을 **그래픽 사용자 인터페이스**(GUI, Graphical User Interface)와 같은 용어와 혼동하지 마라. GUI라는 이름에서 알 수 있듯이 인터페이스라는 용어는 여기에서 사용되는 것처럼 더 일반적이며, 그래픽 인터페이스로 제한되지 않는다.

1장에 나온 토스터 예제를 기억하는가? 토스터, 즉 문제가 된 해당 기기는 전원 콘센트인 인터페이스에 연결되어 있다(그림 2.1 참조). 모든 기기는 올바른 인터페이스인 전기 콘센트를 준수해 필요한 전기에 접근할 수 있다. 토스터는 구현부가 담당하는 전기 생산 방식에 대해 알 필요가 없다. 토스터가 쓰는 전기를 석탄 발전소나 원자력 발전소에서 생산할 수 있다. 즉, 인터페이스가 지정된 대로 정확하고 안전하게 작동하는 한 토스터 기기에 쓰이는 전기를 어디서 어떻게 생산하든지 별 문제가 없다는 말이다.

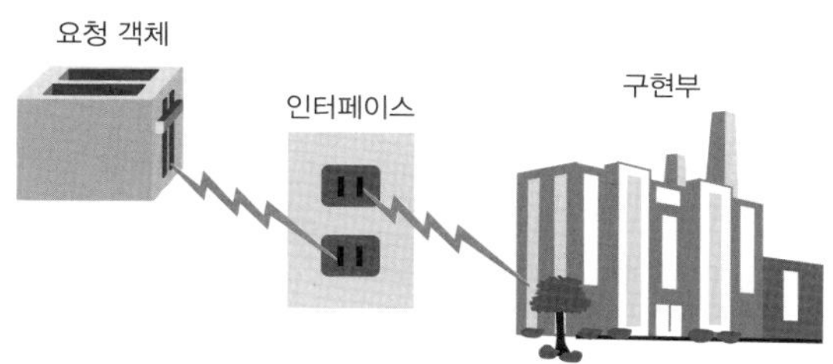

그림 2.1 앞서 나온 적이 있는 발전소 모식도

다른 예로서 자동차를 생각해 보자. 여러분과 자동차 사이의 인터페이스에는 운전대, 가속 페달, 브레이크 및 점화 스위치와 같은 부품(components)이 포함되어 있다. 대부분의 사람들에게 미학적 문제는 제쳐 두고 자동차를 운전할 때의 주요 관심사는 자동차의 출발, 가속, 정지, 조향 등이다. 기본적으로 여러분이 보지 못하는 것들인 구현부(implementation)는 일반 운

16 옮긴이 앞서 나온 주석에서도 말했지만, 각기 '접속부'와 '구현부'에 비유하는 용어다.

전자들에게는 거의 관심이 없다. 실제로 대부분의 사람들은 촉매 변환기 및 개스킷과 같은 특정 부품을 식별할 수도 없다. 그러나 모든 운전자는 일반적인 인터페이스인 운전대를 사용하는 방법을 알고 있다. 자동차에 표준 운전대를 설치함으로써 제조업체는 표적 시장(즉, 목표 시장)을 이루고 있는 고객들이 시스템을 사용할 수 있다고 확신할 수 있다.

그러나 제조업체가 운전대 대신에 조이스틱을 설치하기로 결정한 경우에 대부분의 운전자에게는 이게 장애물이 될 뿐만 아니라 자동차도 잘 팔리지 않게 된다(게임을 즐기는 사람이라면 살지도 모르겠다). 반면, 성능과 감성이 변하지 않는 한 평균적인 운전자는 제조업체가 자동차의 엔진(구현부의 한 부분)을 바꿨는지 여부를 알지 못한다.

서로 바꿔 쓸 수 있는 엔진들의 방식이 어떻게든 같은 것이어야 한다는 점이 강조되어야 한다(인터페이스와 관련된 방식인 한). 4기통 엔진을 8기통 엔진으로 교체하면 규칙이 변경되고 전류를 교류에서 직류로 바꾸면 발전소의 규칙에 영향을 미치는 것처럼, 엔진과 인터페이스(interface, 즉 '접속')하는 다른 부품과 서로 맞지 않을 수 있다.

엔진은 구현부의 일부이며, 운전대는 인터페이스(interface, 즉 '접속부')의 일부다. 구현부를 변경해도 운전자에게 영향을 전혀 미치지 않아야 하지만, 인터페이스는 변경될 수 있다. 운전자는 비슷한 방식으로 작동하더라도 핸들에 대한 미적 변화를 알아차릴 수 있을 것이다. 운전자가 눈에 띄는 엔진을 변경하면 이 규칙에 위반된다는 점을 강조해야 한다. 예를 들어, 현저한 전력 손실을 초래하는 변경은 실제로 인터페이스에도 영향을 미친다.

> **사용자가 보는 것**
>
> 이번 장에서 우리가 '사용자'라고 할 때 우리는 주로 최종 사용자가 아닌 설계자와 개발자를 염두에 두고 하는 말이다. 이런 맥락에서, 우리가 '인터페이스'라는 말을 쓸 때면 우리는 GUI에 관해서 이야기하는 게 아니라 클래스의 인터페이스에 대해 이야기하는 것이다.

인터페이스와 구현부(implementation, 즉 '구현')라는 두 부분만으로 클래스를 설계해야 클래스가 제대로 합성이 된다.

인터페이스

최종 사용자에게 제공되는 서비스들에 맞춰 인터페이스가 합성된다. 최종 사용자에게 필요한 서비스, 바로 **그것만** 제공하는 게 최선이다. 물론, 사용자에게 필요한 서비스라는 게 의견에 따라 달라질 수 있다. 한 방에 열 명이 있게 한 다음에 그들 각자가 독립적인 설계를 하도록 요청하면 완전히 다른 열 가지 설계를 받을 수 있는데, 이럴지라도 아무런 문제는 없다. 그러나 일반적으로 클래스에 대한 인터페이스에는 사용자가 알아야 할 내용만 포함해야 한다. 토스터 예에서, 사용자는 토스터가 인터페이스(이 경우에 전기 콘센트)에 연결되는 방법과 토스터 자체를 작동하는 방법만 알아야 한다.

> **사용자 식별**
> 클래스를 설계할 때 가장 중요한 고려 사항은 클래스의 시청자, 즉 클래스를 사용하는 사람을 식별하는 것이다.

구현부

구현부의 상세 내용은 사용자에게 드러나지 않는다. 구현부에 관한 한 가지 목표를 명심해야 한다. 구현부를 변경할지라도 사용자는 자신의 코드를 **변경하지 않아도** 되게 해야 한다. 다소 혼란스러워 보일 수 있지만, 이것이야말로 설계 시의 핵심 목표다.

> **좋은 인터페이스**
> 인터페이스가 올바르게 설계된 경우에는 구현부가 변경되어도 사용자 코드를 변경하지 않아도 된다.

인터페이스에는 메서드를 호출하고 값을 반환하는 구문이 포함되어 있다. 이 인터페이스가 변경되지 않으면 사용자는 구현부의 변경 여부를 신경 쓰지 않아도 된다. 프로그래머가 동일한 구문을 사용하고 동일한 값을 검색할 수 있다면 그걸로 충분하다.

우리는 휴대폰을 사용할 때 항상 이런 면을 경험할 수 있다. 전화를 거는 인터페이스는 간단하다. 우리는 전화번호를 누르거나 연락처 목록에서 항목을 선택한다. 그러나 공급자가 소프트웨어를 업데이트할지라도 전화를 거는 방법은 바뀌지 않는다. 구현부를 어떤 식으로 변경했든지 간에 상관없이 인터페이스가 동일하게 유지된다. 그러나, 면적을 계산하는 코드가 변경될 때 공급자가 인터페이스를 변경한 상황을 생각해 볼 수 있다. 면적을 계산하는 코드를 변경하는 일처럼, 기본 인터페이스를 변경한다면 사용자는 행위를 변경해야 한다. 기업은 이러한 유형의 변경을 최소한으로 유지하려고 한다. 일부 고객이 변경을 좋아하지 않을 뿐만 아니라 번거로움을 참지도 않기 때문이다.

토스터 예제에서 인터페이스는 늘 전기 콘센트여서 변함이 없지만, 토스터에 영향을 주지 않은 채로 구현부를 석탄 발전소에서 원자력 발전소로 변경할 수 있음을 상기하자. 여기서 한 가지 주의 사항이 있다. 석탄 발전소나 원자력 발전소는 모두 인터페이스 규격을 준수해야 한다. 석탄 발전소가 교류 전력을 생산하고 원자력 발전소는 직류 전력을 생산한다면 문제다. 결론을 내리자면, 사용자이든지 아니면 구현부든지 모두 인터페이스 사양을 준수해야 한다는 점이다.

인터페이스/구현부 예제

간단한(즉, 기능이 풍부하지 않은) 데이터베이스 리더(reader) 클래스를 만들어 보자. 우리는 데이터베이스에서 레코드를 검색하는 자바 코드를 작성할 것이다. 우리가 논의했듯이, 최종 사용자를 아는 것은 어떤 종류의 설계를 할 때 항상 가장 중요한 문제다. 상황을 분석하고 최종 사용자와의 인터뷰를 수행한 다음 프로젝트 요구사항을 나열해야 한다. 다음은 데이터베이스 리더에 사용할 수 있는 요구사항이다.

- 데이터베이스에 대한 연결 부분을 열 수 있어야 한다.
- 데이터베이스에 대한 연결 부분을 닫을 수 있어야 한다.
- 데이터베이스의 첫 번째 레코드에 커서를 놓을 수 있어야 한다.
- 데이터베이스의 마지막 레코드에 커서를 놓을 수 있어야 한다.
- 데이터베이스 내의 레코드 개수를 알아낼 수 있어야 한다.
- 데이터베이스에 더 많은 레코드가 있는지(즉, 끝에 도달한 경우)를 판별할 수 있어야 한다.
- 키를 제공해 커서를 특정 레코드에 배치할 수 있어야 한다.
- 키를 제공해 레코드를 검색할 수 있어야 한다.
- 커서의 위치에 따라 다음 레코드를 얻을 수 있어야 한다.

이러한 요구사항을 염두에 두고 최종 사용자를 위해 바람직한 인터페이스를 만들어 데이터베이스 리더 클래스를 처음으로 설계해 볼 수 있다.

이런 경우에 데이터베이스 리더 클래스는 데이터베이스를 사용해야 하는 프로그래머를 위한 것이다. 따라서 인터페이스는 본질적으로 프로그래머가 사용할 API(Application-Programming Interface, 응용 프로그래밍 인터페이스)인 셈이다. 이러한 메서드는 사실상 데이터베이스 시스템에서 제공하는 기능을 포함하는 래퍼(wrapper) 역할을 한다. 우리는 왜 이렇게 할까? 이번 장의 뒷부분에서는 이 질문을 훨씬 더 자세히 살펴본다. 간단히 답변하자면, 일부 데이터베이스 기능을 사용자가 자신에게 맞춰 변경해야 할 수도 있기 때문이다. 예를 들어, 관계형 데이터베이스에 쓸 수 있도록 객체를 처리해야 할 수도 있다. 이 미들웨어(middle-ware)를 작성하는 일은 설계와 코딩이 진행되는 한 사소한 것은 아니지만, 기능을 둘러싸는 실제 예다. 더 중요한 것은, 우리가 코드를 변경하지 않고도 데이터베이스 엔진 자체를 변경하고 싶을 수도 있다는 점이다.

그림 2.2는 `DataBaseReader` 클래스와 관련해서 있음직한 인터페이스를 나타내는 클래스 다이어그램을 보여준다.

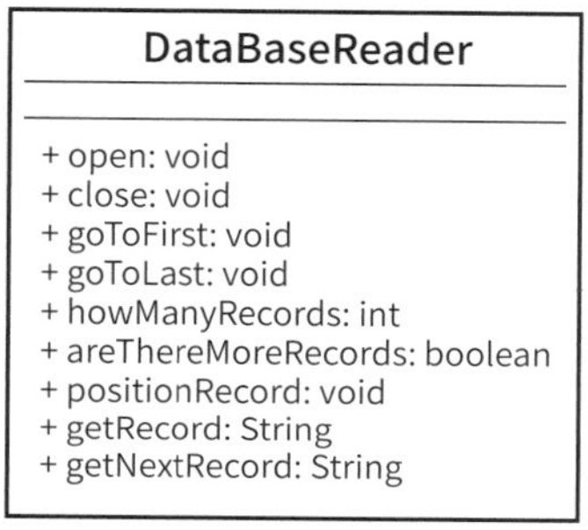

DataBaseReader
+ open: void + close: void + goToFirst: void + goToLast: void + howManyRecords: int + areThereMoreRecords: boolean + positionRecord: void + getRecord: String + getNextRecord: String

그림 2.2 DataBaseReader 클래스의 UML 클래스 다이어그램

이 클래스의 메서드는 모두 공개형(public)이다(공개 인터페이스를 구성하는 메서드들의 이름 옆에는 더하기 부호가 있다는 점을 기억하자). 또한, UML에는 인터페이스만 표시되어 있고 임플리멘테이션은 표시되어 있지 않다. 이 클래스 다이어그램이 일반적으로 프로젝트에 대해 간략하게 설명된 요구사항을 충족하는지를 결정하자. 나중에 다이어그램이 모든 요구사항을 충족하지 못한다는 점을 발견하게 되더라도 괜찮다. 객체지향 설계 과정은 반복되어야 하므로 처음부터 정확히 맞출 필요는 없다는 말이다.

> **공개 인터페이스**
>
> 애플리케이션 프로그래머가 공개 인터페이스(public interface)에 접근할 수 있으므로 공개 인터페이스는 클래스 인터페이스의 일부로 간주된다는 점을 기억하자. 인터페이스라는 용어를 이번 장의 뒷부분에서 설명할 자바 및 닷넷에서 사용되는 키워드인 `interface`와 혼동하지 않도록 한다.

나열된 각 요구사항에 대해 원하는 기능을 담당할 메서드가 필요하다. 이제 여러분은 몇 가지 질문을 떠올려야 한다.

- 이 클래스를 효과적으로 사용하기 위해 프로그래머인 여러분이 클래스에 대한 그 밖의 모든 사항을 알아야 하는가?

- 데이터베이스의 내부에 있는 코드가 데이터베이스를 어떻게 여는지를 여러분이 알아야 하는가?
- 특정 레코드에 물리적으로 어떻게 위치하는지를 내부 데이터베이스 코드가 알아내는 방법을 여러분이 알아야 하는가?
- 더 많은 레코드가 남아 있는지 여부를 내부 데이터베이스 코드가 판별하는 방법을 여러분이 알아야 하는가?

아무리 생각해 봐도 대답은 '아니오!'다. 여러분은 이 정보를 알 필요가 없다. 그저 적절한 반환값을 얻고 작업이 올바르게 수행된다는 점만 신경을 쓰면 그만이다. 사실, 애플리케이션 프로그래머는 구현부보다는 적어도 한 단계 더 추상적인 수준에서 프로그램을 작성할 가능성이 높다. 애플리케이션은 여러분이 작성한 클래스들을 사용해 데이터베이스를 열고 적절한 데이터베이스 API를 호출하면 되기 때문이다.

> **최소화한 인터페이스**
>
> 극단적인 경우도 있지만, 최소화한 인터페이스(minimal interface)를 결정하는 한 가지 방법은 처음에는 사용자에게 공개 인터페이스를 제공하지 않는 것이다. 물론 그런 클래스는 쓸모가 없지만, 이로 인해 사용자가 다시 와서 '이 기능이 필요하다'고 말할 수밖에 없게 한다. 그러면 여러분은 그와 협상할 수 있을 것이다. 따라서 요청이 있을 때만 인터페이스를 추가하자. 사용자에게 무언가가 필요하다고 미리 가정하지 마라.

래퍼를 작성하는 일이 쓸데없게 보일 수도 있겠지만, 래퍼를 작성해 두면 많은 이점을 얻을 수 있다. 예를 들어, 오늘날의 시장에는 많은 미들웨어 제품이 있다. 객체를 관계형 데이터베이스에 대응하게 하는 문제를 생각해 보자. 객체지향 데이터베이스들을 지금까지 파악한 적이 없지만, 이론적으로는 이러한 객체지향 데이터베이스들이 객체지향 애플리케이션에는 아주 딱 맞는 것일 수 있다. 그러나 한 가지 작은 문제가 있다. 대부분의 회사는 기존에 사용하던 관계형 데이터베이스 시스템에 수 년치 데이터를 보유하고 있을 수 있다. 어떻게 해야 회사가 객체지향 기술을 수용하고 관계형 데이터베이스에 있는 데이터를 유지하면서도 최첨단에 다다를 수 있을까?

먼저 기존 관계형 데이터를 모두 새 객체지향 데이터베이스에 맞게 바꿔 쓰는 방식을 생각해 볼 수 있다. 그러나 데이터를 변환하면서 겪게 되는 심각한(게다가 만성적인) 고통을 겪어 본 사람이라면 누구나 비용이 들어가는 일을 어떻게든 피해야 한다는 점을 알고 있을 것이다. 이러한 변환에 많은 시간과 노력을 투입해도 제대로 된 성과를 거두기가 너무나 자주 어렵다.

둘째, 미들웨어 제품을 사용해 애플리케이션 코드의 객체를 관계형 모델에 매끄럽게 매핑하는 방식을 생각해 볼 수 있다. 관계형 데이터베이스가 널리 보급되어 있기 때문에 이게 첫 번째 해법보다 훨씬 더 낫다. 어떤 사람들은 객체지향 데이터베이스가 관계형 데이터베이스보다 객체 지속성에 훨씬 더 효과적이라고 주장할 수 있다. 실제로 많은 개발 시스템이 이 서비스를 완벽하게 제공한다.

객체 지속성

객체 지속성(object persistence)은 나중에 복원하고 사용할 수 있도록 객체의 상태를 저장하는 개념을 말한다(지속되지 않는 객체는 기본적으로 범위(scope)를 벗어나면 사라지고 만다). 예를 들어, 객체의 상태를 데이터베이스에 저장하는 방법이 있다.

그러나 현재 비즈니스 환경에서 관계형을 객체에 매핑하는 솔루션은 아주 좋은 것이다. 많은 회사들이 이러한 기술을 통합했다. 회사는 서버(또는 메인프레임)에 데이터를 두고 웹사이트의 프런트엔드(front-end, 즉 전단부)에는 인터페이스를 사용하는 것이 일반적이다.

완전히 객체지향적인 시스템을 만드는 경우에 객체지향 데이터베이스는 성장 가능한(그리고 성능이 더 좋은) 선택지일 수 있지만, 객체지향 데이터베이스는 객체지향 언어의 성장성 근처에도 가보지 못했다.

독립형 애플리케이션

처음부터 새 객체지향 애플리케이션을 만든다고 해도 레거시 데이터(legacy data, 즉 '기성 데이터')를 피하기 쉽지 않을 수 있다. 새로 작성된 객체지향 애플리케이션도 독립형 애플리케이션이 아닌 한 관계형 데이터베이스(또는 다른 데이터 저장 장치)에 저장된 정보를 주고받아야 할 수도 있다.

데이터베이스 예제로 돌아가 보자. 그림 2.2는 클래스에 대한 공개 인터페이스를 보여준다. 이 클래스가 완성되면 아마도 더 많은 메서드가 포함될 것이며, 확실히 속성들도 포함될 것이다. 그러나 이 클래스를 사용하는 프로그래머는 이러한 비공개(private) 메서드 및 속성에 대해 알 필요가 없다. 여러분은 공개 메서드 내의 코드가 어떻게 작성되어 있는지까지는 알 필요는 없다. 여러분은 그저 인터페이스와 상호 작용하는 방법을 알면 그만이다.

이 공개 인터페이스의 코드는 어떤 모양인가?(Oracle 데이터베이스 예제로 시작한다고 가정한다) open() 메서드를 보자.

```
public void open(String Name) {

    /* 일부 '애플리케이션 특화' 처리 작업 */

    /* 오라클 API를 호출해 데이터베이스를 연다. */

    /* 그 밖의 많은 '애플리케이션 특화' 처리 작업 */
}
```

이 경우에 프로그래머라는 역할을 담당한 여러분은 open 메서드의 매개변수로 문자열 형식(String)이 필요하다는 점을 알고 있다. 데이터베이스 파일을 나타내는 이름이 Name으로 전달되지만, 이번 예제에서는 Name이 특정 데이터베이스에 매핑되는 방법까지 설명할 필요는 없다. 우리가 알아야 할 것은 이게 전부다. 이번에는 재미난 일이 벌어질 텐데, 인터페이스가 정말 멋있어진다!

우리 프로그램의 사용자를 화나게 하기 위해 데이터베이스의 구현부를 변경해 보겠다. 어젯밤에 Oracle 데이터베이스의 모든 데이터를 SQLAnywhere 데이터베이스로 변환했다고 하자(급성 통증과 만성 통증을 견뎌내면서 말이다). 몇 시간이나 걸렸지만 우리는 해냈다.

마침내 코드는 다음처럼 작성되었다.

```
public void open(String Name) {

    /* 일부 '애플리케이션 특화' 처리 */

    /* SQLAnywhere API를 호출해 데이터베이스를 연다. */

    /* 추가 '애플리케이션 특화' 처리 */
}
```

이 코드를 작성한 날의 아침에는 사용자 중에 누구도 불만을 제기하지 않았다. 구현부(implementation)가 변경되었지만, 인터페이스는 변경되지 않았기 때문이다. 사용자와 관련지어 보자면, 사용자가 문의하는 내용은 여전히 변함이 없다. 구현부 코드를 변경하려면 약간의 수고스러움이 필요할 수 있겠지만(코드 중에 한 줄을 변경하게 된 모듈을 다시 작성해야 하기 때문), 이 DataBaseReader 클래스를 사용하는 애플리케이션 코드라면 단 한 줄도 고쳐 쓸 이유가 없다.

코드를 다시 컴파일하기

동적 로딩(dynamic loading) 클래스는 런타임(즉, 코드 실행 시)에 로드되며, 실행 파일에 정적으로 링크되지 않는다. 자바 및 닷넷처럼 동적으로 로드된 클래스를 사용하는 경우에는 사용자 클래스를 다시 컴파일할 필요가 없다. 그러나 C++와 같이 정적으로 링크하는 언어에서는 새 클래스를 가져오려면 링크(link, 즉 라이브러리 연계 작업)[17]를 해야 한다.

사용자 인터페이스를 구현부에서 분리해 두면 골치 아픈 일을 많이 줄일 수 있다. 그림 2.3에서 데이터베이스 구현은 인터페이스만 보게 되는 최종 사용자에게는 선명하게 이해된다.

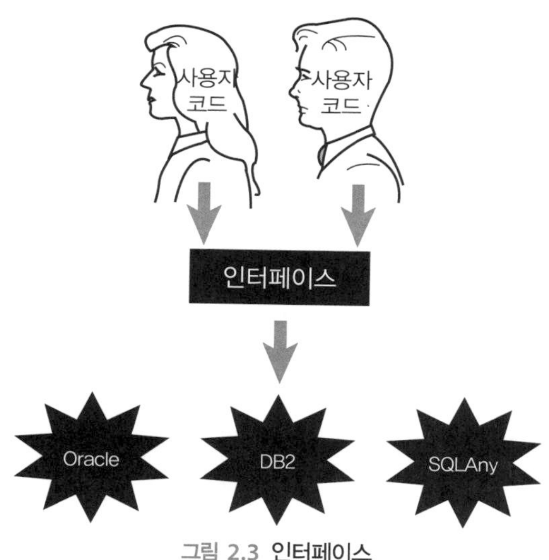

그림 2.3 인터페이스

인터페이스 설계 시 추상적으로 생각해 보기

객체지향 프로그래밍의 주요 장점 중 하나는 클래스를 재사용할 수 있다는 점이다. 일반적으로 재사용 가능한 클래스는 구상적(concrete)이라기보다는 오히려 더 추상적(abstract)인 인터페이스를 갖는 경향이 있다. 구상 인터페이스(concrete interfaces)는 매우 구체적인 경향이 있지만, 추상 인터페이스(abstract interfaces)는 더 일반적이다. 그러나 단순히 아주 추상적인 인터페이스가 매우 구상적인 인터페이스보다 더 유용하다고 말하려는 게 아니라(종종 그렇기는 하지만), 항

17 옮긴이 C언어나 C++처럼 정적인 언어를 사용해 본 사용자에게는 익숙하겠지만, 이러한 정적인 언어에서는 컴파일을 하고 나서 여러 라이브러리들과 한 데 묶는 일, 즉 링크(link) 작업을 해야 한다.

상 그렇지는 않다고 말하려는 것이다.

전혀 재사용할 수 없지만, 매우 유용하고 구상적인 클래스를 작성할 수는 있다. 이런 일은 언제든 일어나며, 어떤 상황에서는 아무런 문제가 없다. 그러나 우리는 현재 설계 작업을 하고 있으며, 객체지향이 우리에게 제공하는 면을 이용하고 싶다. 따라서 우리는 재사용 가능한 추상 클래스를 설계하는 것을 목표로 삼아야 한다. 그리고 이렇게 하기 위해 아주 추상적인 사용자 인터페이스들을 설계해 볼 것이다. 추상 인터페이스와 구상 인터페이스의 차이점을 설명하기 위해 택시 객체를 만들어 보겠다. '우회전', '좌회전', '출발', '정지' 등과 같은 별도의 인터페이스를 갖는 것보다 그림 2.4에서 보이는 것처럼 '공항으로 가 주세요' 같은 인터페이스를 갖는 편이 훨씬 유용한데, 이는 사용자가 공항에 도착하기만 하면 그만이기 때문이다.

그림 2.4 **추상 인터페이스**

호텔에서 나와 가방을 택시 뒷좌석에 던져 넣고 택시를 탄다면 택시 기사는 여러분에게 고개를 돌리며 "어디로 갈까요?"라고 물을 것이고, 여러분은 "공항으로 가주세요"라고 말할 것이다. (물론 이런 경우에 도시에 공항이 하나만 있다고 가정한다. 시카고에서는 "미드웨이 공항으로 가주세요"라거나 "오헤어로 가주세요"라고 말해야 한다.) 여러분은 공항에 가는 방법조차 모를 수 있지만, 그럴 경우에도 그림 2.5와 같이 택시 기사에게 언제 어느 쪽으로 방향을 바꿔야 할지를 알려주지 않아도 된다. 택시 기사가 실제 운전을 어떻게 구현하는지는 승객인 여러분과는 상관없는 일이다. (그러나 택시 기사가 사기를 쳐서 먼 길을 돌아서 공항으로 간다면 택시비가 문제 될 수는 있겠다.)

그림 2.5 그다지 추상적이지 않은 인터페이스

이제 추상과 재사용이 어디쯤에서 연결되기 시작하는지를 살펴보자. 다음 두 시나리오 중 어느 것이 더 추상적이거나 추상적이지 않는가? 더 간단하게 말하면, 어느 문구가 더 재사용 가능한가? '공항으로 가주세요'라거나 '오른쪽으로 돌았다가 오른쪽으로 갔다가 왼쪽으로 갔다가 왼쪽으로 갔다가 왼쪽으로 가세요' 중에 어느 것인가? 분명히 첫 번째 문구가 더 재사용할 만하다. 택시에 타서 공항에 가고 싶을 때마다 어느 도시에서나 사용할 수 있다. 두 번째 문구는 특정한 경우일 때만 작동한다. 따라서 '공항으로 가주세요' 같은 추상 인터페이스는 일반적으로 시카고나 뉴욕이나 클리블랜드 같은 도시별로 구현 방식을 다르게 하여 재사용할 수 있게 객체지향 설계를 하기에 좋은 방식인 것이다.

가능한 한 사용자 인터페이스를 적게 제공하기

클래스를 설계할 때는 사용자에게 클래스의 내부 작업에 대해서 될 수 있으면 언제든지 최소한의 내용만 알려 주는 게 일반적인 규칙이다. 이를 위해서는 다음과 같은 간단한 규칙을 따르면 된다.

- 사용자에게 꼭 필요한 것만 제공하자. 실제로 이것은 클래스에 될수록 적은 인터페이스가 있음을 의미한다. 클래스 설계를 시작할 때 최소한의 인터페이스로 시작하자. 클래스 설계는 반복적이므로 여러분은 최소한의 인터페이스 세트로는 충분하지 않을 수 있음을 곧 알게 될 것이다. 이런 건 문제가 되지 않는다.

- 사용자가 필요로 하는 것보다 더 많은 인터페이스를 제공하는 경우보다 사용자가 실제로 필요로 할 때 인터페이스를 추가하는 편이 바람직하다. 때때로 사용자가 특정 인터페이스에 접근하는 일이 큰 문제가 된다. 예를 들어, 모든 사용자에게 급여 정보를 제공하는 인터페이스는 필요하지 않다. 알아야 하는 사용자만 알게 하면 그만이다.
- 우선, 하드웨어 예제를 사용해 소프트웨어 예제를 이해해 보자. 모니터나 키보드 없이 사용자에게 컴퓨터 상자를 전달하는 일을 상상해 보자. 이런 경우라면 분명히 컴퓨터는 거의 사용되지 않을 것이다. 여러분은 PC에 대한 최소한의 인터페이스 세트를 사용자에게 제공해야 한다. 그러나 이 최소 세트로는 충분하지 않으며, 곧 인터페이스를 추가해야 할 것이다.
- 공개 인터페이스를 지정하여 사용자가 접근할 수 있는 대상을 정의한다. 예를 들어, 여러분이 처음에는 인터페이스들을 비공개로 지정해 클래스 전체를 사용자로부터 은닉했다고 할지라도, 프로그래머가 이 클래스를 사용하기 시작하게 되면 여러분은 일부 메서드를 공개로 지정해야겠다는 압박을 받게 될 텐데, 따라서 이런 메서드들이 공개 인터페이스가 되는 것이다.
- 정보 시스템의 관점에서 클래스를 설계하기보다는 사용자의 관점에서 클래스를 설계해야 한다. 클래스 설계자(다른 종류의 소프트웨어는 말할 것도 없고)가 특정 기술 모델에 맞도록 클래스를 설계하는 경우가 너무 흔하다. 설계자가 사용자의 관점에서 보려고 애를 쓰더라도 여전히 기술자의 관점에서 벗어나기는 힘들며, 이러한 상황에서는 클래스가 기술적인 관점에서 작동하도록 설계되므로 사용자는 클래스를 사용하기가 쉽지 않게 된다.
- 요구사항과 설계를 다루는 클래스를 설계할 때 개발자뿐만 아니라 실제로 사용하는 사람들과 함께 설계해야 한다(모든 수준에 맞춘 테스트를 포함한다). 시스템의 프로토타입을 만들 때 이러한 클래스를 개선하고 보강해야 할 여지가 크다.

누가 사용자인지 결정하기

택시 사례를 다시 살펴보자. 우리는 이미 사용자가 실제로 시스템을 사용하는 사용자라고 결정했다. 이 말을 다시 생각해 본다면, '사용자는 누구인가?'라는 점을 궁금해해야 한다는 말이라는 점을 알 수 있다.

첫 번째로 고려해야 할 대상은 아마도 '고객'일 것이다. 하지만 고객은 전체 고려 대상 중에 절반에 해당하는 자리 밖에 차지하지 못한다. 고객도 확실히 사용자이기는 하지만, 택시 기사도 고객에게 서비스를 성공적으로 제공할 수 있어야 한다. 다시 말해서 '공짜로 공항까지 태워 주세요'라고 말하는 고객을 기쁘게 해줄 인터페이스를 제공하는 일은 의심할 여지없이 택시 기사와 잘 어울리지 않을 것이다. 따라서 현실에 맞게 실제 상황에 맞으면서도 사용해 볼 만한 인터페이스를 구축하려면 고객과 택시 기사를 모두 사용자로 간주해야 한다.

요컨대, 택시 객체에 메시지를 보내는 모든 객체는 사용자로 간주된다(그리고 사용자도 객체다). 그림 2.6은 택시 기사가 서비스를 제공하는 방법을 보여준다.

> **미리보기**
>
> 택시 기사 또한 객체일 가능성이 크다.

그림 2.6 **서비스 제공**

객체의 행위

사용자 식별은 연습의 일부일 뿐이다. 사용자를 식별한 후에는 객체의 행위를 결정해야 한다. 각 객체의 목적과 올바르게 수행해야 할 작업을 모든 사용자의 관점에서 식별하자. 많은 초기 선택지는 최종 공개 인터페이스 선발에서 살아남지 못할 것이다. 이러한 선택지들은 UML 유즈 케이스(UML use case, UML 사용 사례) 같은 다양한 방법을 사용해 요구사항을 수집함으로써 식별할 수 있다.

환경에 따른 제약 조건

길버트(Gilbert)와 맥커티(McCarty)는 자신들의 저서인 《Object-Oriented Design in Java》에서 환경이 종종 객체가 할 수 있는 작업에 제약을 가한다고 지적한다. 실제로 환경에 따른 제약은 거의 항상 한 가지 요인 때문이다. 컴퓨터 하드웨어가 소프트웨어의 기능을 제한할 수 있다는 말이다. 예를 들어, 시스템이 통신망에 연결되어 있지 않거나, 회사에서 특정 프린터 종류만 사용하는 경우가 있다. 택시를 예로 들면, 택시는 공항으로 가는 더 빠른 길을 제공하더라도 다리가 없으면 도로에서 운전할 수 없다.

공개 인터페이스 식별

사용자, 객체 행위, 환경에 대한 모든 정보가 수집되면 각 사용자 객체의 공개 인터페이스를 결정해야 한다. 택시 객체를 어떻게 사용할지 생각해 보자.

- 택시에 탄다.
- 택시 기사에게 가고 싶은 곳을 말한다.
- 택시 기사에게 요금을 지불한다.
- 택시 기사에게 팁을 준다.
- 택시에서 내린다.

택시 객체를 사용하려면 어떻게 해야 하는가?

- 갈 곳이 있다.
- 택시를 부른다.
- 택시 기사에게 돈을 지불한다.

처음에, 여러분은 객체를 사용하는 방식을 생각할 뿐, 객체가 만들어진 방법을 생각하지 않는다. 그러다가 '트렁크에 짐을 넣는다' 또는 '택시 기사와 쓸데없는 이야기를 하기 시작한다'와 같은 더 많은 인터페이스가 객체에 필요하다는 점을 알 수 있을지도 모른다. 그림 2.7은 택시 기사 클래스에 가능한 메서드를 나열한 클래스 다이어그램을 제공한다.

Cabbie
+ hailTaxi: void + enterTaxi: void + greetCabbie: void + specifyDestination: void + payCabbie: void + tipCabbie: void + leaveTaxi: void

그림 2.7 **택시 기사 클래스의 메서드**

항상 그렇듯이 최종 인터페이스를 정리하는 일은 반복 과정이다. 각 인터페이스에 대해 인터페이스가 객체를 다루는 일에 기여하는지 여부를 결정해야 한다. 그렇지 않다면 해당 인터페이스가 필요하지 않을 수 있다. 많은 객체지향 교과서에서는 각 인터페이스 모델은 하나의 행위만 수행하라고 권한다. 이것은 우리가 설계를 어떻게 추상화하고 싶은지에 대한 질문으로 되돌아가게 한다. enterTaxi()가 인터페이스라면 우리는 분명히 택시 기사에게 요금을 지불하기 위한 로직이 enterTaxi() 안에 들어 있기를 바라지 않을 것이다. 로직이 인터페이스 안에 들어 있게 되면 설계가 다소 논리적이지 않게 될 뿐 아니라 클래스 사용자가 요금을 택시 기사에게 지불하기 위해서는 어떤 일이 이뤄져야 하는지를 말할 길이 전혀 없게 된다.

구현부 식별

공개 인터페이스를 선택했다면 그다음으로 구현부를 식별해 내야 한다. 클래스가 설계되고 클래스를 올바르게 다루는 데 필요한 모든 메서드가 준비되었다면 클래스의 작동 방법을 구체적으로 생각해 볼 차례다.

기술적으로 보면, 공개 인터페이스가 아닌 것은 모두 구현부로 간주할 수 있다. 다시 말해서, 사용자는 구현부에 속하는 메서드들을 전혀 볼 수 없다는 말인데, 이러한 것들로는 메서드의 시그니처(메서드 이름 및 매개변수 목록을 포함한 것으로 메서드를 그 밖의 메서드와 구분할 수 있게 하는 것)도 포함되며, 마찬가지로 사용자는 이러한 메서드들 내부의 실제 코드 또한 볼 수 없다는 말이기도 하다.

클래스에는 클래스 내부에서만 사용하는 비공개 메서드들이 있을 수 있다. 사용자는 비공개 메서드를 볼 수 없고 접근할 수도 없으므로 비공개 메서드는 구현부의 일부로 간주된다. 예를 들어, 클래스에 changePassword()라는 메서드가 있을 수 있는데, 같은 클래스 안에 비밀번호를 암호화하는 비공개 메서드도 있을 수 있다. 이런 경우에 비공개 메서드는 사용자에게는 숨겨지고 changePassword() 메서드를 통해서만 호출된다.

구현부는 사용자에게 완벽하게 감춰져 있어야 한다. 공개 메서드 내의 코드 또한 사용자가 볼 수 없기 때문에 구현부에 해당한다. (사용자는 인터페이스 내부의 코드가 아닌 인터페이스의 호출 구조만 볼 수 있기 때문이다.)

이는 이론적으로 구현부로 간주되는 모든 것이 사용자가 클래스에 인터페이스(interface, 즉 '접속')하는 방식에 영향을 미치지 않으면서 변경될 수 있음을 의미한다. 물론, 이는 사용자가 기대하는 답변을 구현부가 제공한다는 가정을 바탕으로 한 말이다.

인터페이스로는 사용자가 객체를 보는 방식을 표현할 뿐이고 구현부야말로 객체의 실제적인 작동부(nuts and bolts)인 것이다. 객체의 상태를 표현하는 코드 또한 구현부에 해당한다.

결론

이번 장에서는 객체지향 방식으로 생각할 수 있는 세 가지 영역을 살펴보았다. 객체지향 사고 과정과 관련하여 확실히 논의거리로 삼을 만한 것들이 없다는 점을 기억하자. 객체지향 방식으로 일을 한다는 건 과학이라기보다는 예술에 가깝다. 객체지향적 사고를 설명하는 자신만의 방식을 생각해 보자.

3장 '그 밖의 객체지향 개념들'에서는 객체 수명주기(즉, 객체가 태어나서 살다가 죽음에 이르는 일)를 설명한다. 객체는 살아 있는 동안 다양한 상태로 전이될 수 있다. 예를 들어, `DataBaseReader` 객체는 데이터베이스가 열려 있을 때에는 한 상태에 머무르게 되고, 데이터베이스가 닫혀 있으면 다른 상태에 머무르게 된다. 이런 상태를 어떻게 표현할지는 클래스를 설계하기 나름이다.

참고 문헌

Fowler, Martin. 2003. UML Distilled, Third Edition. Boston, MA: Addison-Wesley Professional.

Gilbert, Stephen, and Bill McCarty. 1998. Object-Oriented Design in Java. Berkeley, CA: The Waite Group Press(Pearson Education).

Meyers, Scott. 2005. Effective C++, Third Edition. Boston, MA: Addison-Wesley Professional.

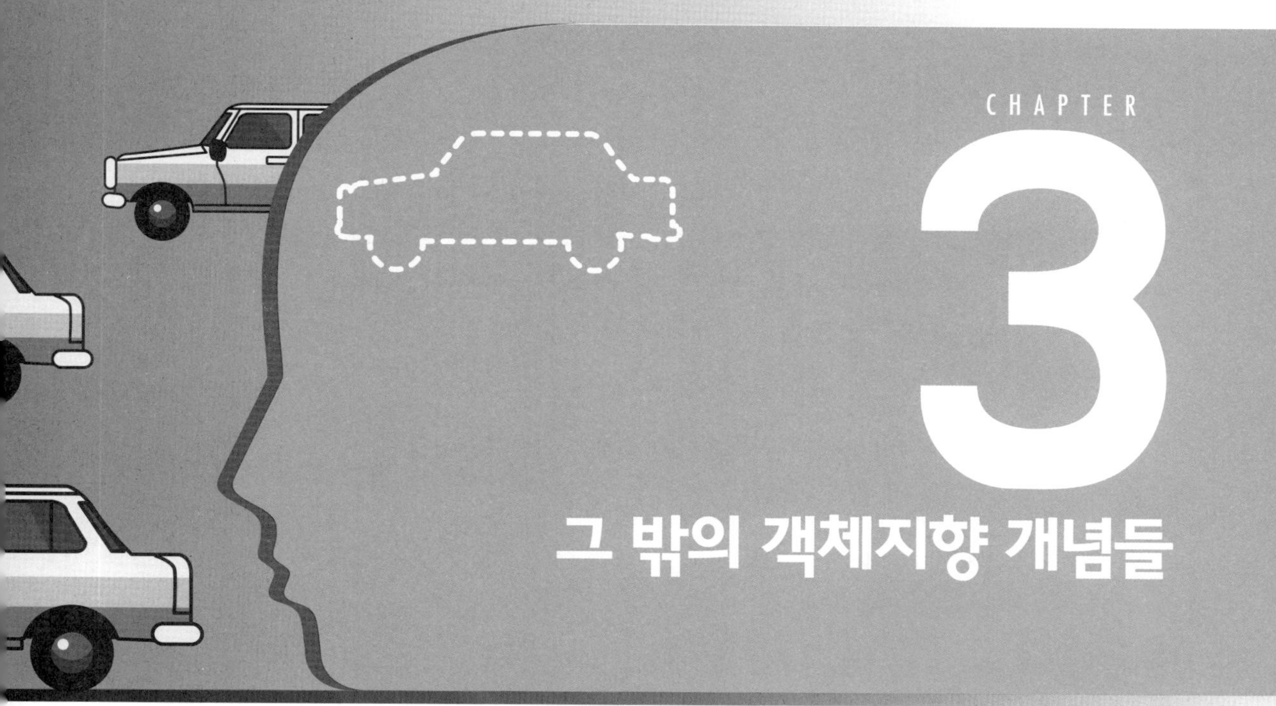

CHAPTER 3 그 밖의 객체지향 개념들

1장 '객체지향 개념 도입' 및 2장 '객체라는 관점에서 생각하는 방법'에서는 객체지향 개념의 기본 사항을 다뤘다. 객체지향 시스템 구축과 관련된 더 정교한 설계 문제를 배우려면 생성자나 연산자 오버로딩(overloading, 즉 연산자 중복 정의) 및 다중 상속과 같은 몇 가지 고급 객체지향 개념을 다루어야 한다. 또한, 오류 처리 기술을 고려할 뿐만 아니라, 범위(scope)가 객체지향 설계에 어떻게 적용되는지도 고려해야 한다.

이러한 개념 중 일부는 객체지향 설계를 더욱 높은 수준에서 이해하는 데 필수적인 것은 아니지만, 객체지향 시스템을 설계하고 구현하는 일에 관련된 모든 사람에게 필요하다.

생성자

생성자(constructors)[18]는 구조적 프로그래머에게 새로운 개념일 수 있다. 코볼, C 및 베이직과 같은 객체지향적이지 않은 언어에서는 일반적으로 생성자가 사용되지 않지만, C/C++의 일부

18 옮긴이 지금은 '생성자'라는 말이 정착되었지만, 영어 단어의 의미를 더 정확히 전달하는 번역어는 '구성자'다. constructor가 construct의 파생어인데, construct는 '구성체'라는 철학 용어로 번역할 수 있는 말이다. 그러므로 구성자를 통해서 클래스를 일종의 구성체로 만든다는 의미이며, 이처럼 구성체가 된 클래스는 객관(objection)의 대상이 되므로 객관체(object)라고 부를 수 있으며, 이를 줄여서 '객체'라고 부르는 것이다. 그러나 실무 현장에서는 구성체라고 부르기보다는 '컨스트럭트'라고 부르는 경향이 있다.

인 **구조체**(struct)에는 생성자가 포함된다. 처음 두 장에서 우리는 객체들을 **생성하는**(construct, 즉 '구성하는') 데 사용되는 이러한 특별한 방법을 언급했다. 자바 및 C#과 같은 일부 객체지향 언어에서 생성자란 클래스의 이름과 같은 이름을 지닌 메서드를 말한다. VisualBasic.NET은 New라는 단어로 생성자임을 나타내고, 스위프트는 init 키워드를 사용해 생성자를 지정한다. 평소와 같이 우리는 생성자의 개념에 중점을 두되, 모든 언어의 특정 구문을 다루지는 않을 것이다. 그러면 생성자를 구현하는 자바 코드를 살펴보자.

예를 들어, 2장에서 다룬 Cabbie(택시 기사) 클래스의 생성자는 다음과 같다.

```
public Cabbie() {
    /* 객체를 생성(construct, 즉 구성)할 코드 */
}
```

컴파일러는 메서드 이름이 클래스 이름과 동일하다는 점을 인식하고 메서드를 생성자로 간주한다.

> **주의**
>
> 이 자바 코드(C# 및 C++에서와 같이)에서 생성자에는 반환값이 없다. 반환값을 제공하면 컴파일러는 메서드를 생성자로 취급하지 않는다.

예를 들어, 클래스에 다음 코드를 넣게 되면 반환값(이 경우에는 int 형식으로 된 값)을 지닌 이 코드를 컴파일러는 생성자로 여기지 않는다.

```
public int Cabbie() {
    /* 객체를 생성(construct, 구성)할 코드 */
}
```

이 코드도 컴파일이 되기는 하지만 우리가 기대한 대로 생성자 역할을 하지 못하는데, 이는 코드에 반환값을 돌려주게 지정하는 구문이 있다는 요건으로 인해 원래부터 문제가 발생할 여지가 있었기 때문이다.

생성자는 언제 호출되는가?

새로운 객체가 생성될 때 가장 먼저 일어나는 일 중 하나는 생성자 호출이다. 다음 코드를 확인하자.

```
Cabbie myCabbie = new Cabbie();
```

new 키워드는 택시 기사 클래스의 새 인스턴스(instance)[19]를 만들고 이에 필요한 메모리를 할당한다. 그런 다음 생성자 자체가 호출되어 매개변수 목록의 인수를 전달한다. 생성자로 인해 개발자는 적절하게 초기화할 수 있다.

따라서 new Cabbie() 코드는 Cabbie 객체(정확히 말하자면 Cabbie 클래스)를 인스턴스화하고 생성자인 Cabbie 메서드를 호출한다.

생성자의 내부는 어떨까?

아마도 생성자의 가장 중요한 기능은 new 키워드가 발견될 때 할당된 메모리를 초기화하는 일일 것이다. 즉, 생성자에 포함된 코드는 새로 생성된 객체를 초기의 안정적이고 안전한 상태가 되게 정해 주어야 한다.

예를 들어, count라는 속성을 가진 카운터 객체가 있는 경우에 생성자에서 count를 0으로 설정해야 한다.

```
count = 0;
```

> **속성 초기화**
>
> 구조적 프로그래밍에서는 청소(housekeeping) 또는 초기화(initialization)라고 부르는 일을 담당하는 루틴이 쓰인다. 이처럼 속성 초기화를 담당하는 함수를 생성자 내에서 흔히 볼 수 있다. 어쨌든, 시스템의 기본값에 의존하지 말자.

19 옮긴이 클래스를 정의한 코드 그대로일 때 이 클래스를 일종의 '부류체(class)'라고 부른다면 이 부류체는 생성자(constructor)에 의해서 '구성체(construct)'가 되고, 이 구성체는 다시 '사례체(instance, 즉 '실제 사용례가 되게 한 체')'가 되어 활용된다. 즉, 객체 지향 프로그래밍을 할 때 부류체 → 구성체 → 사례체로 이어지는 3단계를 거친다고 볼 수 있다. 우리가 보통 객체를 설계한다고 할 때는 '부류체(class)'를 정의한다는 말이며, 객체를 생성한다고 할 때는 '구성체(construct)'가 되게 한다는 말이며, 인스턴스를 만든다고 할 때는 '사례체(instance)'로 본을 떠낸다는 말이다. 이런 면에서 볼 때, 우리가 부류체에 해당하는 클래스를 흔히 '붕어빵 틀'에 비유하는데, 이처럼 개념을 명확히 하면 클래스는 붕어빵 틀에 대한 설계도임을 알 수 있으며, 구성체야말로 진짜 붕어빵 틀이고 사례체에 해당하는 인스턴스가 붕어빵임을 알 수 있다. 이처럼 구성체라는 개념을 도입함으로써 붕어빵 틀에 대한 설계도와 붕어빵 틀 그 자체를 구분할 수 있게 되는데, 이 책에도 나중에 구성체라는 개념이 나온다. 그러나 실무 현장에서는 구성체를 그냥 '컨스트럭트'라고 음차해 부르는 경향이 있다.

기본 생성자

여러분이 클래스를 작성하면서 그 안에 생성자를 두지 않을지라도, 클래스를 컴파일할 수 있을 뿐만 아니라, 이 클래스를 여전히 사용할 수 있다. 이는 클래스에 명시적으로 생성자를 두지 않아도 기본 생성자(default constructor)가 제공되기 때문이다. 생성자를 직접 작성하든지 그러하지 않든지 간에 항상 생성자가 한 개 이상 있다는 점을 이해해야 한다. 여러분이 생성자를 제공하지 않으면 시스템에서 기본 생성자를 제공하기 때문이다.

객체 자체를 생성하는 일[20] 외에도 기본 생성자가 취하는 유일한 작업은 슈퍼클래스의 생성자를 호출하는 것이다. 대부분의 경우에 슈퍼클래스는 자바의 `Object` 클래스처럼 언어 프레임워크의 한 부분을 담당하는 클래스다. 예를 들어, `Cabbie` 클래스에 생성자를 두지 않으면 다음과 같은 기본 생성자가 삽입된다.

```
public Cabbie() {
    super();
}
```

컴파일러가 생성한 바이트 코드를 역으로 컴파일해 보면 이 코드가 표시된다. 실제로는 컴파일러가 이 코드를 삽입한다.

이 경우에 `Cabbie`가 다른 클래스에서 명시적으로 상속받지 않으면 `Object` 클래스가 `Cabbie` 클래스의 부모 클래스가 된다. 어떤 경우에는 기본 생성자만으로도 충분할 수 있다. 그러나 대부분의 경우에 어떤 종류의 메모리 초기화가 수행되어야 한다. 상황에 관계없이 클래스에 항상 생성자를 한 개 이상 두는 게 좋은 프로그래밍 습관이다. 클래스에 속성이 있는 경우라면 항상 초기화하는 게 좋다. 객체지향 여부에 관계없이 코드를 작성할 때면 무조건 변수를 초기화하는 게 언제나 좋은 습관이다.

20 옮긴이 앞의 옮긴이 주석을 참고했다면 이 문장이 말하는 의미가 '구성체를 생성하는 일', 즉 '붕어빵 틀을 만드는 일'을 지칭한다는 점을 알 수 있을 것이다. '구성체(construct)'도 객체라는 개념을 이루는 한 부분이기 때문에 '객체 자체를 생성하는 일'이라는 문장도 틀린 건 아니지만, 정확히 무엇이 생성되는가를 아는 게 좋겠다.

> **생성자 준비**
>
> 생성자를 만들 계획이 없을지라도 클래스에 항상 생성자를 작성해 두는 게 일반적인 관례다.[21] 여러분은 생성자를 제공하지 않고 나중에 추가할 수 있다. 컴파일러에서 제공하는 기본 생성자를 사용해도 기술적으로는 아무런 문제가 없지만, 클래스를 설명하고 유지보수하기 쉽게 하려면 생성자를 명시적으로 기입함으로써 코드가 어떤 식으로 보일지를 명확히 해두는 편이 바람직하다.

여기서 유지보수에 문제가 생긴다고 해도 놀랄 일이 아니다. 기본 생성자에 의존하게 클래스를 작성한 후에, 이어지는 유지보수 과정에서 다른 생성자를 추가하면 기본 생성자가 더 이상 자동으로 작성되지 않는다. 이에 따라 기본 생성자가 있다는 가정하에 작성된 코드가 실제로는 중단되어 버리는 문제를 일으킬 수도 있다.

여러분이 명시적으로 생성자를 클래스 안에 두지 않는 경우에만 기본 생성자가 자동으로 추가된다. 그리고 여러분이 생성자를 단 하나만 넣어도 기본 생성자는 제공되지 않는다.

다중 생성자 사용

많은 경우에 여러 방식으로 객체를 생성할 수 있다. 이렇게 객체를 생성하는 방식을 여러 가지로 하려면 생성자를 두 개 이상 제공해야 한다. 예를 들어, Count 클래스라는 것을 예로 들면서 생각해 보자.

```
public class Count {

    int count;

    public Count() {
        count = 0;
    }
}
```

한편으로 우리가 count 속성을 0으로 초기화하려고 한다고 하자. 이럴 때는 생성자를 사용하면 다음과 같이 count를 0으로 쉽게 초기화할 수 있다.

```
public Count() {
    count = 0;
}
```

21 옮긴이 이는 저자의 의견일 뿐, '실무에서는 클래스를 많이 작성해야 해서 가독성 등을 고려하여 생성자를 생략하는 경우도 있다'는 베타리더의 의견이 있었다.

또한, count를 다양한 숫자로 설정할 수 있게 count에 초기화 매개변수를 전달할 수 있다.

```
public Count(int number) {
    count = number;
}
```

이를 **메서드 오버로딩**(method overloading)이라고 한다(오버로딩은 생성자뿐만 아니라 모든 메서드와 관련된다). 대부분의 객체지향 언어에는 메서드 오버로딩을 위한 기능이 있다.

메서드 오버로딩

메서드의 시그니처(signature)[22]가 매번 다르면 오버로딩를 통해 프로그래머는 동일한 메서드 이름을 계속해서 사용할 수 있다. 시그니처는 메서드 이름과 매개변수 목록으로 합성된다(그림 3.1 참조).

시그니처
public String getRecord(int key)

시그니처 = getRecord (int key)
메서드 이름 + 매개변수 목록

그림 3.1 **시그니처의 구성 요소**

따라서 다음에 나오는 메서드들의 시그니처도 서로 다 다르다.

```
public void getCab();

// 매개변수 목록이 다르다.
public void getCab(String cabbieName);

// 매개변수 목록이 다르다.
public void getCab(int numberOfPassengers);
```

22 옮긴이 시그니처란 메서드 이름, 매개변수 목록(매개변수 개수, 매개변수 형식, 매개변수 이름)을 통틀어 다른 메서드와 차이가 나는 점을 말하며, 이를 통해 메서드는 자신만의 고유한 '서명(signature)'을 기록한 것처럼 되어 메서드를 서로 구분할 수 있게 된다. '서명'이라고 부르기도 하지만, 일반적으로 쓰이는 서명(sign)과 구분하기 위해 이 책에서는 시그니처로 번역했다.

시그니처

언어에 따라서는 반환 형식(return type)을 시그니처의 일부로 보기도 하고 그렇지 않기도 한다. 자바 및 C#에서는 반환 형식을 시그니처의 일부로 보지 않는다. 예를 들어, 반환 형식이 다르더라도 다음 메서드들끼리는 충돌한다.

```
public void getCab(String cabbieName);
public int getCab(String cabbieName);
```

코드를 작성해 컴파일하고 실행해 보는 것이 시그니처로 쓰이는 게 어떤 것인지를 이해하기 위한 가장 좋은 방법이다.

시그니처를 서로 다르게 하면 여러분은 사용된 생성자별로 서로 다른 객체를 생성할 수 있다. 이 기능은 사용 가능한 정보의 양을 미리 알 수 없는 경우에 아주 유용하다. 예를 들어, 장바구니를 만들 때 고객이 이미 계정에 로그인해 있을 수 있다(그리고 여러분은 고객에 관한 모든 정보를 갖게 될 것이다). 반면, 신규 고객은 이용할 수 있는 계정 정보가 전혀 없는 장바구니에 상품을 넣을 수 있다. 각 경우에 생성자는 다르게 초기화된다.

UML을 사용한 클래스 모델링

앞에 나온 2장에서 사용한 데이터베이스 리더 예제로 돌아가 보겠다. 데이터베이스 리더를 생성하는 방법이 두 가지라고 생각해 보자.

- 데이터베이스 이름을 전달하고 데이터베이스 시작 부분에 커서를 놓는 방법
- 커서의 위치를 지정할 데이터베이스 이름과 데이터베이스 내 위치를 전달하는 방법

그림 3.2는 DataBaseReader 클래스의 클래스 다이어그램을 보여준다. 다이어그램에는 클래스의 두 생성자가 나열되어 있다. 다이어그램에는 매개변수 목록이 없는 두 생성자가 표시되어 있지만, 어떤 게 어떤 건지 알 길이 없다. 이 두 생성자를 서로 구별하려면 이 책의 나중에 나올 DataBaseReader 클래스 코드를 직접 확인해 보아야 한다.

DataBaseReader
dbName: String startPosition: int
+ DataBaseReader: + DataBaseReader: + open: void + close: void + goToFirst: void + goToLast: void + howManyRecords: int + areThereMoreRecords: boolean + positionRecord: void + getRecord: String + getNextRecord: String

그림 3.2 DataBaseReader 클래스 다이어그램

> **반환 형식 없음**
>
> 이 클래스 다이어그램에서 생성자에는 반환 형식이 없다. 생성자 이외의 다른 모든 메서드에는 반환 형식이 있어야 한다.

다음은 클래스 내에서 생성자와 생성자가 초기화하는 속성을 보여주는 코드 조각이다(그림 3.3 참조).

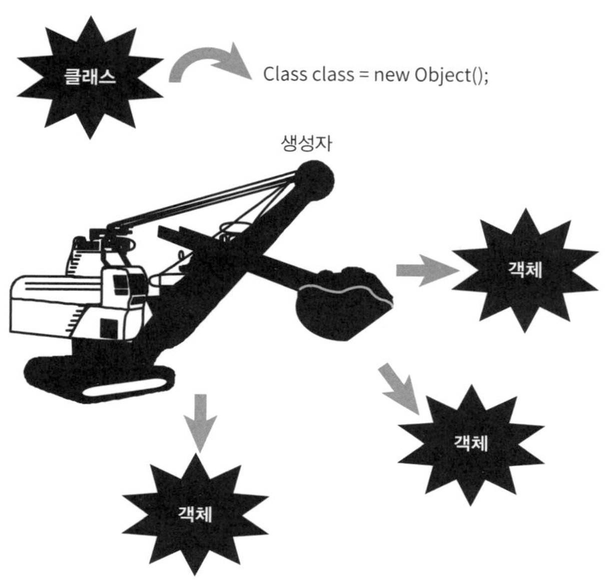

그림 3.3 **새 객체 생성**

> **옮긴이** 옆의 코드는 이해를 돕기 위한 의사코드에 불과하다. 그러나 베타리더 중에는 이것을 온전한 코드로 보고 문법이나 관례 등에 맞지 않는다는 의견을 낸 사람이 있었다. 여기에서 참고가 될 만한 온전한 코드를 적으면 다음과 같다.
>
> `SomeClass myClass = new SomeClass();`
>
> 그러나 이런 식의 자바 언어 문법과 관례를 규정한 코드는 오히려 본문 내용을 이해하는 데 방해가 될 수도 있다. 역자가 보기에는 오히려 저자의 표기 방식이 본문을 이해하기에 더 좋다.

```
public class DataBaseReader {

    String dbName;
    int startPosition;

    // 이름만 초기화한다.
    public DataBaseReader (String name) {
        dbName = name;
        startPosition = 0;
    }

    // 이름과 위치를 초기화한다.
    public DataBaseReader (String name, int pos) {
        dbName = name;
        startPosition = pos;
    }
```

```
    .. // 클래스의 나머지 부분
}
```

두 생성자에서 startPosition이 초기화되는 방법에 유의하자. 매개변수 목록을 통해 정보를 전달하지 않으면 생성자는 기본값(0 등)으로 초기화된다.

슈퍼클래스가 생성되는 방법

상속을 사용할 때는 부모 클래스가 어떻게 구성(construct)되어 있는지를 알아야 한다.[23] 상속을 사용할 때 부모에 관한 모든 것을 상속한다는 점을 기억하자. 따라서 부모의 모든 데이터와 행위를 철저히 알고 있어야 한다. 속성의 상속은 아주 분명하다. 그러나 생성자가 어떻게 상속되는지는 분명하지 않다. new 키워드가 발견되고 객체가 할당된 후 다음 단계가 수행된다(그림 3.4 참조).

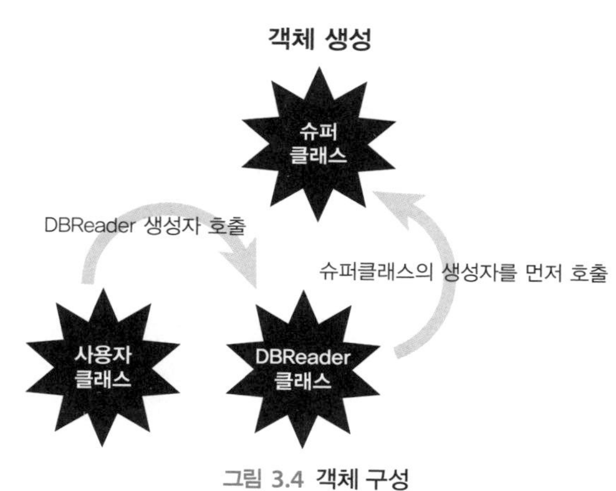

그림 3.4 객체 구성

1. 생성자 안에서 클래스의 슈퍼클래스의 생성자가 호출된다. 슈퍼클래스의 생성자를 명시적으로 호출하지 않으면 기본 생성자가 자동으로 호출된다. 바이트 코드에서 해당 생성자 코드 부분을 볼 수 있다.

---

23 옮긴이 앞서 나온 각주에서 설명했듯이, 클래스는 생성자(constructor, 즉 구성자)에 의해서 일단 객체라고도 부르는 구성체(붕어빵 틀)가 된다. 하위 클래스에서 상위 클래스를 상속받을 때는 붕어빵 틀의 설계도 격인 클래스(즉, 부류체)를 상속받는 게 아니라, 붕어빵 틀인 구성체(construct)를 상속받는다고 보는 게 정확하다. 그래서 저자 또한 이 문장 속에 구성(construct)이라는 단어를 쓴 것으로 보여서 특별히 영문을 병기했다. 클래스가 어떻게 구성되어 있는지를 본다는 말은, 클래스의 구성체가 어떤 모양으로 이뤄져 있는지를 본다는 말이 될 것이다. 물론, 우리는 그 설계도인 클래스 코드 자체를 보면서 클래스의 구성체를 유추하는 수밖에 없다. 즉, 붕어빵 틀(클래스의 구성체)을 알기 위해서 붕어빵 틀 설계도(클래스 코드 자체)를 볼 수밖에 없는 것이다.

2. 객체의 각 클래스 속성이 초기화된다. 이들은 클래스 정의의 일부인 속성(인스턴스 변수)이며, 생성자 내의 속성(지역 변수)이나 그 밖의 메서드가 아니다. 앞에서 설명한 `DataBaseReader` 코드에서 정수 `startPosition`은 클래스의 인스턴스 변수다.
3. 생성자의 나머지 코드가 실행된다.

생성자의 설계도

이미 살펴본 것처럼 클래스를 설계할 때는 모든 속성을 초기화하는 편이 바람직하다. 일부 언어에서는 컴파일러가 일종의 초기화를 제공한다. 언제나 그렇듯이, 컴파일러가 속성을 초기화한다고 믿어서는 안 된다! 자바에서는 속성을 초기화하기 전에는 속성을 사용할 수 없다. 코드에서 속성이 처음 설정된 경우에 속성을 유효한 조건으로 초기화해야 한다(예: 정수를 0으로 설정).

생성자는 애플리케이션이 안정적인 상태(필자는 '안전한' 상태라고 부르는 편이다)인지 확인하는 데 사용된다 예를 들어, 나눗셈 연산에서 분모로 사용하려는 경우에 속성을 0으로 초기화하면 애플리케이션이 불안정해질 수 있다. 0으로 나누는 연산은 잘못된 연산이라는 점을 고려해야 한다. 0으로 초기화하는 것이 항상 최상의 정책은 아니다.

설계하는 동안에 모든 속성의 안정 상태가 무엇인지를 식별한 다음에, 생성자에서 이 안정 상태로 초기화하는 편이 바람직하다.

오류 처리

클래스를 처음부터 완벽하게 작성하기는 아주 힘들다. 전부는 아니더라도 대부분의 상황에서 문제가 생길 것이다. 문제가 발생할 때에 대한 대비를 미리 해 두지 않으면 재난적인 상황이 벌어질 수 있다.

코드에 오류 조건을 감지하고 해당 오류를 끌어들여 처리하는 기능을 둔다면 여러 가지 방법으로 오류를 처리할 수 있다. 티마(Tyma), 토록(Torok), 다우닝(Downing)은 그들의 저서 《Java Primer Plus》의 11장에서 프로그램에서 탐지된 문제를 처리하는 데 세 가지 기본적인 해결

책이 있다고 기술했다. 바로 수정하거나, 스퀠칭(squelching)[24]으로 문제를 무시하거나, 런타임(프로그램 실행 중)에 어떤 우아한 방법을 사용해 오류를 퇴출하는 것이다. 『Object-Oriented Design in Java』의 4장에서 길버트와 맥커티는 예외를 던지는 선택지를 추가함으로써 이 주제를 넓혀 주었다.

- 문제를 무시하는 건 좋은 생각이 아니다!
- 잠재적인 문제를 확인하고 문제를 발견하면 프로그램이 중단되도록 하자.
- 잠재적인 문제를 확인하고 실수를 파악한 후 문제를 해결하자.
- 예외를 던진다. (종종 상황을 처리하기 위해 선호되는 방법이다.) 이러한 전략은 다음 단원에서 설명한다.

문제를 무시하지 않기

잠재적인 문제를 무시하는 것만으로도 재난을 예방할 수 있다. 그리고 여러분이 문제를 무시하려고 한다면 왜 처음부터 그 문제를 감지해야 하는가? 알려진 문제를 무시해서는 안 된다. 모든 애플리케이션의 주요 지침을 들자면 애플리케이션이 중단되지 않아야 한다는 점을 들 수 있다. 오류를 처리하지 않으면 결국 애플리케이션이 비정상적으로 종료되거나 불안정한 상태로 간주될 수 있는 상태(데이터가 손상되었을 수도 있는 상태)로 계속 진행한다. 후자의 경우, 잘못된 결과를 얻고 있다는 점을 알지 못할 수도 있으며, 이는 프로그램 충돌보다 훨씬 더 나쁜 상황일 수 있다.

문제를 점검하고 애플리케이션을 중단하기

잠재적인 문제를 점검하고 감지함으로써 애플리케이션을 중단할 때는 애플리케이션에 문제가 있음을 나타내는 메시지를 표시할 수 있다. 이 경우에 애플리케이션은 정상적으로 종료될 것이고, 사용자는 컴퓨터 화면을 응시하면서 고개를 떨구고 무슨 일이 벌어졌는지를 살펴보려 할 것이다. 이런 방식이 문제를 무시하는 방식보다는 훨씬 더 나은 처리 방법이기는 하지만, 가장 좋은 방법은 아니다. 그럴지라도 이 정도라도 해두면 시스템이 파일을 정리한 다음에 강제로 다시 컴퓨터를 켜게 하는 식으로 시스템을 정리할 수 있기 때문에 더욱 안정적인 상태로 만들 수 있다.

24 옮긴이 '스퀠칭'이란 잡음 억제를 뜻하는 전자공학 용어인데, 여기서는 '오류 억제'라는 뜻으로 사용한 것으로 보인다.

문제를 점검해 복구하기

잠재적인 문제를 확인하고 실수를 포착해 복구해 보려는 방식은, 단순히 문제를 확인하고 애플리케이션을 중단시켜 버리는 방식보다 훨씬 뛰어난 해법이다. 이런 경우에 코드에서 문제를 검출하므로 애플리케이션은 자체적으로 문제를 고칠 수 있다. 특정 상황에서는 이게 더 잘 들어맞는다. 예를 들어, 다음 코드를 생각해 보자.

```
if (a == 0)
    a=1;

c = b/a;
```

if 문이 코드에 포함되어 있지 않아서 명령문으로 직행하는 경우(즉, a 값이 0인 채로 c = b / a가 바로 실행되는 경우에) 0으로는 나눗셈을 할 수 없기 때문에, 시스템 예외(exception)가 발생한다. 그러므로 미리 예외가 발생할 것을 파악해 변수를 1로 설정하는 문장을 두면 최소한 시스템이 중단되지 않는다. 그러나 이런 경우에 a를 1로 설정해 버리면 적절한 결과가 나오지 않을 수도 있으므로 바람직한 해결책이 아닐 수 있다. 사용자에게 적절한 입력값을 다시 입력하도록 하는 문구를 화면에 표시해 주는 게 더 바람직한 해법이다.

> **다양한 오류 처리 기술을 섞어 쓰기**
>
> 이러한 유형의 오류 처리가 본질적으로 객체지향적일 필요는 없지만, 필자는 이게 객체지향 설계에 있어서 유효한 지위를 차지하고 있다고 생각한다. 예외를 발생시키면(다음 단원에서 논의) 처리 비용이 늘어날 수 있다. 따라서 예외 처리를 하도록 설계하는 것이 바람직할 수 있지만, 설계 요건이나 성능 요건에 맞춰 그 밖의 오류 처리 기술(덧붙여, 좋은 기술이라고 확인된 구조적 기술까지 포함해서)을 고려하는 일도 필요하다.

앞에서 언급한 오류 검사 기술이 아무 것도 하지 않는 것보다 더 낫기는 하지만, 여전히 몇 가지 문제가 있다. 처음으로 문제가 생기는 곳을 알아내는 것이 언제나 쉬운 것만은 아니다. 문제를 검출하는 데는 시간이 걸릴 수 있다. 어쨌든 오류 처리에 대해 자세히 설명하는 것은 이 책의 범위를 벗어난다. 그럴지라도 애초부터 오류에 대비하게 클래스를 설계해야 하며, 종종 운영체제는 자체적으로 문제를 검출해 여러분에게 알려주기도 한다.

예외 던지기

대부분의 객체지향 언어는 예외(exceptions)라는 특징을 제공한다. 가장 기본적인 의미에서 예외란 시스템 내에서 발생하는 예기치 않은 이벤트(event, 즉 '사건')다. 언어가 제공하는 예외라는 특징에는 문제를 감지한 후 처리하는 방법도 포함되어 있다. 자바, C#, C++, 스위프트 및 비주얼베이직에서는 catch(잡기) 및 throw(던지기)라는 키워드로 예외를 처리한다. 이런 말들이 야구 용어처럼 들릴 수 있지만, 여기서 핵심 개념은 특정 예외를 처리하기 위해 특정 코드 블록을 작성해야 한다는 점이다. 이와 같은 코드 블록을 사용하면 어디서 어떤 문제가 생겼는지를 알 수 있으므로, 문제 발생 지점과 문제 유형에 알맞게 문제를 풀어내는 코드를 작성할 수 있다.

다음은 자바 언어의 try/catch 블록 구조다.

```
try {

    // 예외가 있음직한 코드 부분

} catch(Exception e) {

    // 예외를 처리하는 코드
}
```

try 블록 내에서 예외가 발생하면 catch 블록이 예외를 처리한다. 블록이 실행되는 동안 예외가 발생하면 다음과 같은 일이 일어난다.

1. try 블록의 실행이 종료된다.
2. catch 절은 위반으로 인한 예외를 처리하는 데 적합한 catch 블록이 포함되었는지를 확인하기 위해 점검된다. (try 블록당 두 개 이상의 catch 절이 있을 수 있다.)
3. catch 절 중 어느 것도 문제가 되는 예외를 처리하지 않으면 다음 차례에 해당하는 부모 수준 try 블록으로 전달된다. (코드에서 예외를 발견해 내지 않는다면 시스템은 궁극적으로 예외를 포착해 결과를 예측할 수 없다. 즉, 애플리케이션은 충돌 상황에 빠지게 된다.)
4. 일치하는 catch 절이 있다면(첫 번째로 일치한 경우) catch의 명령문 절이 실행된다.
5. 그런 다음에 try 블록의 다음 차례로 나오는 명령문으로 실행이 재개된다.

예외들은 객체지향 프로그래밍 언어에서 중요한 점이라고 할 수 있다. 다음은 자바에서 예외가 발생하는 방법에 대한 예다.

```
try {

    // 예외가 있음직한 코드 부분
    count = 0;
    count = 5/count;

} catch(ArithmeticException e) {

    // 예외를 처리하는 코드
    System.out.println(e.getMessage());
    count = 1;

}
System.out.println("The exception is handled.");
```

> **예외 입도**
>
> 다양한 수준의 입도(granularity)에 맞춰 예외를 포착할 수 있다. 모든 예외를 포착하거나 산술 예외와 같은 특정 예외만을 확인해 볼 수 있다.[25] 여러분의 코드가 예외를 잡아내지 않는다면 자바 런타임은 이런 상황을 좋게 바라보지 않을 것이다.

이번 예제에서 try 블록 내에서 0으로 나누기(카운트가 0이므로)는 산술 예외를 발생시킨다. try 블록 외부에서 예외가 생성(발생)된 경우에 프로그램이 종료(충돌)되었을 가능성이 높다. 그러나 예외가 try 블록 내에서 발생했기 때문에 catch 블록은 특정 예외(이 경우에 산술 예외)가 계획된 것인지를 확인한다. catch 블록에는 산술 예외에 대한 점검이 포함되어 있기 때문에 catch 블록 내의 코드가 실행되어 카운트를 1로 설정한다. catch 블록이 실행된 후 try/catch 블록이 종료되고 'The exception is handled(예외가 처리되었다)'라는 메시지가 자바 콘솔에 나타난다. 이 과정의 논리적 흐름은 그림 3.5에서 설명한다.

---

25 옮긴이 전자는 입도(粒度)가 작은 경우이며(즉, 산개되어 있는 경우이며), 후자는 입도가 큰 경우다(뭉쳐져 있는 경우다). 여기서 입도란 예외 처리 대상의 범위가 뭉쳐져 있는 정도를 말하는데, 다만 일반적인 범위가 아니라 그 안의 코드들이 연속적으로 이어져 있어야 하는 부분이기 때문에 저자도 '입도'라는 용어로 설명했다. 여기서 말하는 입도란 '코드가 뭉쳐져 있는 정도'란 뜻이므로, 모든 코드를 예외 확인 대상으로 삼은 경우(즉, 예외가 있음직한 부분이 뭉쳐져 있지 않고 널리 퍼져 있는 경우)는 입도가 작은 것이라고 볼 수 있고, 특정 코드 부분만 예외 확인 대상으로 삼은 경우(즉, 예외가 있음직한 코드가 특정 부분에 뭉쳐져 있는 경우)는 입도가 큰 것이라고 볼 수 있다. 입도를 '뭉침성'이라거나 '과립성(顆粒性)'이라고 부르기도 한다.

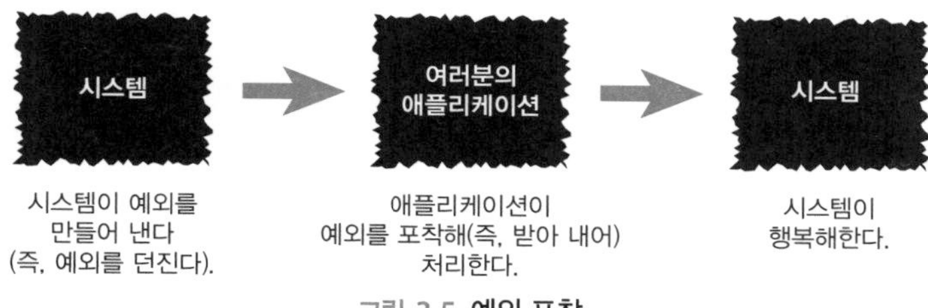

그림 3.5 **예외 포착**

여러분이 catch 블록에 ArithmeticException을 넣지 않으면 프로그램이 중단되고 말 것이다. 이럴 때에 대비해 다음 코드를 사용해 모든 예외를 포착할 수 있다.

```
try {
    // 예외가 있을 만한 코드 부분
} catch(Exception e) {
    // 예외를 처리하는 코드
}
```

catch 블록의 Exception 매개변수는 try 블록 범위 내에서 생성될 수 있는 예외를 포착하는 데 사용된다.

> **방어 코드(bulletproof code)**
> 여기에 설명된 방법을 조합해 프로그램을 가능한 한 사용자에게서 강력히 보호하는 게 좋다.

범위의 중요성

클래스 한 개로부터 여러 객체를 인스턴스화할 수 있다. 이러한 각 객체에는 고유한 ID와 상태가 있다. 이게 핵심이다. 각 객체는 개별적으로 생성되며, 자체 메모리가 할당된다. 그러나 일부 속성 및 메서드는 올바르게 선언된 경우에 동일한 클래스에서 인스턴스화된 모든 객체가 공유할 수 있으므로 이러한 클래스 속성 및 메서드에 할당된 메모리를 공유할 수 있다.

> **공유 메서드**
> 생성자는 클래스의 모든 인스턴스가 공유(share)하는 메서드의 좋은 예다.

메서드는 객체의 행위를 나타낸다. 객체의 상태는 속성(attributes)으로 표현한다.[26] 속성의 종류는 세 가지다.

- 지역적인 속성
- 객체의 속성
- 클래스의 속성

지역적인 속성

특정 메서드를 사용해 지역적인 속성들을 지닐 수 있다. 다음 코드를 생각해 보자.

```
public class Number {

    public method1() {
        int count;

    }

    public method2() {

    }

}
```

옮긴이 이 코드에 대해서도 베타리더의 지적이 있었다. return 문이 없는데 왜 void는 빠져 있으며, 문법에도 맞지 않으며, 실행도 되지 않을 코드이며, 무슨 의미인지도 모르겠다는 것이었다.
그러나 거듭 말하지만, 이는 의사 코드다. 자바 언어로 작성한 코드가 아니다. 자바 언어와 비슷하게 표기했을 뿐이다. 본문의 내용을 보면 이 의사 코드의 의미를 충분히 이해할 수 있다. 이후로는 더 이상 이 책에 나오는 코드를 온전한 자바 코드로 보고 자바 언어 문법이나 관례에 맞지 않는다는 오해를 하지 않기를 바라며, 이에 대해서 더 이상 언급하지 않겠다.

method1 메서드에는 count라는 지역 변수가 있다. 이 정수형 변수에는 method1 내부에서만 접근할 수 있다. method2라는 메서드는 정수형 변수인 count가 존재한다는 점조차 모른다.

이 시점에서 우리는 매우 중요한 개념인 범위(scope)를 소개한다. 속성(그리고 메서드)은 특정 범위 안에 들어 있게 된다. 이 경우에 정수형 변수인 count는 method1이라는 범위 안에 들어 있다. 자바, C#, C++ 및 스위프트에서는 범위를 중괄호({})로 표시한다. Number 클래스에는 몇 가지 가능한 범위가 있다. 중괄호들의 짝을 서로 맞춰 보자.

클래스 자체에도 고유한 범위가 있다. 클래스의 각 인스턴스(즉, 각 객체)에도 자체 범위가 있다. method1과 method2에도 모두 고유한 범위가 있다. method1의 중괄호 안에 count가 들어 있기 때문에 method1이 호출될 때 count의 사본이 작성된다. method1이 종료되면 count

26 옮긴이 여기서 속성(attributes)은 앞서서 나온 주석에서 말했듯이 '속성체'가 정확한 개념어다. 즉 본문 문장을 '객체의 상태를 나타낼 때는 속성체(들)를 사용한다'로 이해할 수 있다. 속성체를 기술할 때는 보통 변수를 선언하는 식으로 한다.

의 사본이 제거된다.

더 재미있게 보려면 다음 코드를 살펴보자.

```
public class Number {

    public method1() {
        int count;
    }

    public method2() {
        int count;
    }

}
```

이번 예제에는 이 클래스에 정수인 count의 사본 두 개가 있다. method1과 method2에는 저마다 고유한 범위가 있다. 따라서 컴파일러는 단순히 그 범위가 어떤 메서드에 속해 있는지를 인식함으로써 접근해야 할 count 사본을 간단히 구별할 수 있다.

```
method1.count;

method2.count;
```

두 속성의 이름이 같더라도 그 범위가 다르기 때문에 컴파일러는 두 속성을 쉽게 구별할 수 있다. 이것은 이름이 같은 두 사람이 있어도 성이 다르면 두 사람을 서로 구별할 수 있는 점과 비슷하다.

객체 속성

많은 설계 상황에서 동일한 객체 내의 여러 메서드들이 속성을 공유해야 할 때가 있다. 예를 들어, 그림 3.6에서 세 개의 객체가 단일 클래스로 합성되었다. 다음 코드를 생각해 보자.

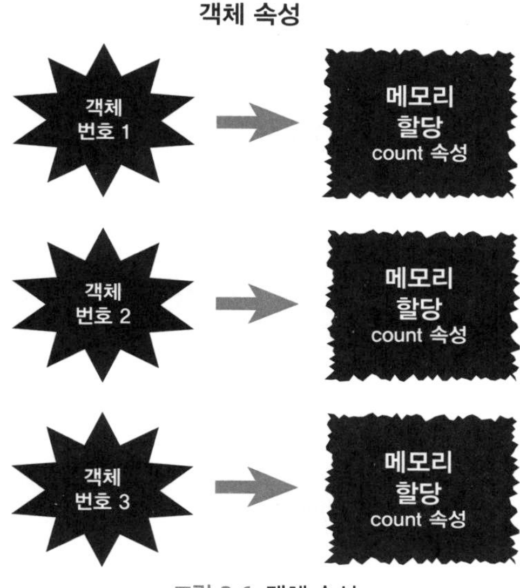

그림 3.6 객체 속성

```
public class Number {

    int count;    // method1과 method2에서 모두 사용할 수 있다.

    public method1() {
        count = 1;
    }

    public method2() {
        count = 2;
    }

}
```

클래스 속성인 count는 method1과 method2의 범위 밖에서 선언된다. 그러면서도 클래스 범위 내에는 있다. 따라서 method1과 method2는 각기 count를 사용할 수 있다. 기본적으로 이 클래스에 속한 모든 메서드는 이 속성에 접근할 수 있다. 두 메서드에 담긴 코드가 각기 count를 특정 값으로 설정하고 있다는 점에 주목하자. 전체 객체에 대해 count 사본이 하나만 있으므로 두 가지 할당 작업이 모두 메모리의 동일한 사본에서 작동한다. 반면에 이 count의 사본은 서로 다른 객체 간에 공유되지 않는다.

알기 쉽게 설명하기 위해 Number 클래스의 사본 3개를 만들어 보겠다.

```
Number number1 = new Number();
Number number2 = new Number();
Number number3 = new Number();
```

이러한 각 객체(number1, number2 및 number3)는 따로따로 생성되어 자체적으로 리소스를 할당받는다. 정수형 속성인 count가 세 가지 개별 인스턴스가 되는 것이다. number1이 자신의 속성인 count를 변경해도 number2 객체 안에 있는 'count의 사본'이나 number3 객체 안에 있는 'count의 사본'에는 영향을 주지 않는다. 이런 경우에 각 객체에 속한 count는 해당 객체의 객체 속성(object attribute)이다.

여러분은 범위(scope)를 사용해 재미있는 게임을 할 수 있다. 다음 코드를 생각해 보자.

```
public class Number {

    int count;

    public method1() {
```

```
        int count;
    }

    public method2() {
        int count;
    }

}
```

이번 경우에서 각 객체별로 서로 완전히 분리된 메모리 위치 세 곳이 할당되고, 이렇게 할당된 메모리 위치는 저마다 count라는 이름이 부여된다. 객체 자체가 하나의 count 사본을 지니게 될 뿐만 아니라 method1()과 method2() 또한 저마다 고유한 count 사본을 지니게 된다.[27]

메서드 중에 하나(예를 들어, method1)에서 객체 변수(즉, 객체 자체가 지닌 count 사본)에 접근하려는 경우에 C 기반 언어라면 this라는 포인터를 사용한다.[28]

```
public method1() {
    int count;

    this.count = 1;
}
```

다음 코드는 조금 이상해 보인다.

```
this.count = 1;
```

키워드로 this라는 단어를 선택한 건 아마도 적절하지 못했던 것 같다. 그럴지라도 어쩔 수 없이 this를 쓸 수밖에 없다. this 키워드를 사용하면 컴파일러가 메서드 안에 들어 있는 지역 변수가 아닌, 객체 변수 count에 접근하도록 지시할 수 있다.

참고

키워드 this는 현재 객체에 대한 참조다.

27 옮긴이 고유한 사본을 지니게 되는 경우도 있고 사본 대신 고유한 참조만 지니게 되는 경우도 있는데, 이는 언어마다 다를 수 있다.

28 옮긴이 저자가 말하는 C 기반 언어란 정확히 말하면 C언어는 아니고 C언어를 기반으로 나온 C#이나 자바를 지칭하는 말이다.

클래스 속성

앞에서 언급했듯이 동일한 클래스를 가지고 만든 두 개 이상의 객체들끼리 서로 속성을 공유할 수 있다. 자바, C#, C++ 및 스위프트에서는 속성을 **정적 형식**(static type)으로 선언하면 이렇게 할 수 있다.

```
public class Number {

    static int count;

    public method1() {
    }

}
```

count를 static으로 선언하면 클래스에서 인스턴스화된 모든 객체에 대해 단일한 메모리가 이 속성에 할당된다. 따라서 클래스의 모든 객체는 count를 가리키는 동일한 메모리 위치를 사용하게 된다. 기본적으로 각 클래스에는 해당 클래스의 모든 객체가 공유하는 단일 사본이 있다(그림 3.7 참조). 이러한 사본은 우리가 객체지향 설계 과정에서 얻게 되는 전역 데이터(global data)와 비슷하다.

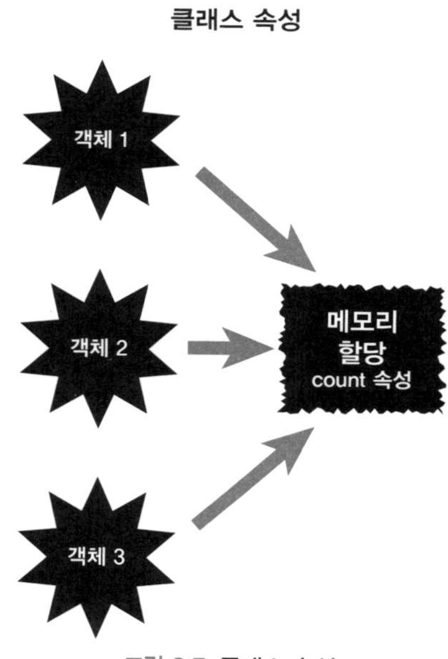

그림 3.7 클래스 속성

클래스 속성에는 여러 유효한 용도가 있지만, 여러분은 먼저 잠재적인 동기화 문제를 알고 있어야 한다. 두 개의 Count 객체를 인스턴스화해 보자.

```
Count count1 = new Count();
Count count2 = new Count();
```

논의를 할 수 있게 count1 객체가 잘 실행되는 동안에 이 객체가 count를 써서 컴퓨터 화면의 픽셀 개수를 센다고 하자. count2 객체가 count 속성으로 양이 몇 마리나 되는지를 세기 전까지는 문제가 생기지 않는다. count2가 첫 번째 양을 세어 기록하는 순간에 Count1이 저장했던 데이터가 사라져 버린다. 실무에는 정적 속성들을 그다지 많이 사용하지 않을 수도 있다. 정적 속성들을 설계에 반영하기 전에 문제없이 쓸 수 있다는 확신이 드는지를 생각해 보자.

연산자 오버로딩

일부 객체지향 언어를 사용하면 연산자를 오버로딩(overloading, 즉 '중복 정의')할 수 있다. C++은 그러한 언어 중 하나의 예다. 연산자 오버로딩을 통해 연산자의 의미를 변경할 수 있다. 예를 들어, 대부분의 사람들이 더하기 부호를 볼 때 더하기 부호를 나타내는 것으로 가정한다. 다음과 같은 방정식을 생각해 보자.

```
X = 5 + 6;
```

이 방정식을 본다면 X에 값 11이 들어갈 것이라고 가정할 것이다. 그리고 이런 경우라면 이게 정답이다.

그러나 때때로 더하기 부호의 의미가 다를 수 있다. 예를 들어, 다음 코드를 살펴보자.

```
String firstName = "Joe", lastName = "Smith";
String Name = firstName + " " + lastName;
```

이 코드를 보면 Name에 Joe Smith가 들어갈 것으로 예상된다. 여기서는 더하기 부호가 문자열을 서로 연결하기 위해 오버로딩되었다.

문자열 연결

문자열 연결(string concatenation)은 두 개의 개별 문자열이 합쳐져 새로운 단일 문자열을 만들 때 발생한다.

문자열을 다뤄야 할 때 더하기 부호가 정수나 소수를 더하는 데 쓰이는 게 아니라 문자열을 연결하는 데 쓰였다.

행렬 덧셈에도 쓰일까? 여러분은 다음과 같이 코드를 작성할 수 있다.

```
Matrix a, b, c;

c = a + b;
```

이번에는 더하기 부호가 정수나 소수를 더하는 데 쓰인 게 아니라 행렬들을 더하는 데 쓰였다.

오버로딩은 강력한 메커니즘이다. 그러나 코드를 읽는 사람들이나 유지보수하는 사람들에게는 혼동만 안겨줄 수 있다. 실제로도 개발자들이 이런 연산자들을 헷갈려 하기도 한다. 이런 연산자 오버로딩을 극단적으로 하게 된다면 덧셈 연산자를 뺄셈을 수행하는 데 쓰게 오버로딩을 할 수도 있을 것이다. 안 될 게 뭔가? 연산자 오버로딩을 사용하면 연산자의 의미를 변경할 수 있다. 따라서 더하기 부호가 뺄셈을 수행하도록 변경하면 다음 코드는 X 값이 -1이 된다.

```
x = 5 + 6;
```

자바 언어 및 닷넷 계열 언어들처럼, 일부 객체지향 언어에서는 연산자 오버로딩을 허용하지 않는다.

이러한 언어들이 연산자 오버로딩 옵션을 허용하지 않을지라도, 문자열 연결에 대한 더하기 부호만큼은 오버로딩할 수 있다. 하지만 이게 전부다. 자바로 설계하는 사람이라면 당면한 문제를 풀기 위해 연산자 오버로딩을 꼭 해야만 하는지를 잘 따져봐야 한다. C++에서 연산자 오버로딩을 사용해야 하는 경우라면, 클래스를 사용하는 사람들이 혼동하지 않도록 문서화하고 주석을 달아서 주의를 환기하자.

다중 상속

7장 '상속과 합성에 익숙해지기'에서 상속에 대해서 더 자세히 다루기는 한다. 그러나 지금 이 시점에서는 다중 상속에 관해 논의를 시작하는 게 적절한데, 다중 상속(multiple inheritance)은 클래스 설계의 더 강력하면서도 난해한 측면 중 하나다.

다중 상속이라는 말을 통해서 알 수 있듯이, 다중 상속을 통해, 어떤 한 가지 클래스는 자기 자신이 아닌 그 밖의 클래스들 중 두 개 이상으로부터 상속을 받을 수 있다. 실제로도 다중 상속이 좋은 방안인 것처럼 보인다. 객체로 실제 세계를 본떠야 하는가, 아니면 그러지 않아도 되는가? 그리고 많은 다중 상속 사례들이 현실 세계에도 존재한다. 부모는 다중 상속의 좋은 예다. 각 어린이에게는 부모가 두 명 있다. 따라서 다중 상속을 사용해 클래스를 설계할 수 있다고 보는 게 합리적이다. C++와 같은 일부 객체지향 언어에서는 다중 상속이 가능하다.[29]

그러나 이런 상황은 연산자 오버로딩과 비슷하다. 다중 상속은 매우 강력한 기술이며, 사실 어떤 문제들은 다중 상속을 하지 않고는 해결하기가 무척 어렵다. 어떤 문제는 다중 상속을 통해서 아주 세련되게 해결할 수 있다. 그러나 다중 상속은 프로그래머와 컴파일러 작성자에게는 시스템의 복잡성이 크게 늘어나는 문제로 다가올 수 있다.

자바와 닷넷 및 스위프트의 설계자들은 다중 상속의 장점보다는 복잡성 증가로 인한 단점이 훨씬 더 크다고 보고, 다중 상속을 구현하지 않는 편이 간편할 것이라고 판단했다. 자바와 닷넷 및 스위프트에는 이를 보완하기 위한 측면도 있기는 하지만, 어쨌든 자바와 닷넷 및 스위프트가 기존의 다중 상속을 허용하지 않는다는 사실은 변하지 않는다.

현대적인 상속 개념을 따른다면 단일 부모의 속성만 상속(단일 상속)할 수 있다. 인터페이스나 프로토콜을 여러 개 사용할 수 있지만, 이건 사실 다중 상속이 아니다.

29 옮긴이 다중 상속 지원 언어에 대해서는 다음 사이트에 잘 정리되어 있다(https://ko.wikipedia.org/wiki/다중_상속).

행위 상속과 구현부 상속

인터페이스는 행위 상속 메커니즘이며, 추상 클래스는 구현부를 상속하는 데 사용된다. 요컨대, 인터페이스를 담당하는 언어 구성소(language constructs)[30]가 행위적 인터페이스를 제공하면서도 구현부를 일반적으로 제공하지 않는 반면에, 추상 클래스들은 인터페이스와 구현부를 둘 다 제공할 수 있다. 이 주제는 8장 '프레임워크 및 재사용: 인터페이스와 추상 클래스를 사용해 설계하기'에서 아주 자세히 다룬다.

객체 연산

여러분이 복잡한 자료구조나 복잡한 객체를 다뤄야 한다면, 프로그래밍에서 가장 기본적인 연산자들일지라도 그중에 어떤 것들은 점점 더 복잡해져야 한다. 예를 들어, 기본 데이터 형식을 복사하거나 비교하는 과정은 무척 간단하다. 그러나 객체를 복사하고 비교하는 일은 그리 간단하지 않다. 스콧 메이어스(Scott Meyers)는 그의 저서 《Effective C++》에서 한 단원 전체를 객체 복사 및 객체 할당을 다루는 문제에 할애했을 정도다.

클래스와 참조

복잡한 자료구조 및 객체의 문제점은 참조(references)가 포함될 수 있다는 점이다. 단순히 참조만 복사한다면 참조 대상인 자료구조나 객체는 복사되지 않는다. 같은 맥락에서 객체를 비교할 때 포인터를 그 밖의 포인터와 단순하게 비교만 한다면, 실상은 포인터가 가리키는 것을 비교하는 게 아니라 참조를 비교하는 셈이 되고 만다.

객체들을 대상으로 비교나 복사를 수행할 때는 문제가 발생한다. 특히, 여러분이 포인터를 따라 가는지 여부에 따라 질문할 내용이 달라진다. 그럼에도 객체를 복사할 수 있는 방법이 있어야 한다. 다시 말하지만, 객체 복사는 겉보기와 달리 간단하지는 않다. 객체에 참조들이 포함될 수 있으므로 유효한 복사를 하려면 이러한 참조 트리들을 따라야 한다(전체 복사를 원하는 경우).

30 옮긴이 language constructs를 언어학에서는 '언어 구성소'라고 부른다. 이 책 본문 중에 이곳을 제외한 나머지 부분에서는 실무 용례를 따라 이 constructs를 '컨스트럭트'로 표기하고, 각주에서는 이해하기 쉽게 설명하기 위해 '구성체'와 '구성소'로 구분해 표기했다.

전체 복사 대 단순 복사

모든 참조를 따르고 참조된 모든 객체에 대해 새 사본을 작성할 때 비로소 **전체 복사**(deep copy)가 이뤄진다. 한 차례의 전체 복사에 많은 수준이 관련될 수 있다. 많은 객체를 참조하고 있는 객체의 경우에, 그보다 더 많은 객체를 참조하는 경우가 있을 수 있으며, 복사 그 자체만으로도 상당히 부담스러운 작업이 될 수 있다. **단순 복사**(shallow copy)는 단순히 참조를 복사할 뿐 수준별로 처리하지는 않는다. 길버트와 맥커티는 《Object-Oriented Design in Java》의 'Prefer a Tree to a Forest' 단원에서 단순 위계구조와 깊은 위계구조에 관해 잘 논의하였다.

예를 들어, 그림 3.8에서처럼 객체 복사(비트별 복사)를 단순하게 수행하면 실제로는 객체가 복사되는 게 아니라 참조만 복사된다. 따라서 두 객체(원본과 사본)가 동일한 객체를 참조하게 된다(가리킨다). 모든 참조 객체까지 복사되게 완전히 복사하려면 모든 자식 객체까지 만드는 코드를 작성해야 한다.

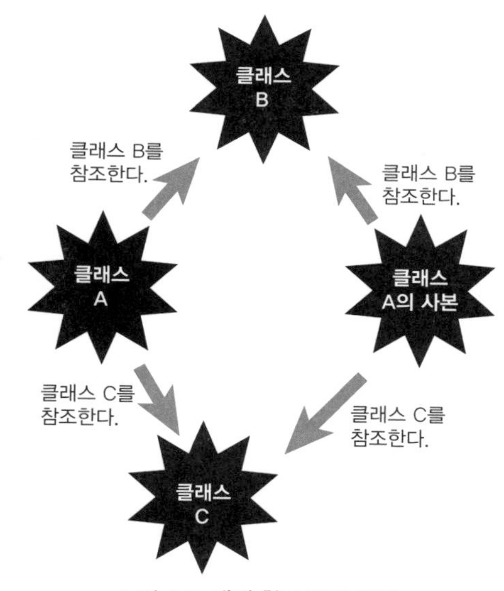

그림 3.8 객체 참조 따라 가기

이런 문제는 객체들을 서로 비교할 때도 나타난다. 복사 함수와 마찬가지로, 비교 함수도 겉으로 보이는 것처럼 간단하지 않다. 객체에는 참조가 포함되어 있으므로 객체를 올바르게 비교하려면 이러한 참조 트리를 따라야 한다. 대부분의 경우에 언어는 객체를 비교하기 위한 기본 메커니즘을 제공한다. 일반적으로 그러하듯이, 기본 메커니즘에 의지하지 않는 게 좋다. 클래스를 설계할 때는 여러분이 원하는 대로 작동할 것으로 예상되는 비교 함수를 클래스 안에 둘 것을 고려해야 한다.

결론

이번 장에서는 객체지향 개념에 대한 일반적인 이해에는 필수적이지 않지만, 클래스 설계와 같은 상위 수준의 객체지향 과제에 상당히 필요한 고급 객체지향 개념을 많이 다루었다. 4장 '클래스 해부하기'에서는 클래스를 설계하고 구축하는 방법을 구체적으로 살펴본다.

참고문헌

Gilbert, Stephen, and Bill McCarty. 1998. Object-Oriented Design in Java. Berkeley, CA: The Waite Group Press.

Meyers, Scott. 2005. Effective C++, Third Edition. Boston, MA: Addison-Wesley Professional.

Tyma, Paul, Gabriel Torok, and Troy Downing. 1996. Java Primer Plus. Berkeley, CA: The Waite Group.

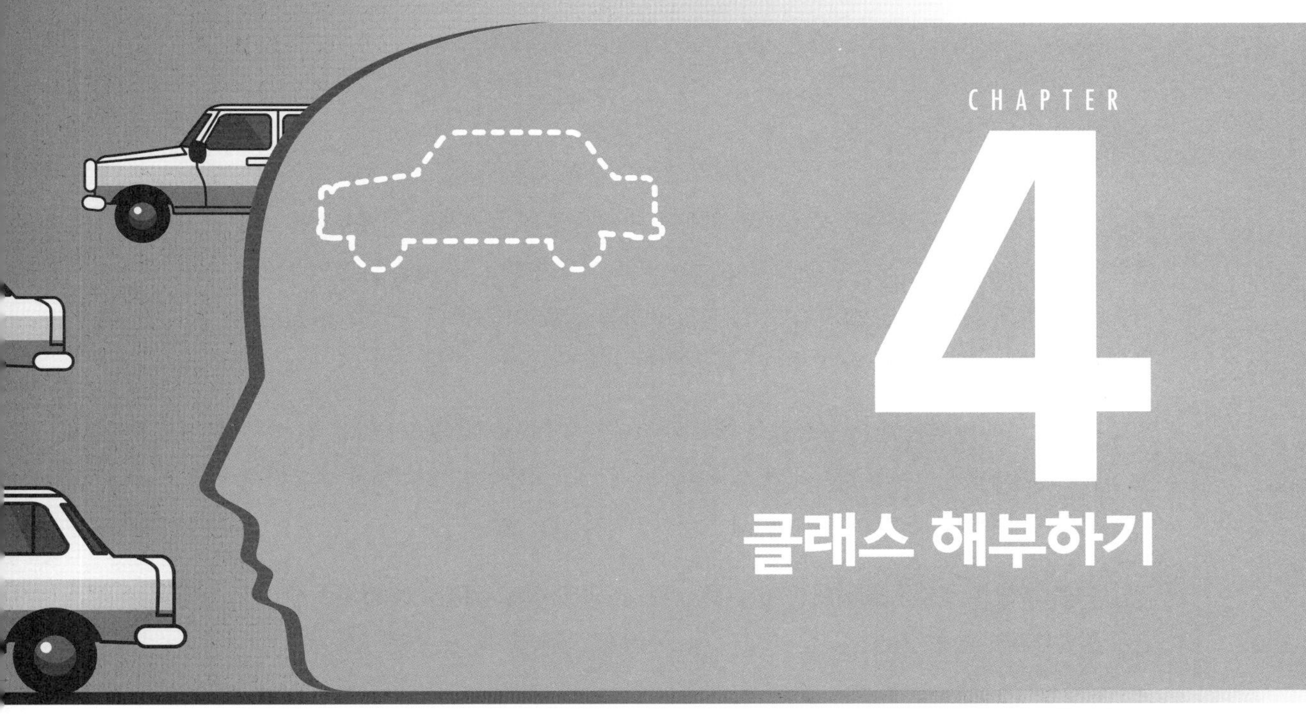

CHAPTER 4 클래스 해부하기

이전의 여러 장에 걸쳐 우리는 기본 객체지향 개념을 다루었고, 인터페이스와 구현부의 차이점을 확실히 해두었다. 인터페이스에는 무엇을 넣고 구현부에는 무엇을 넣을지를 아무리 고민해 볼지라도 결론은 항상 클래스가 얼마나 유용한지 그리고 클래스들끼리 상호 작용을 하는 방식이 무엇인지로 귀결된다. 클래스를 무작정 처음부터 설계해서는 안 되는 이유는 어떤 클래스도 고립된 섬 같은 게 아니기 때문이다. 객체가 일단 인스턴스화되면 객체는 거의 항상 그 밖의 객체와 상호 작용을 한다. 객체는 다른 객체의 일부이거나 상속 계층의 일부일 수도 있다.

이번 장에서는 간단한 클래스를 살펴본 후에, 클래스를 설계할 때 고려해야 할 지침과 더불어 클래스를 단계별로 나누어 설명한다. 우리는 2장 '객체라는 관점에서 생각하는 방법'에 제시된 택시 기사 예제를 계속 사용할 것이다.

이어서 나오는 여러 절에서는 각기 클래스의 특정 측면만을 다룬다. 모든 클래스에 모든 구성 요소가 다 필요한 것은 아니지만, 클래스를 설계하고 합성하는 방법을 이해해야 한다.

참고

이번에 예로 드는 클래스는 설명을 위한 것이다. 일부 메서드는 구현하지 않았으며(즉, 구현부가 하나도 없다는 말이다), 단순히 인터페이스만을 제시한다. 이렇게 하는 이유는 초기 설계 시에 주로 인터페이스에 초점을 맞춰야 한다는 점을 강조하기 위해서다.

클래스의 이름

클래스의 이름은 여러 이유로 중요하다. 명백한 이유는 클래스 자체를 식별하려면 이름이 필요하기 때문이다. 식별할 수 있기만 해서는 안 되고 이름만 보고도 해당 클래스가 어떤 것인지를 어느 정도는 알 수 있어야 한다. 클래스가 하는 일과 이름이 더 큰 시스템 내에서 상호작용하는 방법에 대한 정보를 제공하기 때문에 이름을 잘 지어야 한다.

프로그래밍 언어가 제한해 둔 규정들을 생각해 본다면 이름이 더욱 중요하다는 점을 알 수 있다. 예를 들어, 자바 언어의 경우에 공개(public) 클래스의 이름이 파일의 이름과 같아야 한다. 이 이름이 일치하지 않으면 애플리케이션이 컴파일되지 않는다.

그림 4.1은 살펴볼 클래스를 보여준다. `class`라는 키워드 뒤에 나오는 `Cabbie`는 클래스 이름인데 평범하면서 단순하다.

```
public class Cabbie {

}
```

```
/**
* 이 클래스는 cabbie(택시 기사) 한 명을 규정해 cab(택시) 한 대를 할당한다.
*/
public class Cabbie {

    // 회사 이름을 여기에 둔다.
    private static String companyName = "Blue Cab Company";

    // 택시 기사(Cabbie)의 이름
    private String name;

    // 차 한 대를 택시 기사에게 할당한다.
    private Cab myCab;

    // Cabbie에 대한 기본 생성자
    public Cabbie() {

        name = null;
        myCab = null;

    }

    // 이름을 가지고 Cabbie를 초기화해 쓸 수 있게 한 생성자
    public Cabbie(String iName, String serialNumber) {

        name = iName;
        myCab = new Cab(serialNumber);
    }

    // 택시 기사의 이름을 설정한다.
    public void setName(String iName) {
        name = iName;
    }
```

주석

클래스 이름

속성들

생성자들

접근자 메서드들(공개 인터페이스들)

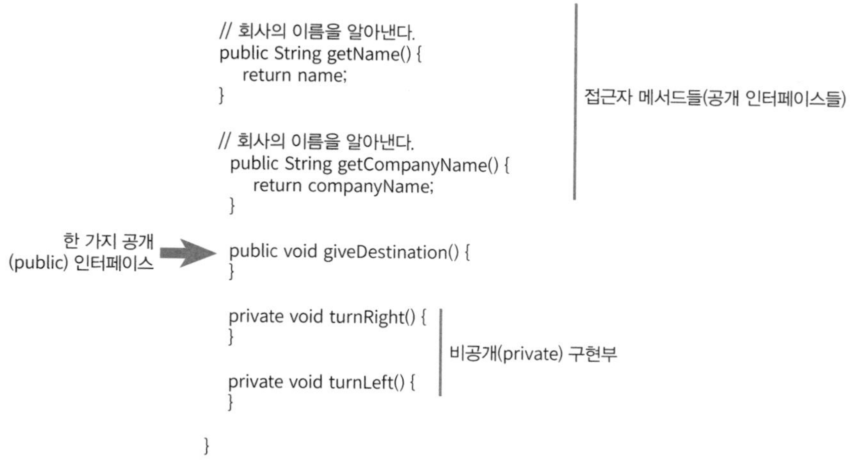

```
    // 회사의 이름을 알아낸다.
    public String getName() {
        return name;
    }

    // 회사의 이름을 알아낸다.
      public String getCompanyName() {
          return companyName;
      }

      public void giveDestination() {
      }

      private void turnRight() {
      }

      private void turnLeft() {
      }

}
```

접근자 메서드들(공개 인터페이스들)

한 가지 공개 (public) 인터페이스

비공개(private) 구현부

그림 4.1 우리가 예제로 쓰는 클래스

> **자바 구문 사용하기**
>
> 이 책에서는 자바 구문을 사용해 코딩 관례를 나타내었다. 자바 언어가 아닌 언어라면 이 구문이 비슷할지라도 다소 다른 모양으로 보일 수 있다.

Cabbie라는 클래스 이름은 이 클래스가 인스턴스화될 때마다 사용된다.

주석

사용된 주석(comments)의 구문에 관계없이 주석은 클래스의 함수를 이해하는 데 필수적이다. 자바 및 기타 언어에서는 두 가지 종류의 주석이 일반적이다.

> **자바 및 C#에서 주석을 다는 여러 방식**
>
> 자바 및 C#에는 세 가지 유형의 주석이 있다. 자바에서 세 번째 주석 유형(/** */)은 자바가 제공하는 문서 형식과 관련이 있다. 이 책에서는 이러한 유형의 주석을 다루지 않는다. C#에서 문서 주석을 작성하는 구문은 ///인데, 이는 Javadoc의 문서 주석인 /** */와 매우 비슷하다.

첫 번째 주석은 오래 전부터 써 온 C 방식 주석으로, /*(빗금-별표)를 사용해 주석을 열고 */(별표-빗금)을 사용해 주석을 닫는다. 이 방식은 주석을 달 때 그 내용이 두 줄 이상에 걸쳐 있을 수 있으므로 각 주석마다 열기 및 닫기 주석 기호가 한 쌍으로 짝을 짓게 해야 한다는 점을 잊지 말아야 한다. 닫는 주석(*/)을 놓치면 코드 중 일부가 주석으로 여겨질 수 있으며, 이런 경우에 컴파일러가 해당 부분을 컴파일하지 않을 수 있다. 다음은 Cabbie 클래스에서 사용하는 주석을 예로 든 것이다.

```
/*
    이 클래스는 택시 기사를 정의하고 택시를 할당한다.
*/
```

두 번째 유형의 주석은 //(빗금-빗금)이며, 이 기호 이후로 기호가 있는 줄의 맨 끝 칸에 이르기까지 나오는 모든 것이 주석으로 여겨져 처리된다. 이 유형의 주석은 한 줄에 걸쳐 있으므로 닫기 주석 기호를 사용하지 않아도 되지만, 주석을 한 줄 안에 둬야 하며, 코드를 주석 뒤에 두지 말아야 한다. 다음은 Cabbie 클래스에서 이런 주석 유형을 사용한 예다.

```
// 택시 기사의 이름
```

속성

객체에 대한 정보를 저장하는 속성은 객체의 상태를 나타낸다고 보면 된다. 이번 예에서 Cabbie 클래스에는 회사 이름, 택시 기사 이름 및 택시 기사에 할당된 택시를 저장하는 속성이 있다. 예를 들어, 첫 번째 속성은 회사 이름을 저장한다.

```
private static String companyName = "Blue Cab Company";
```
[31]

여기에 private 및 static이라는 두 키워드가 있다. private 키워드는 선언 객체 내에서만 메서드나 변수에 접근할 수 있음을 나타낸다.

가능한 한 많은 데이터를 숨기기

이번 예제에 나오는 모든 속성은 비공개(private)다. 이는 인터페이스 설계를 가능한 한 최소한으로 유지하는 설계 원칙을 준수하기 위한 것이다. 이러한 속성에 접근할 수 있는 유일한 방법은 제공된 메서드 인터페이스들을 사용하는 것이다(이번 장의 뒷부분에서 살펴본다).

31 옮긴이 public final static String companyName = "Blue Cab Company"; 꼴로 작성하는 게 더 바람직하다는 베타리더의 의견이 있었다. 실무에서는 이게 더 바람직하겠지만, 원래 코드가 본문 내용에 합치하는 의사 코드다.

static이라는 키워드는 이 클래스로 인스턴스화해서 만든 모든 객체에 대해 이 속성의 사본이 단 하나만 있음을 나타낸다. 기본적으로 이러한 속성은 클래스 속성이다. 클래스 속성에 대한 자세한 내용은 3장 '그 밖의 객체지향 개념들'을 참조하자. 따라서 Cabbie 클래스에서 500개의 객체가 인스턴스화되더라도 하나의 사본만 companyName 속성이 가리키는 메모리에 저장된다(그림 4.2 참조).

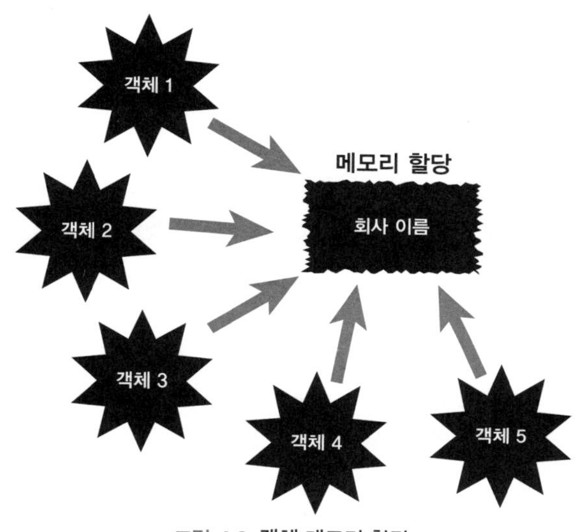

그림 4.2 객체 메모리 할당

두 번째 속성인 name은 택시 기사의 이름을 저장하는 문자열이다.

```
private String name;
```

이 속성은 비공개(private)이므로 그 밖의 객체에서는 직접 접근할 수 없다. 인터페이스 메서드를 사용해야만 접근할 수 있다.

myCab이라는 속성은 그 밖의 객체를 가리키기 위한 참조다. Cab이라고 부르는 클래스는 택시에 대한 정보를 관리하는데, 예를 들면, 택시의 자동차 번호 및 정비 기록과 같은 것들이다.

```
private Cab myCab;
```

참조 전달

Cab 객체가 그 밖의 객체에 의해 생성되었을 수 있다. 따라서 객체 참조는 Cabbie 객체로 전달된다. 그러나 이 예를 위해 Cab은 Cabbie 객체 내에 만들어진다. 결과적으로, 우리는 실제로 Cab 객체의 속을 들여다볼 생각이 없는 것이다.

이 시점에서는 Cab 객체에 대한 참조만 생성된다는 점에 유념하자. 이 정의문만으로는 메모리가 할당되지 않는다.

생성자

이 Cabbie 클래스에는 두 개의 생성자(constructor)[32]가 있다. 우리는 이 생성자의 이름이 Cabbie 클래스의 이름과 같기 때문에 이것이 생성자라는 점을 알고 있다. 첫 번째 생성자는 기본 생성자다.

```
public Cabbie() {

    name = null;
    myCab = null;

}
```

기술적으로 보면, 이 생성자는 시스템에서 제공하는 기본 생성자(default constructor)가 아니다. 클래스의 생성자를 코딩하지 않으면 컴파일러는 비어 있는 기본 생성자를 제공한다. 이 생성자를 기본 생성자라고 부르는 이유는 우리가 '인수가 없는 생성자가 곧 기본 생성자다'라고 정의하였기 때문이다. 이는 사실상 컴파일러의 기본 생성자를 가지고 오버라이딩(overrides, 즉 '재정의')한 것이다.

여러분이 인수가 있는 생성자를 작성하게 되면 이에 따라 시스템은 자동으로 기본 생성자를 제공하지 않는다. 복잡해 보일 수 있지만, 코드에서 생성자를 제공하지 않은 경우에만 컴파일러의 기본 생성자가 포함되게 하는 게 관례(convention)다.

32 옮긴이 이미 '생성자'라는 말로 굳어져서 이 말로 번역했지만, constructor의 본래 뜻을 살린다면 '구성자'라는 말이 더 적당한 번역어다. 이 구성자로 구성한 것이 구성체(construct)이기 때문이다. 객체의 인스턴스(instance, 즉 '사례체')는 클래스의 구성자로 구성한 구성체들 중 한 가지 사례(an instance)인 것이다.

생성자를 지정하지 않는 경우

생성자를 코딩하지 않고 기본 생성자를 사용하도록 설정하면 유지·보수 문제가 생길 수 있다. 코드에서 기본 생성자를 사용하게 하다가 나중에라도 다른 생성자를 추가해 넣으면 그 이후로는 기본 생성자가 시스템에 포함되지 않는다.

이 생성자에서 name 및 myCab이라는 속성은 null로 설정된다.

```
name = null;
myCab = null;
```

null 값의 공허함

많은 프로그래밍 언어에서 null 값은 아무것도 아닌 값을 나타낸다. 이것은 난해한 개념처럼 보이지만, 속성을 아무것도 설정하지 않는 것은 유용한 프로그래밍 기술이다. 변수가 null인지를 확인해서 값이 제대로 초기화되었는지를 확인할 수 있기 때문이다. 예를 들어, 사용자 입력이 나중에 필요한 속성을 선언해 둘 수 있다. 따라서 사용자에게 데이터를 입력할 수 있는 기회를 주기 전까지는 속성을 null로 초기화하면 된다. 속성을 null로 설정하면(유효한 조건 중의 하나이기 때문에 이렇게 할 수 있음) 여러분은 속성이 올바르게 설정되었는지를 확인할 수 있다. 일부 언어에서는 문자열 형식에 이 null을 사용할 수 없다. 예를 들어, 닷넷에서는 name = string.empty;를 사용해야 한다.

우리가 알고 있듯이 생성자에서 속성을 초기화하는 게 늘 바람직한 코딩 방식이다. 같은 맥락에서, 속성값이 null인지 여부를 테스트하는 일 또한 좋은 프로그래밍 습관이다. 속성이나 객체가 적절하게 설정되지 않는다면 골칫거리를 쌓는 셈이 된다. 예를 들어, 실제 객체가 할당되기 전에 myCab 참조를 사용하면 문제가 생길 여지가 크다. 생성자에서 myCab 참조를 null로 설정해 두면 나중에라도 이것을 사용하려고 할 때, myCab이 여전히 null인지를 확인해 볼 수 있다. 초기화되지 않은 참조를 올바르게 초기화된 것처럼 처리하면 예외가 발생할 수 있다.

또 다른 예를 생각해 보자. 배우자 속성을 포함하는 (아마 보험 목적으로) 직원 클래스가 있는 경우에 직원이 결혼하지 않은 상황에 대해 미리 잘 대비해 두는 편이 바람직하다. 속성을 처음에 null로 설정해 두면 이러한 상태를 확인해 볼 수 있다.

두 번째 생성자는 클래스 사용자가 name 속성 및 myCab 속성을 초기화하는 방법을 제공한다.

```
public Cabbie(String iName, String serialNumber) {
    name = iName;
    myCab = new Cab(serialNumber);
}
```

이런 경우에 사용자는 생성자의 매개변수 목록에 두 개의 문자열을 제공해 속성을 올바르게 초기화할 수 있다. myCab 객체는 이 생성자를 사용해 인스턴스화된다는 점에 주목하자.

```
myCab = new Cab(serialNumber);
```

이 코드 줄을 실행하면 Cab 객체에 대한 저장소가 할당된다. 그림 4.3은 myCab 속성에서 Cab 객체의 새 인스턴스를 참조하는 방법을 보여준다. 이번 예제에서는 생성자를 두 개 사용하고 있는데, 이를 통해 일반적으로 메서드를 오버로딩하는 방식을 알 수 있다. 생성자는 모두 public으로 정의되어 있다. 생성자가 클래스 인터페이스의 명백한 멤버여야 하므로 이게 이치에 맞다. 생성자가 비공개(public)인 경우에 그 밖의 객체가 해당 객체에 접근할 수 없을 것이므로 당연히 그 밖의 객체가 Cab 객체를 인스턴스화할 수 없다.

다중 생성자

요즘에는 생성자를 한 개 이상 사용하는 것이 이상적인 방법으로 여겨지지 않는 경우가 있다. IoC(Inversion of Control) 컨테이너 등의 보급 때문에 특별한 구성이 없는 여러 프레임워크에서는 눈살을 찌푸리게 하는 것이 되었고, 심지어 지지도 받지 못하고 있다.

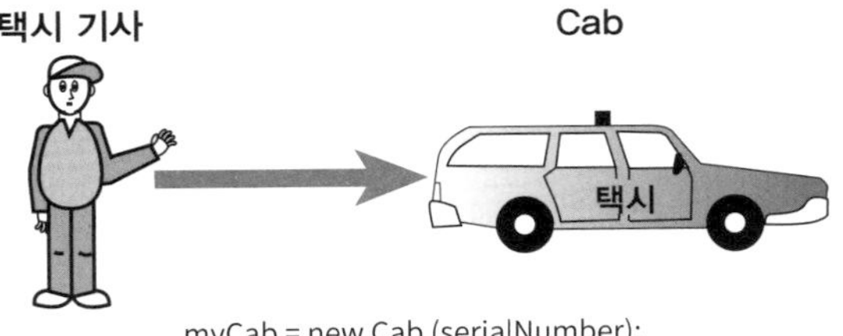

그림 4.3 **Cab 객체를 참조하는 Cabbie 객체**

접근자

이 책에 나오는 모든 예제가 다 그런 것은 아니지만, 대부분의 경우에 속성은 비공개용(private)으로 정의되므로 다른 객체가 속성에 직접 접근할 수 없다. 우리는 적절한 정보를 공유하기를 바라므로 그 밖의 객체와 상호 작용하지 않고 격리된 객체를 만드는 것은 어리석은 일이다. 그렇기는 하지만, 때때로 다른 클래스의 속성을 검사하고 변경할 필요가 있지 않을까? 대답은 물론 '그렇다'다. 객체가 그 밖의 객체 속성에 접근해야 하는 경우가 종종 있지만, 그러나 그런 일을 객체가 직접 수행할 필요는 없다.

클래스는 자체 속성을 잘 보호해야 한다. 예를 들어, 여러분은 객체 A가 객체 B를 제어할 권한이 없는데도 객체 B의 속성을 검사하거나 변경하는 기능을 갖게 되기를 바라지 않는다. 여기에는 몇 가지 이유가 있다. 가장 중요한 이유는 데이터 무결성(data integrity)과 효율적인 디버깅으로 귀결된다.

Cab 클래스에 버그가 있다고 가정해 보자. 추적해 본 결과 Name 속성에 문제가 있다고 생각했다. 어찌된 일인지 모르지만 Name 속성이 덮어 쓰이고 있고, 일부 이름 쿼리들에서 가비지(garbage, 즉 '불용정보')가 발생하고 있다. Name이 public이고 어떤 클래스에서든지 변경할 수 있다면, 가능한 한 모든 코드를 검색해서 Name을 참조하여 그 내용을 바꾸는 곳을 알아내야 한다. 그러나 Cabbie 객체만 Name을 변경하도록 허용하면 Cabbie 클래스의 메서드만 살펴보면 그만이다. **접근자**(accessor)라는 메서드 유형을 사용하면 이런 식으로 처리할 수 있다. 접근자로는 게터(getter, 즉 획득자) 및 세터(setter, 즉 설정자)가 있으며, 때로는 두 가지를 get() 함수 및 set() 함수라고도 한다. 관례적으로 이 책에서는 다음과 같이 set과 get 접두사를 써서 메서드 이름을 지정한다.

```
// 택시 기사의 이름을 설정한다.
public void setName(String iName) {
    name = iName;
}

// 택시 기사의 이름을 알아낸다.
public String getName() {
    return name;
}
```

이 코드에서 Supervisor 객체는 Cabbie 객체에 이름을 반환하도록 요청해야 한다(그림 4.4 참조). 여기서 중요한 점은 Supervisor 객체가 정보를 자체적으로 검색할 수 없다는 점이다. 이 객체는 Cabbie 객체에 정보를 요청해야 한다. 이 개념은 여러 수준에서 중요하다. 예를 들어, 입력된 연령이 0 이하인지를 확인하는 setAge() 메서드가 있을 수 있다. 나이가 0보다 작은 경우에 setAge() 메서드는 이 잘못된 값으로 설정하는 일을 거부할 수 있다. 일반적으로 세터는 일정 수준의 데이터 무결성을 보장하는 데 사용된다.

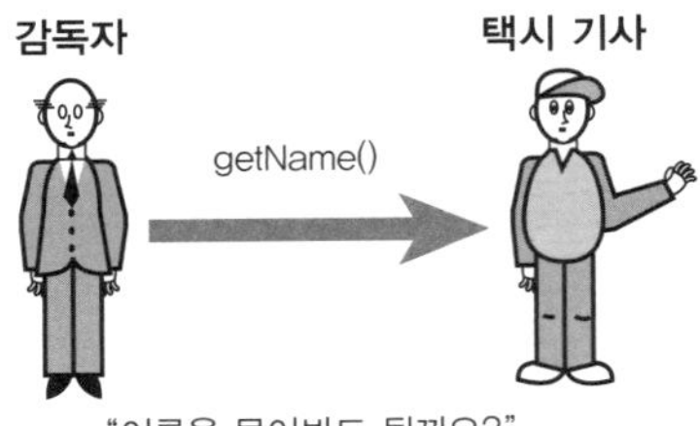

그림 4.4 정보 요청

이것은 또한 보안 문제이기도 하다. 비밀번호나 급여 정보처럼 접근을 제어해야만 하는 민감한 데이터가 있을 수 있다. 따라서 게터 및 세터를 통해 데이터에 접근하면 암호 확인 및 기타 검증 기술과 같은 메커니즘을 사용할 수 있다. 이렇게 하면 데이터의 무결성이 크게 좋아진다.

> **객체**
>
> 실제로는 각 객체에 대한 비정적(非靜的, non-static) 메서드의 실제 사본은 존재하지 않는다. 각 객체는 동일한 물리적 코드를 가리킨다. 그러나 개념적 수준에서 볼 때는 객체가 완전히 독립적이며, 고유한 속성과 방법을 갖는 것으로 생각할 수 있다.

다음 코드 조각은 정적 메서드를 정의하는 방법을 보여준다. 그림 4.5는 두 개 이상인 객체들이 동일한 코드를 가리키는 방법을 보여준다.

> **정적 속성**
>
> 속성이 정적(static)이고 클래스가 해당 속성에 대한 세터를 제공하는 경우에 세터를 호출하는 모든 객체가 단일 사본을 변경한다. 따라서 속성값은 모든 객체에 대해 변경된다.

```
// 회사의 이름을 알아낸다.
public static String getCompanyName() {
    return companyName;
}
```

getCompanyName 메서드는 클래스 메서드이며, 정적인 것으로 선언되어 있다. 클래스 메서드에 관해서는 3장에서 자세히 설명했다. companyName 속성도 정적으로 선언되어 있다. 전체 클래스에 대해 메서드 사본이 한 개만 있음을 나타내기 위해 속성과 마찬가지로 메서드도 static으로 선언할 수 있다.

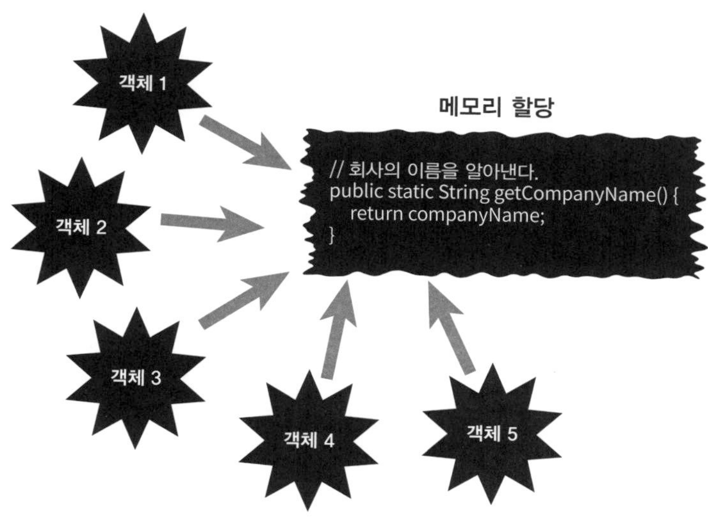

그림 4.5 메서드 메모리 할당

공개 인터페이스 메서드

생성자와 접근자 메서드는 모두 공개(public)로 선언되어 있으며, 이 둘은 모두 공개 인터페이스의 일부다. 이것들은 클래스 생성에 특별히 중요하다. 그러나 실무(real) 작업 중 많은 부분이 다른 메서드로 제공된다. 2장에서 언급한 것처럼 공개 인터페이스 메서드는 매우 추상적인 경향이 있으며, 구현부는 아주 구상적이다.[33] 이 클래스의 경우에 사용자가 가고자 하는 곳을 설명할 수 있는 공개 인터페이스인 giveDestination이라는 메서드를 제공한다.

```
public void giveDestination() {

}
```

현재 이 메서드의 내용은 중요하지 않다. 요점은 이것이 공개 메서드이며, 클래스에 대한 공개 인터페이스의 일부라는 것이다.

33 옮긴이 베타리더는 concrete의 번역어가 '구체적'이어야 한다고 했으나, 저자는 이를 구상소(concrete)와 연계하는 개념으로 소개하고 있다. 직역하자면 이 문장의 함의는 '구현부는 상당히 구상소답다'는 것이다. 여기서 '구상소'란 무엇인가를 구상적이게(즉, 추상적이지 않게) 하는 기본 요소를 말한다.

비공개 구현부 메서드

이번 장에서 지금까지 설명한 모든 메서드가 public으로 정의되어 있지만, 클래스의 모든 메서드가 공개(public) 인터페이스인 것은 아니다. 클래스의 메서드들을 그 밖의 클래스들로부터 숨기는 편이 더 일반적이다. 다음에 나오는 메서드들은 private(비공개)으로 선언된다.

```
private void turnRight() {

}

private void turnLeft() {

}
```

이러한 비공개 메서드는 공개 인터페이스가 아닌 구현부의 일부로 사용된다. 어떤 클래스도 이 메서드를 호출할 수 없다면 어떤 게 이 메서드를 호출할 수 있는지 물어볼 수 있다. 대답은 간단하다. 여러분은 벌써 이러한 메서드를 클래스 자체 내부에서만 호출한다는 점을 추측했을지도 모르겠다. 예를 들어, 다음 메서드는 giveDestination 메서드 내에서 호출될 수 있다.

```
public void giveDestination() {

    .. 코드 중 일부분

    turnRight();
    turnLeft();

    .. 코드 중 그 밖의 일부분
}
```

다른 예로, 여러분은 클래스 자체 내에서만 사용하기 위한 암호화 기능을 제공하는 내부 메서드를 가지고 있을 수 있다. 즉, 인스턴스화된 객체 자체의 외부에서 이 암호화 메서드를 호출할 수 없다는 말이다.

여기서 중요한 점은 비공개 메서드는 구현부의 일부이며, 그 밖의 클래스에서는 접근할 수 없다는 점이다.

결론

이번 장에서 우리는 클래스를 다루기 시작하여 클래스가 어떻게 구축되는지를 이해하는 데 필요한 기본 개념들을 설명했다. 이번 장에서는 클래스에 대해 실질적인 접근 방식을 취하지만, 5장 '클래스 설계 지침'에서는 일반적인 설계 관점에서 클래스를 다루어 본다.

참고문헌

Fowler, Martin. 2003. UML Distilled, Third Edition. Boston, MA: Addison-Wesley Professional.

Gilbert, Stephen, and Bill McCarty. 1998. Object-Oriented Design in Java. Berkeley, CA: The Waite Group Press.

Tyma, Paul, Gabriel Torok, and Troy Downing. 1996. Java Primer Plus. Berkeley, CA: The Waite Group.

클래스 설계 지침

이미 논의했듯이 객체지향 프로그래밍이란 단일 엔터티인 데이터와 행위를 캡슐화해 완전한 패키지인 클래스를 만든다는 아이디어에 따른 것이다. 따라서 클래스는 택시와 같은 논리적 구성요소를 나타내야 한다.

이번 장에서는 클래스 설계와 관련하여 몇 가지 제안을 한다. 분명히, 여기에서 제시한 지침 목록이 완전하다고 말할 수는 없다. 여러분은 다른 사람에게 공개하지 않을 목록에 더 많은 지침을 추가할 테고, 다른 개발자들이 보여준 유용한 지침들을 보탤 게 분명하다.

현실 세계 시스템 모델링

객체지향 프로그래밍의 주요 목표 중 하나는 사람들이 실제로 생각하는 방식과 비슷한 방식으로 현실 세계의 시스템을 모델링하는 것이다. 클래스 설계라는 것은 이러한 모델을 작성하기 위해 동원하는 객체지향적인 방법이다. 객체지향 방식은, 데이터와 행위가 논리적으로 별개의 객체가 되게 하는 구조적 방식이나 하향식(top-down) 방식을 사용하는 대신에, 데이터와 행위가 서로 상호 작용할 수 있게 한 객체 안에 두어 캡슐화한다. 우리는 더 이상 문제를 사건의 연속이라고 생각하거나 별도로 존재하는 데이터 파일에서 작동하는 루틴이라고 생각하지 않는다. 이 사고 방식의 우아함은 클래스가 문자 그대로 현실의 객체를 모델링한다는 점과, 이렇게 모델링해 만든 객체가 그 밖의 현실 객체와 상호 작용하는 방식에서 나온다.

이러한 상호 작용은 현실 객체(예를 들면, 사람) 간의 상호 작용과 비슷한 방식으로 발생한다. 따라서 클래스를 만들 때 객체의 실제 행위를 나타내는 방식으로 클래스를 설계해야 한다. 이전 장의 택시 기사 예제를 사용해 보자. Cab(택시) 클래스와 Cabbie(택시 기사) 클래스는 실제 객체를 모델링한다. 그림 5.1에서 볼 수 있듯이 Cab 객체와 Cabbie 객체는 데이터와 행위를 캡슐화한 다음에 공개 인터페이스를 통해 서로 상호 작용한다.

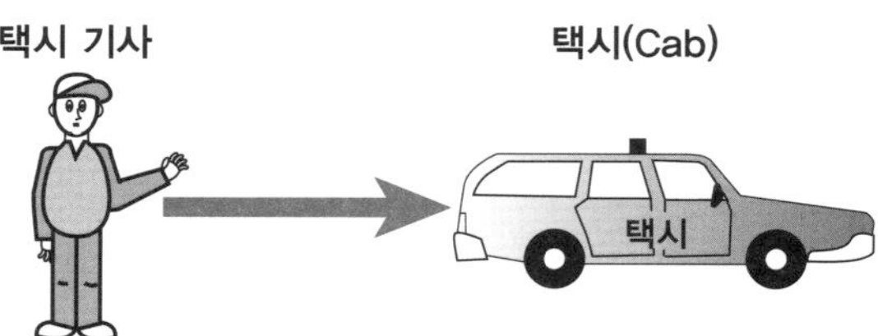

그림 5.1 택시 기사와 택시는 현실 객체를 모델링한 것이다

객체지향 프로그래밍이 처음으로 대중화되었을 때, 구조적 프로그래밍을 하던 많은 프로그래머는 프로그래밍 방식을 객체지향 프로그래밍으로 전환하기 어려웠다. 구조적 방식으로 프로그래밍을 하던 프로그래머가 저지른 주요 실수 중 하나는 실제로는 구조적인 모델을 바탕으로 삼아 함수나 서브루틴을 만듦으로써 결과적으로 행위는 있지만 클래스 데이터가 없는 클래스를 만들었다는 점이다. 이런 방식은 캡슐화의 힘을 활용하지 않았기 때문에 생긴 것으로 바람직한 게 아니었다.

이런 방식은 현재는 부분적으로만 이뤄진다. 현재, 빈약한 도메인 모델(anemic domain models)이라고 할 수 있는 데이터 전송 객체(Data Transfer Objects, DTO)와 뷰를 생성하기에 충분한 데이터가 있는 뷰 모델의 형태를 사용해 개발하는 방식이나, 소비자가 필요로 하는 적절한 양의 데이터를 사용해 개발하는 방식이 많이 도입되었다. 데이터를 다루는 일과 행위들에 더 초점이 맞춰져 왔는데, 이는 인터페이스를 통해 처리된다는 말이기도 하다. 행위를 단일 응답 인터페이스로 캡슐화한 다음에 인터페이스에 코딩하면 코드는 더 유연해지고 모듈화되며, 유지보수를 하기가 훨씬 쉬워진다.

> **참고**
>
> 클래스 설계 지침 및 제안과 관련해 필자가 가장 좋아하면서도 제안하고 싶은 책 중 하나는 스콧 마이어스가 집필한 《Effective C++: 50 Specific Ways to Improve Your Programs and Designs》다. 이 책은 프로그램 설계에 대한 중요한 정보를 매우 간결하게 제공한다.

《Effective C++》가 관심을 끈 이유 중 하나는 C++가 C와 역으로 호환되기 때문에 객체지향 설계 원칙을 사용하지 않고도 C++로 구조적 코드를 작성할 수 있다는 점을 보여주었기 때문이다. 앞에서 언급했듯이 면접 대상이 된 사람들 중 일부는 단순히 C++로 프로그래밍하기 때문에 자신이 객체지향 프로그래머라고 주장하기도 했다. 이런 주장이야말로 객체지향 설계에 관해 완전히 오해하고 있음을 나타낸다. 따라서 자바, 스위프트 또는 닷넷이 아닌 C++와 같은 언어의 객체지향 설계 문제에 더 주의를 기울여야 한다.

공개 인터페이스 식별

클래스를 설계할 때 가장 중요한 문제는 공개 인터페이스(public interfaces)를 최소한으로 유지하는 것이다. 클래스를 만들기 위한 목적은 유용하고 간결한 것을 제공하는 데 있다. 길버트와 맥커티는 저서인 《Object-Oriented Design in Java》에서 '잘 설계된 객체의 인터페이스는 클라이언트가 원하는 서비스를 설명한다'고 언급했다. 사용자에게 유용한 서비스를 제공하지 않는 클래스라면 처음부터 빌드할 필요는 없다.

최소 공개 인터페이스

최소 공개 인터페이스(minimum public interface)를 제공하면 클래스가 가장 간결해진다. 목표는 사용자에게 작업을 올바르게 수행할 수 있는 정확한 인터페이스를 제공하는 것이다. 공개 인터페이스가 불완전한 경우에(즉, 행위가 누락된 경우) 사용자는 전체 작업을 수행할 수 없다. 공개 인터페이스를 적절하게 제한해 두지 않으면(즉, 사용자가 불필요하거나 위험한 행위에 접근할 수 있는 경우라면) 문제가 발생해 디버깅이 필요할 수 있으며, 시스템 무결성 및 보안 문제가 생길 수도 있다.

클래스를 만드는 일은 일종의 업무 계획(business proposition)이므로 설계 과정(design process)을 이루는 모든 단계와 마찬가지로 사용자는 테스트 시작 단계부터 테스트의 모든 단계에 걸쳐 반드시 설계에 참여해야 한다. 이런 식으로 하면 클래스의 유틸리티와 적절한 인터페이스를 보장할 수 있다.

> **인터페이스 확장**
>
> 클래스의 공개 인터페이스가 특정 애플리케이션에 충분하지 않더라도 객체 기술(object technology)을 사용해 이 인터페이스를 확장하고 조정할 수 있다. 요약하자면, 올바르게 설계된 경우라면 기존 클래스를 활용하는 확장 인터페이스가 되도록 새 클래스를 만들 수 있다.
>
> 개발자가 상속을 사용해 행위를 추가하기보다는 인터페이스를 사용해 행위를 추가해야 하는 이유다.

이해하기 쉽게 택시 기사 예제를 다시 생각해 보자. 시스템 내의 그 밖의 객체가 택시 기사의 이름을 알 수 있어야 하는 경우에 `Cabbie` 클래스는 해당 이름을 반환하는 공개 인터페이스를 제공해야 하는데, 이 일을 담당하는 게 `getName()` 메서드다. 따라서 `Supervisor` 객체에 `Cabbie` 객체의 이름이 필요한 경우에 `Cabbie` 객체에서 `getName()` 메서드를 호출해야 한다. 실제로 감독자(supervisor)는 택시 기사(cabbie)에게 이름을 묻고 있다(그림 5.2 참조).

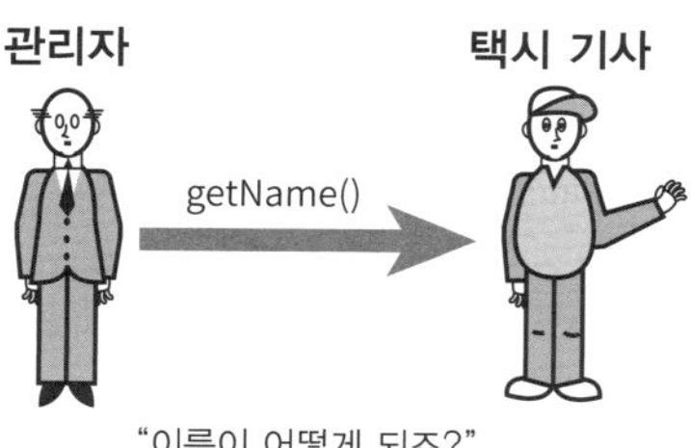

그림 5.2 공개 인터페이스는 객체가 상호 작용하는 방식을 지정한다

코드 사용자는 내부에서 어떻게 작업이 이뤄지는지 알 필요가 전혀 없다. 객체를 인스턴스화해서 사용하는 방법만 알면 된다. 요컨대, 사용자에게 정보를 제공하되 상세한 사항을 숨기라는 말이다.

구현부 숨기기

구현부를 숨겨야 할 이유를 이미 자세히 설명하였다. 공개 인터페이스를 식별하는 일은 클래스 사용자가 중심이 되게 설계해야 하는 문제인 반면에, 구현부는 사용자가 전혀 관여하지 않도록 해야 한다. 구현부가 사용자에게 필요한 서비스를 제공해야 하는 건 맞지만, 이러한 서비스가 실제로 어떻게 수행되는지를 사용자에게 투명하게 내비쳐서는 안 된다. 사용자에게 영향을 미치지 않고 구현부가 변경될 수 있는 경우라야 클래스가 최대로 유용해진다. 기본적으로 구현부를 변경해도 사용자의 애플리케이션 코드를 변경할 필요는 없다. 다시 말하지만 행위를 바꿀 수 있게 하는 가장 좋은 방법은 인터페이스와 컴포지션(compositions, 즉 '합성체')[34]을 사용하는 것이다.

34 옮긴이 상속을 이용하는 클래스로(클래스를 포함해) 이뤄진 객체(즉, '상속체')가 아니라 합성(composition) 방식을 이용하는 클래스로(클래스를 포함해) 이뤄진 객체를 말한다.

고객 대 사용자

때로는 소프트웨어를 실제로 사용할 사람들을 언급할 때 사용자가 아닌 고객(customer)이라는 용어를 사용하기도 한다. 시스템 사용자가 실제로는 고객일 수 있다. 같은 맥락에서 조직의 일부인 사용자를 내부 고객(internal customers)이라고 할 수 있다. 이것은 사소한 일처럼 보일 수 있지만, 모든 최종 사용자를 실제 고객으로 생각하는 편이 중요하다고 생각하며, 여러분은 고객의 요구사항을 들어주어야 한다.

택시 기사 예제에서 Cabbie 클래스에는 점심을 먹는 방법이나 장소와 관련된 행위가 포함될 수 있다. 그러나 택시 기사의 감독자는 택시 기사가 점심에 무얼 먹는지를 알 필요가 없다. 따라서 이 행위는 Cabbie 객체 구현의 일부이므로 이 시스템의 다른 객체에서는 이 행위를 사용할 수 없다(그림 5.3 참조). 길버트와 맥커티는 캡슐화의 주요 지침은 '모든 필드가 비공개일 것'이라고 언급했다. 이런 식으로 한다면 클래스의 어떤 필드에도 다른 객체가 접근할 수 없다.

그림 5.3 객체는 다른 객체의 세부적인 구현 내용까지 알 필요가 없다

튼튼한 생성자나 소멸자가 되게 설계하기

클래스를 설계할 때 가장 중요한 설계 문제 중 하나는 클래스 생성 방법이다. 생성자를 3장 '그 밖의 객체지향 개념들'에서 설명했다. 생성자를 설계하기 위한 지침에 대한 정보가 필요한 경우라면 3장을 다시 보기 바란다.

무엇보다도 생성자는 객체를 초기의 안전한 상태에 두어야 한다. 여기에는 속성 초기화 및 메모리 관리와 같은 문제가 포함된다. 또한, 객체가 기본 조건에 따라 올바르게 생성되어 있는지를 확인해야 한다. 일반적으로 이 기본 상황을 처리할 생성자를 제공하는 편이 바람직하다.

소멸자를 포함하는 언어에서는 소멸자에 적절한 정리(clean-up) 함수들을 넣어 두는 게 아주 중요하다. 대부분의 경우에 이 정리는 객체가 특정 시점에 획득한 시스템 메모리를 해제하는 것과 관련되어 있다. 자바 및 닷넷은 가비지 컬렉터(garbage collector, 즉, '불용정보 수집기') 메커니즘을 통해 자동으로 메모리를 회수한다. C++와 같은 언어에서 개발자는 객체가 존재하는 동안 획득한 메모리를 올바르게 해제하기 위한 코드를 소멸자에 넣어 두어야 한다. 이런 작업을 담당할 함수를 무시하면 메모리 누수가 발생한다.

생성자 주입

이제 생성자 주입(constructor injection)이라는 개념을 도입할 때가 되었는데, 생성자 주입이란 서비스 클래스를 클래스 내에 두는 게 아니라 (생성자를 통해) 객체를 생성할 때 (new 키워드를 사용해) 생성자에 주입한다는 것을 의미한다. 예를 들어, 택시 기사는 자신의 면허 객체, 무선정보 객체(주파수, 호출 부호 등)를 얻을 수 있으며, 택시를 시동하는 키는 생성자를 통해 객체로 전달된다.

메모리 누수

객체의 수명주기 동안에 획득한 메모리가 객체에서 올바르게 해제되지 않으면 객체를 만든 애플리케이션이 실행되는 동안에 해당 메모리가 전체 운영체제의 기억 공간을 소모하는 역할을 하게 된다. 예를 들어, 같은 클래스의 여러 객체가 생성된 다음에 일종의 루프에서 파괴되었다고 가정해 보자. 이러한 객체가 범위를 벗어날 때 메모리를 해제(release)하지 못하면 이 메모리 누수(memory leaks)가 서서히 사용 가능한 시스템 메모리 풀을 고갈시킨다. 어느 시점에서 시스템에 할당할 수 있는 사용 가능한 메모리가 없을 정도로 많은 메모리가 소비될 수 있다. 이는 시스템에서 실행 중인 애플리케이션이 메모리를 확보할 수 없음을 의미한다. 이로 인해 애플리케이션이 안전하지 않은 상태가 되고 시스템이 잠길 수도 있다.

클래스에 대한 오류 처리 설계

생성자를 설계할 때와 마찬가지로 클래스가 오류를 처리하는 방법을 설계하는 일도 무척 중요하다. 오류 처리에 대해서는 3장에서 자세히 설명했다.

사실, 모든 시스템이 예상치 못한 문제를 반드시 겪는다. 따라서 잠재적 오류를 무시하지 않는 게 바람직하다. 잠재적 오류를 예방하고 이러한 조건이 발생할 때 이를 처리하는 코드(또는 그 문제에 대한 모든 코드)를 작성해 두는 개발자가 좋은 클래스를 만든다.

무엇보다도 애플리케이션이 중단되지 않게 해야 한다. 오류가 발생하면 시스템은 사용자에게 중요한 데이터를 잃지 않게 스스로 오류를 처리한 뒤에 다시 동작할 수 있어야 하고, 최소한 정상적으로 멈춰야 한다.

클래스 문서화 및 주석 사용

주석과 문서라는 주제는 대부분의 프로그래밍 도서와 기사, 모든 코드 검토 및 우수한 설계에 대한 모든 토론에서 제공된다. 불행히도, 주석과 좋은 문서는 종종 심각하게 받아들여지지 않거나, 심지어는 무시되기까지 한다.

대부분의 개발자는 코드를 철저히 문서화해야 한다는 점을 알고 있지만, 일반적으로 이런 일에 시간을 내고 싶어하지 않는다. 그러나 문서화를 잘 하는 좋은 습관이 없이는 훌륭하게 설계하기는 사실상 불가능하다. 클래스 수준에서 볼 때 클래스의 범위는 개발자가 싸구려 문서를 그럭저럭 만들면 그만일 정도로 충분히 작을 수 있다. 그러나 클래스를 확장하거나, 유지보수를 위해 다른 사람에게 전달하거나, 더 큰 시스템의 일부가 되게 하는 상황(올바른 상황)일 때는 적절한 문서나 설명이 부족하면 전체 시스템이 손상될 수 있다.

이미 많은 사람들이 이 모든 상황을 예전부터 말해 왔다. 좋은 설계의 가장 중요한 측면 중에 하나는, 클래스 설계이든지 아니면 그 밖의 어떤 설계이든지 간에, 이러한 설계 과정을 신중하게 문서화해야 한다는 점이다. 자바 및 닷넷과 같은 구현체(implementation)[35]에서는 문서화 과정을 용이하게 하기 위해 특수 주석 구문을 제공한다. 적절한 구문에 대해서는 4장 '클래스 해부하기'를 확인하자.

> **지나치게 많은 설명 문서**
>
> 과도한 주석 처리도 문제가 될 수 있다. 너무 많은 문서 및 주석은 환경 소음이 될 수 있으며, 실제로도 목적에 맞지 않는 문서가 되게 할 수도 있다. 좋은 클래스 설계와 마찬가지로 문서와 의견을 간단하지만 정확하게 작성하자. 잘 작성된 코드는 그 자체로 가장 좋은 문서가 된다.

협동할 수 있는 객체로 만들기

홀로 쓰이는 클래스가 거의 없다는 점을 확실히 말할 수 있다. 클래스가 한 번만 사용되지 않는 한, 다른 클래스와 상호 작용을 하지 않는 클래스를 굳이 빌드할 이유가 거의 없기 때문이다. 클래스의 생애 기간을 통틀어 본다면 이게 사실이다. 어떤 한 가지 클래스는 그 밖의 클래스에 서비스(봉사)한다. 한편으로 서비스를 받는 클래스가 그 밖의 클래스에 서비스하기도 하고 클래스들끼리 서로 서비스하기도 한다. 이후에 나오는 여러 장에 걸쳐서 클래스가 서로 상

35 옮긴이 여기서는 implementation이 클래스의 구현부를 의미하는 게 아니고 프로그래밍 언어 자체를 의미한다. '구현물'이나 '구현된 것'으로 이해하면 적절하다. C++ 언어 설계를 구현해 둔 것(즉, 구현체)이 C++ 언어이고 자바 언어 설계를 구현해 둔 것(즉, 구현체)이 자바 언어인 것이다.

호 작용하는 다양한 방법을 설명할 것이다.

택시 기사의 예에서 택시 기사와 감독자는 독립형 엔터티가 아니다. 그들은 다양한 수준에서 서로 상호 작용한다(그림 5.4 참조).

또한, 클래스를 설계할 때 다른 객체가 클래스와 상호 작용하는 방식을 알고 있어야 한다.

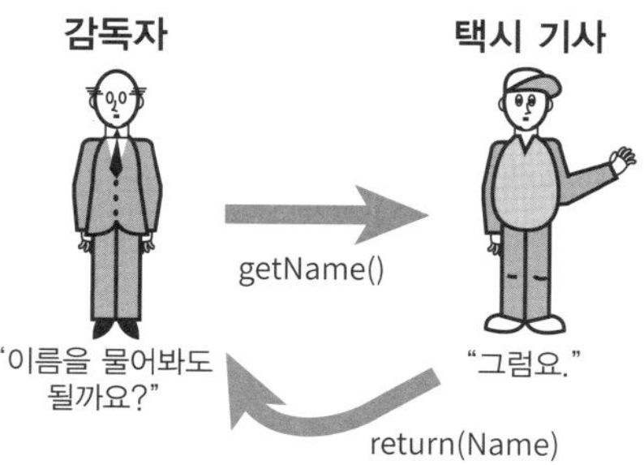

그림 5.4 객체는 정보를 요청해야 한다

재사용을 고려한 설계

객체는 다른 시스템에서 재사용할 수 있으며, 재사용을 염두에 두고 코드를 작성해야 한다. 예를 들어, Cabbie 클래스를 개발하고 테스트할 때 택시 기사가 필요한 모든 곳에서 사용할 수 있다. 클래스를 다양한 시스템에서 사용할 수 있게 하려면 재사용할 일을 염두에 두고 클래스를 설계해야 한다. 설계 과정에서 생각을 많이 해야 하는 이유다. Cabbie 객체가 작동해야 하는 시나리오를 모두 예측하기는 쉬운 일이 아니며, 실제로는 불가능하다.

확장성을 고려한 설계

클래스에 새로운 기능을 추가하는 일이 기존 클래스를 확장하고 몇 가지 새로운 메서드를 추가하고 다른 클래스의 행위를 수정하는 일처럼 간단할 수 있다. 모든 것을 다시 작성할 필요는 없다. 이럴 때 상속이 필요하다. Person 클래스를 작성하는 일을 이제 막 끝낸 경우라면, 나중에 Employee 클래스나 Customer 클래스를 작성할 수 있다는 사실을 고려해야 한다. 따라서 Employee를 Person으로부터 상속받는 것이 최선의 전략일 수 있는데, 이런 경우에 Person 클래스를 **확장 가능**(extensible) 클래스라고 부른다. 여러분은 Employee 클래스나 Customer 클래스 등이 Person 클래스를 확장해 쓰지 못하게 하는 행위가 Person 안에 들어 있기를 바라지 않는다(설계 시에 다른 클래스가 Person을 확장하려는 의도가 있다고 가정했을 때). 예를 들어, 여러분이 감독 기능들에 특화된 Employee 클래스 안에 기능성을 담당하는 코드를 넣지 않으려 한다고 하자. 그런 식으로 Employee 클래스를 작성해 두었는데, Employee에서 상속되는 감독 기능이 필요하지 않은 클래스가 있다면, 여러분은 문제에 봉착하게 된다.

이런 점이 앞에서 논의한 추상화 지침을 다루는 것이다. Person 클래스에는 개인과 관련된 데이터와 행위만 포함되어야 한다. 그런 다음에 그 밖의 클래스가 이를 서브클래스로 삼아서 적절한 데이터와 행위를 상속할 수 있다.

11장 '의존적이거나 경직된 클래스가 되지 않게 하기' 및 12장 '객체지향 설계의 SOLID 원칙'에서 SOLID를 다루지만, 여기서 미리 그 원리 중 한 가지를 언급하자면 클래스는 확장할 수 있게 개방되어야 하지만, 수정하는 일과 관련해서는 폐쇄되어야 한다. 예를 들어, 인터페이스들부터 사용해 클래스에 코딩하면 실시간으로 테스트하고 배포한 코드를 건드리지 않고도 데코레이터(Decorator)와 같은 온갖 종류의 패턴을 사용해 필요한 것을 확장할 수 있다.

어떤 속성과 메서드가 정적일 수 있을까?

정적 메서드(static methods)를 사용하게 되면 클래스들끼리 서로 강력하게 묶이게 된다. 여러분은 정적 메서드를 추상화할 수 없다. 여러분은 정적 메서드나 정적 클래스를 흉내낼 수 없다. 여러분은 정적 인터페이스를 제공할 수 없다. 정적 클래스를 사용하는 것이 합리적인 유일한 때는(애플리케이션 개발인 경우에 해당하는 말로 프레임 개발인 경우는 약간 다르다) 어떤 종류의 도우미 클래스를 사용하는 경우나 부작용을 일으키지 않는 확장 메서드를 사용하는 경우뿐이다. 예를 들어, 숫자를 추가하는 정적 클래스라면 괜찮다. 반면, 데이터베이스나 웹 서비스와 상호 작용하는 정적 클래스라면 괜찮지 않다.

알아보기 쉽게 이름을 짓기

앞에서 우리는 적절한 문서와 주석을 사용하는 일에 관해 논의한 적이 있다. 클래스, 속성 및 메서드에 대한 명명 규칙(naming convention)을 따르는 것도 비슷한 주제다. 많은 명명 규칙이 있으며, 여러분이 어떤 규칙을 선택할지보다 한 가지 규칙을 선택해 그 규칙을 지켜 나가는 것이 더 중요하다. 그러나 클래스, 속성 및 메서드 이름을 작성할 때는 규칙을 따라야 할 뿐만 아니라 알아보기 쉬운 이름으로 지어야 한다는 점을 염두에 두고 규칙을 선택해야 한다. 이름만 보고도 객체가 무엇을 표현하고 있는지를 알 수 있어야 한다. 이러한 명명 규칙은 종종 여러 조직의 코딩 표준에 의해 결정된다.

이름 잘 짓기

명명 규칙이 의미가 있는지 확인하자. 종종, 사람들은 자신들에게는 합리적이라고 생각하지만, 지나친 행동을 해서 다른 사람들에게는 완전히 이해할 수 없는 규칙을 만들어 낸다. 다른 사람들이 규칙을 따르도록 강요할 때는 조심하도록 하자. 규칙이 합리적인지 확인하고 관련된 모든 사람이 이 규칙의 의도를 이해하는지 확인하자. 변수의 사용 방식을 알 수 있게 이름을 짓되, 변수의 형식을 알게 하는 부호를 이름에 넣지 않도록 한다.

잘 이해되게 이름을 짓는 일은 다양한 개발 패러다임을 초월하는 훌륭한 개발 관행이다.

이식하기 어려운 코드를 추상화하기

이식하기 어려운 코드(즉, 네이티브 코드)를 사용해야 하는 시스템을 설계하는 경우에(즉, 특정 하드웨어 플랫폼에서만 실행되는 코드로 작성하는 경우에) 이런 코드를 클래스에서 뽑아 내어 추상화해야 한다. 추상화한다는 것은 이식하기 어려운 코드를 자체 클래스나 최소한 자체 메서드(오버라이딩할 수 있는 메서드)로 분리한다는 뜻이다. 예를 들어, 특정 하드웨어의 직렬 포트에 접근하기 위한 코드를 작성하는 경우에 이를 처리할 래퍼 클래스(wrapper class)를 만들어야 한다. 그런 다음 클래스는 필요한 정보나 서비스를 얻기 위해 래퍼 클래스에 메시지를 보내야 한다. 시스템 종속 코드를 기본 클래스에 넣지 않도록 한다(그림 5.5 참조).

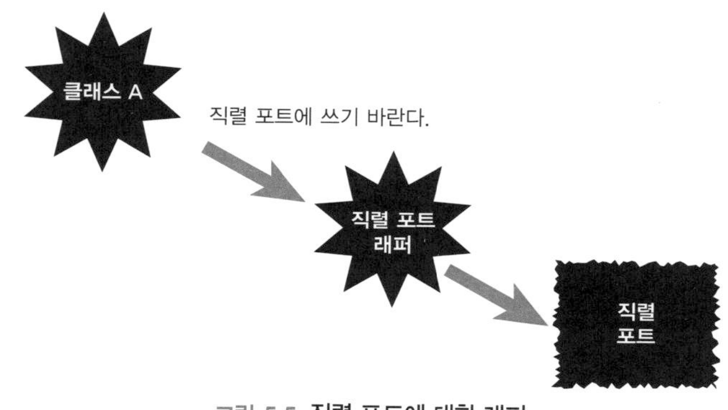

그림 5.5 **직렬 포트에 대한 래퍼**

예를 들어, 프로그래머가 하드웨어와 직접 인터페이스하는 상황을 생각해 보자. 이 경우에 다양한 플랫폼의 객체 코드가 상당히 다를 수 있으므로 각 플랫폼마다 코드를 작성해야 한다. 그러나 기능성이 래퍼 클래스에 자리잡으면 클래스의 사용자는 래퍼와 직접 인터페이스할 수 있으며, 다양한 저수준 코드에 대해 걱정할 필요가 없어진다. 래퍼 클래스는 이러한 플랫폼 간의 차이점을 처리하면서 호출할 코드를 결정한다.

객체 복사 및 객체 비교 방식을 제공

3장에서는 객체 복사 및 비교 문제를 설명했다. 객체를 복사하고 비교하는 방법을 이해해야 한다. 단순한 비트 복사 작업이나 단순한 비교 작업을 원하지 않거나 기대하지 않을 수 있다.

클래스가 예상대로 작동하는지 확인해야 한다. 즉, 객체를 복사하고 비교하는 방법을 설계하는 데 시간을 소비해야 한다.

범위를 가능한 한 작게 유지

범위를 최대한 작게 유지하면 추상화와 구현부 은닉이 자연스럽게 이뤄진다. 가능한 한 많은 속성과 행위를 지역화(localization)를 하자는 것이다. 이런 식으로, 클래스를 유지하고 테스트하고 확장하는 편이 훨씬 쉽다. 인터페이스를 사용하면 이런 면이 더 강화된다.

> **범위 및 전역 데이터**
>
> 전역 변수의 범위(scope)를 최소화하는 게 좋은 프로그래밍 스타일이며, 이는 객체지향 프로그래밍에만 국한되지 않는다. 전역 변수는 구조적 개발에서 허용되지만, 문제가 생길 수 있다. 실제로 객체지향 개발 시에는 전역 데이터(global data)가 없다. 정적 속성들과 정적 메서드들은 동일한 클래스에 속하는 객체들 간에만 공유된다. 그러나 해당 클래스에 속하지 않은 객체에서는 사용할 수 없다. 여러분은 파일이나 데이터베이스에 데이터를 저장해 공유할 수도 있다.

예를 들어, 임시 속성이 필요한 메서드가 있는 경우에 해당 속성을 지역적이 되도록 해보자. 다음 코드를 생각해 보자.

```
public class Math {

    int temp = 0;

    public int swap(int a, int b) {

        temp = a;
        a=b;
        b=temp;

        return temp;

    }

}
```

이 클래스에 어떤 문제가 있는가? 문제는 속성인 temp가 swap() 메서드의 범위 내에서만 필요하다는 점이다. temp가 클래스 수준에 있을 이유가 없다. 따라서 swap() 메서드의 범위 안에 들게 temp를 옮겨야 한다.

```
public class Math {

    public int swap(int a, int b) {

        int temp = 0;

        temp = a;
        a = b;
        b = temp;

        return temp;

     }

}
```

이런 식으로 범위를 가능한 한 작게 유지할 수 있다.

유지보수를 고려한 설계

유용하고 간결한 클래스가 되게 설계하면 유지보수성(maintainability, 즉 '정비성')이 크게 좋아진다. 클래스를 설계할 때 확장성을 염두에 두고 설계하듯이 향후의 유지보수도 염두에 두고 설계해야 한다.

클래스를 설계할 때에는 코드를 관리하기 쉬운 여러 조각으로 작성해 둔 다음에 합성할 수 있게 설계하는 게 바람직하다. 여러 조각으로 나뉜 코드를 유지보수하기가 큰 코드를 유지보수하기보다 쉬운 편이다(최소한 그럴 가능성이 있다는 말이다). 유지보수성을 높이는 가장 좋은 방법 중의 하나는 서로 의존하는 코드를 줄이는 것이다. 즉, 한 클래스의 변경 사항이 다른 클래스에 영향을 미치지 않거나 최소한의 영향을 미치도록 하는 것이다.

> **서로 강하게 묶이는 클래스**
>
> 서로 깊이 의존하는 클래스들은 강하게 묶인(highly coupled) 것으로 간주한다. 어느 한 클래스를 변경할 때 다른 클래스도 변경해야만 하는 경우라면, 이 두 클래스는 서로 강하게 묶여 있다고 간주할 수 있다. 반면에 의존성이 없는 클래스들끼리라면 서로 묶인 정도가 아주 작다고 간주할 수 있다. 이 주제에 대한 자세한 정보는 스콧 앰블러(Scott Ambler)의 《The Object Primer》를 참조하자.

처음부터 클래스를 올바르게 설계했다면, 시스템을 변경할 때는 객체의 구현부만 변경해야 한다. 어떤 식으로든 공개 인터페이스를 변경하지 말아야 한다. 공개 인터페이스를 변경하면 인터페이스를 사용하는 모든 시스템에서 파급 효과가 발생한다.

예를 들어, Cabbie 클래스의 getName() 메서드를 변경한 경우에 이 인터페이스를 사용하는 모든 곳(시스템 안의 모든 곳)을 변경해 다시 컴파일해야 한다. 그렇지만 이와 같은 메서드 호출 부분을 모두 찾기는 어려워서 하나라도 놓칠 가능성이 아주 크다.

유지보수성을 높이려면 클래스 간에 서로 묶이게 되는 정도를 가능한 한 낮게 유지해야 한다.

개발 과정 반복

대부분의 설계 및 프로그래밍 함수와 마찬가지로 반복적인 과정(iterative process)을 겪는 게 바람직하다. 이것은 최소한의 인터페이스를 제공한다는 개념과 잘 어울린다. 기본적으로, 이 말은 '**모든 코드를 한 번에 작성하지 말아야 한다!**(Don't write all the code at once!)'는 뜻이다. 코드 크기를 작게 해서 작성한 다음에 각 단계별로 코드를 빌드하고 테스트하자. 테스트 계획을 잘 짜 놓으면 인터페이스가 충분하지 않은 영역을 빨리 찾아낼 수 있다. 이런 식으로 클래스에 적절한 인터페이스가 있을 때까지 과정을 반복할 수 있다. 이런 테스트 과정은 단순히 코딩에만 국한되지 않는다. 직접 설계해 본다거나 기타 설계 검토 기술을 사용해 설계를 테스트하는 게 아주 유용하다. 반복적인 과정을 거치게 하면 테스트를 담당하는 사람은 편해진다. 이 반복 과정에 일찍 참여할 수 있게 될 뿐만 아니라, 개발 과정이 끝나더라도 쉽사리 폐기되는 시스템이 되지 않게 할 수 있다.

인터페이스 테스트

인터페이스를 최소한으로 구현한 것을 종종 **스텁**(stubs)이라고 부른다. (길버트와 맥커티는 『Object-Oriented Design in Java』에서 스텁에 관해 잘 논의해 두었다.) 스텁을 사용하면 실제 코드를 작성하지 않고도 인터페이스를 테스트할 수 있다. 다음 예에서는 실제 데이터베이스에 연결하는 대신에 인터페이스가 제대로 작동하는지 확인하는 데 스텁을 사용한다(사용자 관점에서는 인터페이스가 사용자를 위한 것임을 기억하자). 따라서 이 시점에서는 구현부가 필요하지 않다. 실제로 인터페이스의 설계가 구현부에 영향을 미치며, 인터페이스가 아직 완성되지 않은 시점이기 때문에 구현부를 완성하는 데 많은 시간과 노력이 소요될 수 있다.

그림 5.6에서 사용자 클래스가 `DataBaseReader` 클래스에 어떤 메시지를 보낼 때 사용자 클래스에 반환된 정보는 실제 데이터베이스가 아니라 코드 스텁에 의해 제공된다(실제로 데이터베이스는 아직 존재하지 않을 가능성이 높다). 인터페이스가 완성되고 구현부 부분을 개발 중이라면 스텁을 떼어 내고 데이터베이스에 직접 연결하면 된다.

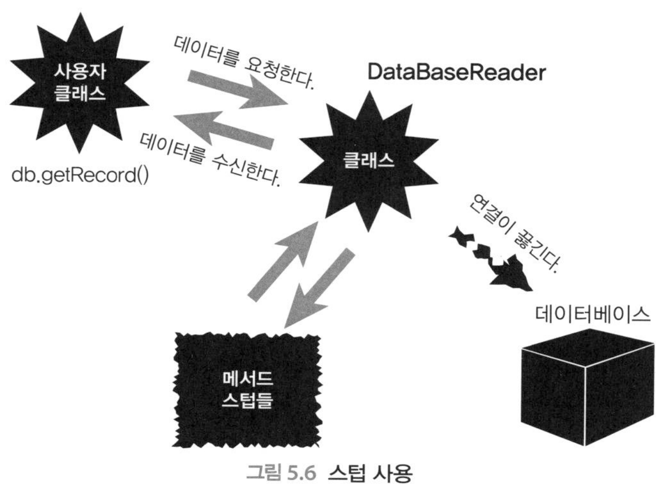

그림 5.6 스텁 사용

내부 배열을 사용해 작동하는 데이터베이스를 시뮬레이션하는 예제 코드는 다음과 같다(단순하지만).

```
public class DataBaseReader {

    private String[] db = { "Record1","Record2","Record3","Record4","Record5" };
    private boolean dbOpen = false;
    private int pos;

    public void open(String name) {
        DBOpen = true;
    }

    public void close() {
        DBOpen = false;
    }

    public void goToFirst() {
        pos = 0;
    }

    public void goToLast() {
        pos = 4;
```

```
    }

    public int howManyRecords() {
        int numOfRecords = 5;
        return numOfRecords;
    }

    public String getRecord(int key) {
        /* 데이터베이스에 특화된 구현부 */
        return db[key];
    }

    public String getNextRecord() {
        /* 데이터베이스에 특화된 구현부 */
        return db[pos++];
    }

}
```

메서드가 데이터베이스 호출을 시뮬레이션하는 방법에 주목하자. 배열 내의 문자열은 데이터베이스에 기록될 레코드를 나타낸다. 데이터베이스가 시스템에 성공적으로 통합되면 이 데이터베이스가 배열을 대체하게 될 것이다.

스텁 유지

스텁을 완성한 후에는 삭제하지 마라. 나중에 다시 사용할 수 있도록 코드 안에 두자.[36] 사용자는 스텁을 볼 수 없게 하고, 다른 팀 구성원에게는 스텁이 코드 안에 있다는 점을 알게 하자. 실제로 잘 설계된 프로그램에서 테스트 스텁은 설계에 통합되어 나중에 사용할 수 있도록 프로그램에 보관해야 한다. 요컨대, 클래스에서 바로 테스트할 수 있게 설계하자! 아마도 더 나은 방법은 일단 모의(가짜) 데이터를 사용할 수 있게 스텁 형태로 만들어 써본 후, 나중에는 인터페이스 형태로 쓸 수 있게 코딩한 다음에, 그러다 또 시간이 흘러 필요할 때가 되면 실무에 쓸 만한 구현부로 바꿔 쓰는 방법일 것이다.

인터페이스 설계에 문제가 있으면 결과에 만족할 때까지 설계를 변경하고 그 후에도 이 과정을 반복하자.

36 옮긴이 소프트웨어 형상 관리가 발전된 오늘날에는 굳이 스텁을 코드 안에 두지 않아도 된다. 베타리더의 의견대로 테스트용 코드와 배포용 코드를 따로 관리하면 되기 때문이다. 그러나 저자의 의견을 존중하여 문장을 고치지 않고 역자의 의견과 베타리더의 의견을 각주로 단다.

객체 지속성 사용

객체 지속성(object persistence)은 많은 객체지향 시스템에서 해결해야 할 또 다른 문제다. 지속성(persistence)이란 객체의 상태를 유지한다는 개념이다. 프로그램을 실행할 때 어떤 방식으로든 객체를 저장하지 않으면 객체가 죽어 버려서 다시는 복구되지 않는다. 일부 애플리케이션에서는 이러한 임시 객체가 작동할 수도 있지만, 대부분의 비즈니스 시스템에서는 나중에 사용하기 위해 객체의 상태를 저장해야 한다.

> **객체 지속성**
>
> 객체 지속성이라는 주제와 다음 단원에 나오는 주제가 실제 설계 지침으로 간주되지 않을 수도 있지만, 필자는 클래스를 설계할 때 이런 주제들을 다루어야 한다고 생각한다. 클래스를 설계할 때 조기에 해결해야 한다는 점을 강조하기 위해 필자는 그러한 주제들을 여기에 소개한다.

객체를 가장 간단한 형태로 직렬화하여 플랫 파일(flat file)[37]에 기록하고 유지할 수 있다. 이제는 최신 기술이 XML을 기반으로 삼고 있다. 객체가 파괴되지 않는 한 이론적으로는 객체가 메모리에 유지될 수는 있지만, 우리는 일종의 저장 장치에 객체를 영구적으로 저장하는 일에 집중할 것이다. 고려해야 할 기본 저장 장치는 세 가지다.

- **플랫 파일 시스템:** 객체를 직렬화해 플랫 파일에 객체를 저장할 수 있다. 이것은 확실히 구식이다. 종종 객체는 XML 및 JSON으로 직렬화되어 일종의 파일 시스템이나 데이터 저장소 또는 웹의 끝점(end-point)에 기록된다. 객체를 데이터베이스에 넣거나 디스크에 쓸 수 있는데, 이는 오늘날 가장 일반적인 관행이다.
- **관계형 데이터베이스:** 객체를 관계형 모델로 변환하려면 일종의 미들웨어가 필요하다.
- **NoSQL 데이터베이스:** 이 방법은 더욱 효율적으로 객체를 유지하는 방법일 수 있지만, 대부분의 회사는 레거시 시스템에 모든 데이터를 보유하고 있으며, 책을 쓰는 현재 시점에서 보면 사람들은 관계형 데이터베이스를 객체지향 데이터베이스로 굳이 변환하지는 않는다. NoSQL 데이터베이스는 유연하면서도 구조적인 데이터베이스들 중에서도 가장 일반적인 형태를 띠고 있다. MongoDB 또는 Cosmos DB는 이 분야에서 명성을 가장 크게 떨치고 있다.

37 옮긴이 복잡한 구조가 없이 시퀀스들이 단순히 연속되어 기록되는 형태로 구성하는 파일. 즉, 데이터베이스 구조가 없는 파일이다.

객체 직렬화 및 객체 마샬링

우리는 구조적 프로그래밍을 위해 원래 설계된 환경에서 객체를 사용하는 문제에 대해 이미 논의했다. 관계형 데이터베이스에 객체를 기록한 미들웨어 예제가 좋은 예다. 또한, 플랫 파일에 객체를 쓰거나 네트워크를 통해 객체를 보내는 문제에 대해서도 다루었다.

통신 선로를 거쳐 객체를 보내려면(예를 들어, 네트워크를 통해 어떤 한 파일로 보내려면) 시스템이 객체의 구성을 해체(deconstruct)하여 즉 평평하게 하여 통신선을 통해 전송한 다음에 통신선의 다른 쪽 끝에서 재구성(reconstruct)해야 한다. 이 과정을 객체에 대한 **직렬화**(serializing)라고 한다. 통신선을 통해 객체를 보내는 행위를 객체에 대한 **마샬링**(marshaling)이라고 한다. 이론적으로 직렬화된 객체는 플랫 파일에 기록되고 나중에 기록된 상태와 동일한 상태로 검색될 수 있다.

여기서 중요한 문제는 직렬화(serialization)와 역직렬화(deserialization, 즉 '직렬화 해제')가 동일한 규격을 따라야 한다는 점이다. 이는 암호화 알고리즘과 비슷한다. 한 객체가 문자열을 암호화하는 경우에 해독하려는 객체는 동일한 암호화 알고리즘을 사용해야 한다. 자바는 이와 같은 변환을 담당할 수 있게 `Serializable`이라는 인터페이스를 제공한다.

이것이 오늘날 데이터와 행위가 분리되는 또 다른 이유다. 데이터 계약(data contract)을 위한 인터페이스를 만들어 사람들이 통신 선로의 양쪽에 동일한 코드를 지니게 하는 것보다는, 웹 서비스로 푸시하는 편이 더 간단하다.

결론

이번 장에서는 클래스 설계에 도움이 되는 많은 지침을 제공하였다. 그렇다고 해서 모든 클래스 설계 지침을 완벽하게 제시한 건 아니다. 객체지향 설계로 여행하는 데 필요한 지침이 그 밖에도 더 있다는 점은 의심할 여지가 없다.

이번 장에서는 개별 클래스와 관련된 설계 문제를 다루었다. 그러나 우리는 클래스라는 게 단독으로 쓰이는 게 아니라는 점을 이미 보았다. 클래스는 다른 클래스와 상호 작용을 하도록 설계되어야 한다. 상호 작용을 하는 클래스 그룹은 시스템의 일부다. 궁극적으로 이러한 시스템은 최종 사용자에게 가치를 제공한다. 6장 '객체를 사용해 설계하기'에서는 완전한 시스템을 설계하는 주제를 다룬다.

참고문헌

Ambler, Scott. 2004. The Object Primer, Third Edition. Cambridge, United Kingdom: Cambridge University Press.

Gilbert, Stephen, and Bill McCarty. 1998. Object-Oriented Design in Java. Berkeley, CA: The Waite Group Press.

Jaworski, Jamie. 1997. Java 1.1 Developers Guide. Indianapolis, IN: Sams Publishing. Jaworski, Jamie. 1999. Java 2 Platform Unleashed. Indianapolis, IN: Sams Publishing. Meyers, Scott. 2005. Effective C++, Third Edition. Boston, MA: Addison-Wesley Professional.

Tyma, Paul, Gabriel Torok, and Troy Downing. 1996. Java Primer Plus. Berkeley, CA: The Waite Group.

CHAPTER 6 객체를 사용해 설계하기

소프트웨어 제품을 사용하게 된다면 광고에 나온 대로 작동할 것으로 기대할 것이다. 불행히도 모든 제품이 기대에 부응하는 것은 아니다. 문제는 많은 제품이 생산될 때 대부분의 시간과 노력이 설계 단계가 아닌 공학(engineering) 단계에 쓰인다는 점이다.

객체지향 설계가 강력하고 유연한 소프트웨어 개발 방식인 것처럼 광고되었다. 하지만 좋지 않은 비객체지향 설계를 할 수 있는 것처럼, 좋은 객체지향 설계와 나쁜 객체지향 설계를 모두 쉽게 만들 수 있다는 게 진실이다. 최첨단 설계 방법론을 사용하면 안전할 것이라는 착각에 빠지지 말기 바란다. 전체 설계에 주의를 기울이고 최상의 제품을 만들기 위해 적절한 시간과 노력을 투자해야 한다.

5장 '클래스 설계 지침'에서 우리는 좋은 클래스를 설계하는 데 집중했다. 이번 장에서는 우수한 시스템을 설계하는 일에 초점을 맞춘다. 시스템은 서로 상호 작용을 하는 클래스들을 가지고 정의할 수 있다. 소프트웨어 개발의 역사에 걸쳐 적절한 설계 관행이 발전해 왔으며, 개발자들이 객체지향 기술을 사용하든지 않든지 간에 소프트웨어 분야 선배 개발자들의 피, 땀 및 눈물로 얻은 성과를 이용하지 않을 이유가 없다.

이전에 기울여진 노력을 다시 이용하는 일은 설계 관행에만 국한되지 않는다. 기존 레거시 코드를 객체지향 설계에도 통합할 수 있다. 대부분의 경우에 수년간 잘 작동했던 코드를 사용해 문자 그대로 객체로 감쌀 수 있다. 둘러싸기(wrapping)에 대해서는 이번 장의 뒷부분에서 설명한다.

설계 지침

진정한(최상의) 설계 방법론이 한 가지뿐이라는 말은 오해다. 이런 말은 사실이 아니다. 설계를 하기 위한 방법 중에 특별히 옳은 방법이나 그른 방법은 없다. 오늘날에는 많은 설계 방법론을 사용할 수 있는데, 방법론별로 지지자가 있다. 그러나 가장 중요한 문제는 사용할 설계 방식이 아니라 메서드 사용법을 어떻게 설계했느냐다. 이런 주제는 단순한 설계 과정을 넘어 전체 소프트웨어 개발 과정을 포괄하도록 확장될 수 있다. 일부 조직은 표준 소프트웨어 개발 과정을 따르지 않거나 이를 준수하지 않는다. 좋은 설계를 만드는 데 있어 가장 중요한 요소는 자신과 조직이 편안하게 느끼고 이를 고수하며 계속 개선하는 과정을 찾는 것이다. 아무도 따르지 않는 설계 과정을 구현하는 것은 의미가 없다.

객체지향 기술을 다루는 대부분의 책에서는 아주 비슷한 시스템 설계 전략을 제공한다. 실제로, 관련된 객체지향적인 특정 문제를 제외하고 많은 전략을 비객체지향 시스템에도 적용할 수 있다.

일반적으로 견고한 객체지향 설계 과정에는 다음 단계가 포함된다.

1. 적절한 분석 수행
2. 시스템을 설명 작업명세서 개발
3. 이 작업명세서로부터 요구사항을 수집
4. 사용자 인터페이스용 프로토타입 개발
5. 클래스 식별
6. 각 클래스의 역할을 결정
7. 다양한 클래스가 서로 상호 작용하는 방식을 결정
8. 만들고자 하는 시스템을 설명하는 고급 모델을 구성

객체지향 개발의 경우에 고급 시스템 모델이 특히 중요하다. 시스템 모델이나 객체 모델은 클래스 다이어그램들과 클래스의 상호 작용들로 이뤄진다. 이 모델은 시스템을 충실하게 나타내며, 이해하고 수정하기 쉬워야 한다. 모델에 대한 표기법도 필요하다. 여기서 UML(Unified Modeling Language, 통합 모델링 언어)이 시작된다. 여러분도 알겠지만, UML은 설계 과정(design process)을 지칭하는 게 아니라 모델링 도구를 지칭하는 말의 약어다. 이 책에서는 UML의 클래스 다이어그램만 사용한다. 클래스 다이어그램을 시각적 도구로 활용해 설계 과정과 문서를 시각적으로

나타낼 수 있어서 필자는 그밖에 사용해 볼 만한 UML 도구들조차 사용하지 않았다.

지속적인 설계 과정

최선의 의도와 계획에도 가장 조그만 설계를 하는 경우가 아니라면 설계 과정은 지속적인 반복 과정이다. 제품을 테스트한 후일지라도 설계를 변경해야 할 일이 생긴다. 제품을 변경하거나 기능을 추가하는 일을 확실히 마치는 시점에 도달하게 하는 일은 프로젝트 관리자의 역할이다. 필자는 이렇게 해서 나온 제품이나 설계를 1판(version 1)이라고 부르고 싶다.

사용해 볼 만한 설계 방법론은 다양하다. 폭포수 모형(waterfall model)이라고 부르는 초기 방법론은 다양한 단계 사이에 엄격한 경계선을 긋는다. 이 경우에, 설계 단계는 구현 단계 이전에 완료되어야 하며, 구현 단계는 테스트 단계 이전에 완료되어야 하고, 이런 식으로 과정이 계속 이어진다. 실제로 폭포수 모델은 비현실적인 것으로 밝혀졌다. 현재 빠른 프로토타이핑, 익스트림 프로그래밍, 애자일, 스크럼 등과 같은 다른 설계 모델에서는 진정한 반복과정(iterations)을 촉진하는 데 힘쓰게 한다. 이 모델에서는 설계 단계를 완료하기도 전에 개념을 증명할 목적으로 일부를 구현해 보게 한다. 요즘은 반감을 사고 있는 폭포수 모델이기는 하지만, 이 모델의 목표는 이해할 만하다. 코딩을 시작하기 전에 완벽하고 철저하게 설계하는 게 바람직하다. 여러분은 설계를 마친 뒤 제품의 출시 국면으로 직행하지 않고 설계 국면을 다시 반복하기로 결정할 수도 있다. 이처럼 여러 국면을 왔다 갔다 하며 반복하는 일은 피할 수 없기는 하다. 그러나 이 반복을 최소한으로 유지해야 한다(그림 6.1 참조).

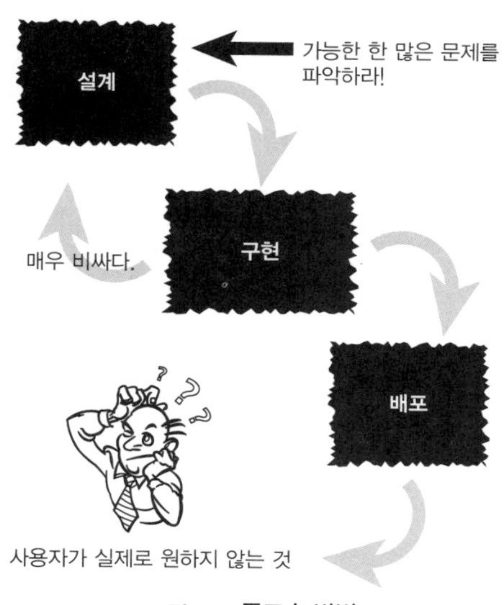

그림 6.1 폭포수 방법

폭포수 모형에서 요구사항을 조기에 식별하고 설계 변경을 최소로 유지하려고 하는 이유를 요약하면 다음과 같다.

- 설계 단계에서 요구사항이나 설계를 변경하는 비용이 구현 단계나 배포 단계에서 그러는 경우보다 상대적으로 적다.
- 구현 단계에서는 설계 변경 비용이 상당히 높다.
- 배포 단계 이후에 설계를 변경하려고 할 때 드는 비용은 첫 번째 항목과 비교할 때 천문학적이다.

마찬가지로, 건축 설계가 완료되기 전에 꿈 같은 집을 짓기 시작하고 싶지 않을 것이다. 누군가가 골든게이트 브리지나 엠파이어 스테이트 빌딩의 설계 문제를 생각하지도 않고 건설했다고 말하면 이건 아주 말도 안 되는 것이라고 생각할 것이다. 그런데도 사용 중인 소프트웨어에 일부 설계 결함이 있을 수 있으며, 실제로 철저하게 테스트하지 않았을 수도 있다고 누군가가 말한다고 할지라도 그 사람이 미쳤다고 생각하지는 않는다.

실제로 테스트를 통해 버그가 단 하나도 없는 상태를 추구한다고 보면, 소프트웨어를 철저히 테스트하는 일이 불가능할 수 있다. 그러나 이론상으로는 이것이 항상 목표다. 우리는 항상 가능한 한 많은 버그를 제거하려고 노력해야 한다. 교량과 소프트웨어를 직접 비교할 수는 없다. 그러나 소프트웨어는 교량 건설과 같은 '더 난해한' 공학 분야와 동일한 수준의 공학적 우수성을 위해 노력해야 한다. 품질이 열악한 소프트웨어는 치명적일 수 있다. 이는 급여 명세서에 잘못된 숫자가 찍히는 일 정도를 말하는 게 아니다. 예를 들어, 의료 장비에 쓰이는 소프트웨어의 품질이 조악하다면 사람들이 죽거나 기계가 고장 날 수 있다. 어쨌든 지금까지 그랬던 것처럼 앞으로도 소프트웨어가 설치된 기기를 껐다가 다시 켬으로써 소프트웨어 오류로 인한 문제를 해결하려고 할지도 모르겠다. 그런데 이런 말이 다리가 무너지는 것만큼 심각한 문제에도 통할지는 모르겠다.

> **안전 대 효율**
>
> 검사하지 않고 시험해 보지도 않은 다리를 건너겠는가? 어쩔 수 없는 일이기는 하지만, 사용자가 소프트웨어 패키지들을 다양하게 사용한다면 그만큼 테스트도 많이 해야 한다. 이런 상황에서 사용자와 소프트웨어 공급자가 모두 큰 비용을 치러야만 한다. 불행히도, 멀리 바라보지 않고 당장 눈에 띄는 비용만을 줄이려는 방향으로 프로젝트에 관한 결정을 내리는 일이 종종 벌어지고 있다.

고객은 한정된 가격을 지불하고 품질이 좋지 않은 소프트웨어를 사용하는 경향이 있기 때문에 일부 소프트웨어 제공 업체는 자신들이 직접 제품을 테스트하기보다는 고객이 제품을 테스트하게 하는 편이 장기적으로는 더 저렴할 수 있다는 것을 알게 되었다. 단기적인 관점에서 보면 이것이 사실일 수 있지만, 장기적으로는 소프트웨어 제공 업체가 알고 있는 것보다 훨씬 더 많은 비용이 든다. 궁극적으로 소프트웨어 제공 업체의 평판이 손상되기 때문이다.

일부 컴퓨터 소프트웨어 회사는 베타 테스트 단계를 사용해 고객이 테스트할 수 있게 하려고 한다. 이론적으로 보면 이런 테스트는 베타 버전이 고객에게 도달하기 전에 수행해야 할 일이다. 많은 고객은 제품이 약속한 기능을 얻을 수 있을지 확인하기 위해 기꺼이 평가판 소프트웨어를 먼저 사용해 보려고 할 것이다. 반대로 일부 고객은 전염병처럼 퍼져 오는 새 버전에 저항한다. '소프트웨어가 작동한다면 고칠 생각을 하지 마라. 업그레이드는 악몽이 될 수 있다!'고 생각하기 때문이다.

릴리스 전에 포착하지도 않고 수정되지도 않은 소프트웨어 문제라면, 릴리스 후에는 훨씬 더 많은 비용을 치르는 문제가 된다. 예를 들어, 자동차 회사가 리콜에 직면했을 때 직면하는 딜레마를 생각해 보자. 자동차를 출고하기 전에(이상적으로 본다면 제조하기 전에) 자동차의 결함을 찾아 고칠 때 드는 비용은 출고된 모든 자동차를 한 번에 하나씩 리콜하고 고쳐야 할 때 드는 비용보다 훨씬 적다. 리콜을 해야 하는 상황에서는 큰 비용을 치러야 할 뿐만 아니라 회사의 명성을 떨어뜨린다. 경쟁이 치열해지는 시장에서 고품질 소프트웨어와 지원 서비스 및 평판은 경쟁 우위다(그림 6.2 참조).

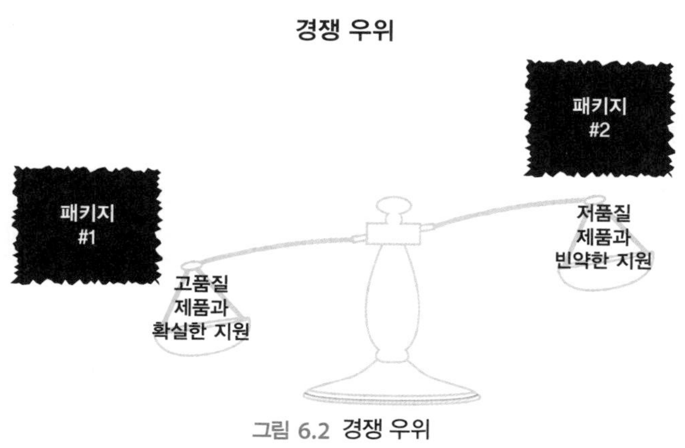

그림 6.2 경쟁 우위

다음 단원에서는 이전에 설계 과정의 일부로 나열된 항목들을 간략히 요약해 보겠다. 이번 장의 뒷부분에서 이러한 항목에 대해 예제를 사용해 자세히 설명하겠다.

적절한 분석 수행

설계를 구축하고 소프트웨어 제품을 생산하는 데에는 다양한 변수가 관련되어 있다. 사용자는 모든 단계에서 개발자와 협력해야 한다. 분석 단계에서 사용자와 개발자는 작업 설명, 프로젝트 요구사항 및 실제 프로젝트 수행 여부를 결정하기 위해 적절한 연구 및 분석을 수행해야 한다. 마지막 요점은 조금 놀라운 것처럼 보일 수 있지만 중요하다. 분석 단계 동안이라도 정당한 사유가 있다면 망설임 없이 프로젝트를 중단해야 한다. 사람들은 너무나 자주 프로젝트에 애착을 보인다든가, 사내 권력 관계 때문에 어쩔 수 없이 그때까지 해 오던 방식 그대로 프로젝트를 진행해야만 한다든가 하는 이유로, 프로젝트를 중단해야만 한다는 걸 알려주는 경고 신호 여부와 관계없이 중단하는 게 마땅한 프로젝트를 계속 진행하게 한다. 프로젝트를 진행해 볼 만하다면 분석 단계에서는 모든 사람이 시스템(레거시 시스템과 새로 제안된 시스템)을 배우고 시스템 요구사항을 결정하는 일에 초점을 맞춰야 한다.

> **일반적인 소프트웨어 원칙들**
>
> 이러한 관행의 대부분은 객체지향에만 국한되지 않는다. 일반적으로 소프트웨어 개발에 적용된다.

작업명세서 작성

작업명세서(Statement Of Work, SOW)는 시스템을 설명하는 문서다. 요구사항을 결정하는 것이 분석 단계의 궁극적인 목표이지만, 이 시점에서의 요구사항은 아직 최종 형식이 아니다. SOW는 이 책을 읽는 사람에게 시스템에 대한 완전하고 높은 수준의 이해를 제공해야 한다. 어떻게 작성하든지 간에 SOW로 시스템을 완벽하게 나타내야 하며, SOW만 보고도 시스템의 모양과 느낌을 명료하게 알 수 있어야 한다.

SOW에는 시스템에 대해 알아야 할 모든 것이 포함되어 있다. 많은 고객이 작업명세서와 비슷한 제안요청서(Request For Proposal, RFP)를 작성한다. 고객은 원하는 시스템을 완벽하게 설명하는 RFP를 작성하고 이를 여러 공급업체에 배포한다. 그런 다음에 공급업체는 이 문서를 분석해 프로젝트에 입찰해야 하는지 여부와 청구 가격을 결정한다.

요구사항 수집

소요제기서(requirements document, 즉 '요구사항 명세서')는 시스템이 어떤 일을 했으면 좋겠다고 사용자가 생각하는 것을 설명하는 문서다. 소요제기서의 세부 사항 수준까지 고도의 기술을 발휘할 필요는 없지만, 요구사항은 최종 제품에 대한 사용자 요구의 진정한 본질을 나타내기에 충분할 만큼 구체적이어야 한다. 교육을 받은 사용자라면 누구나 시스템의 완성도를 판단할 수 있을 만큼 소요제기서를 아주 자세히 작성해야 한다. 또한, 설계를 담당하는 조직이 이 문서를 사용해 설계 단계를 진행할 수 있을 만큼 구체적이고 상세해야 한다.

작업명세서는 문단 형식(서사 형식)으로 작성된 문서인 반면, 소요제기서는 일반적으로 요약 설명이나 글 머리 기호 항목 형태로 작성한다. 각 개별 글 머리 기호 항목은 시스템에 대한 특정 요구사항을 나타낸다. 소요제기서는 작업명세서를 걸러낸 것이다. 이 과정에 대해서는 이번 장의 뒷부분에서 다룬다.

여러 측면에서 이러한 요구사항들이 시스템에서 가장 중요한 부분이다. 작업명세서에는 관련 없는 자료까지 포함할 수 있다. 그러나 소요제기서는 구현해야 하는 시스템을 최종적으로 표현한 문서다. 소프트웨어 개발 과정의 모든 향후 문서는 이 소요제기서를 기반으로 한다.

시스템 프로토타입 제작

사용자와 개발자가 시스템을 쉽게 이해할 수 있게 하는 가장 좋은 방법 중 하나는 **프로토타입**(prototype)을 만드는 것이다. 무엇이든지 프로토타입으로 만들어 볼 수 있다. 그러나 대부분의 사람은 프로토타입을 시뮬레이션된 사용자 인터페이스로 여긴다. 실제 화면과 화면 흐름을 만들면 사람들이 작업할 내용과 시스템의 느낌에 대해 쉽게 알 수 있다. 어쨌든 프로토타입에는 최종 시스템의 모든 기능이 포함되어 있지는 않다.

대부분의 프로토타입은 통합 개발 환경(IDE)을 사용해 제작한다. 그러나 일부 기본 사례에서는 화면을 화이트보드나 종이에 그리는 일이 필요할 수 있다. 프로토타입을 구축할 때 비즈니스 로직(실제로 작업을 수행하는 인터페이스의 로직/코드)을 반드시 생성할 필요는 없지만, 생성해야 할 수도 있다. 이 시점에서 사용자 인터페이스의 모양과 느낌이 가장 중요하다. 좋은 프로토타입을 가지고 있으면 클래스를 식별할 때 매우 도움이 된다.

클래스 식별

요구사항이 문서화되어 소요제기서가 작성되면 클래스를 식별하기 위한 과정에 착수할 수 있다. 소요제기서에 기록된 요구사항을 바탕으로 클래스를 식별하는 방법 중에 모든 명사를 강조 표시하는 것이 편리하다. 이러한 명사는 사람, 장소 및 사물과 같은 객체를 나타내는 경향이 있기 때문이다. 모든 클래스를 처음부터 다 찾아내려고 애쓰지 않도록 한다. 여러분은 결국 클래스를 제거하거나 추가하면서 설계 전반에 걸쳐 다양한 단계에서 클래스를 변경해야 할 테니 말이다. 부담감을 내려 놓는 일부터 해야 한다. 설계는 반복 과정(iterative process)이라는 사실을 활용하자. 다른 형태의 브레인스토밍에서 그러하듯이, 최종 결과가 초기에 계획했던 길이 아닌 아주 엉뚱한 길로 흘러갈 수도 있다는 점을 이해하고 처음에는 부담감을 내려놓는 일부터 하자.

클래스 역할 결정

여러분이 식별한 각 클래스의 역할은 여러분이 결정해야 한다. 여기에는 클래스가 저장해야 하는 데이터와 클래스가 수행해야 하는 연산들이 포함된다. 예를 들어, `Employee` 객체는 급여를 계산하고 해당 계정으로 돈을 이체하는 일을 담당한다. 또한, 다양한 급여 요율과 다양한 은행의 계좌 번호를 저장해야 할 수도 있다.

클래스 간 협력 방식 결정

대부분의 클래스는 분리되어 존재하지 않는다. 클래스는 특정한 책임을 담당해야 하지만, 원하는 것을 얻기 위해 그 밖의 클래스와 상호 작용을 해야 하는 경우가 많다. 그렇기 때문에 클래스 간에 메시지가 오가게 된다. 어떤 클래스에 그 밖의 클래스가 지닌 정보가 필요하거나 특정 클래스가 그 밖의 클래스에 어떤 일을 시키려고 한다면, 해당 클래스가 정보를 제공하거나 일을 대신해 줄 클래스로 메시지를 보내면 된다.

시스템 설명 클래스 모델 작성

모든 클래스가 결정되고 클래스의 역할과 협동 방식을 나열한 후에는, 전체 시스템을 나타내는 클래스 모델을 합성해 볼 수 있다. 이러한 클래스 모델은 다양한 클래스가 시스템 내에서 상호 작용하는 방식을 보여준다.

이 책에서는 UML을 사용해 시스템을 모델링한다. 시장에 나와 있는 여러 도구는 UML을 사용하며, UML 클래스 모델을 작성하고 유지보수하기 위한 좋은 환경을 제공한다. 다음 단원에서는 예제를 개발해 볼 예정인데, 그동안에 클래스 다이어그램이 큰 그림에 어떻게 들어맞는지를 알 수 있을 것이다. 또한, 좋은 모델링 표기법과 함께 모델링 도구 없이는 대형 시스템을 모델링하기가 사실상 불가능하다는 점도 알게 될 것이다.

사용자 인터페이스 프로토타입을 코드로 작성

설계 과정에서 사용자 인터페이스의 프로토타입을 만들어야 한다. 이 프로토타입은 설계 과정의 반복을 탐색하는 데 도움이 되는 유용한 정보를 제공한다. 길버트와 맥커티는 《Object-Oriented Design in Java》에서 '시스템 사용자에게 사용자 인터페이스는 시스템'이라고 적절하게 지적한다. 사용자 인터페이스 프로토타입을 만드는 방법에는 여러 가지가 있다. 종이나 화이트보드에 사용자 인터페이스를 그려서 스케치할 수 있다. 전문 프로토타이핑 도구나 비주얼베이직 같은 언어 환경은 빠른 프로토타이핑에 자주 사용된다. 또는 자주 사용하는 개발 도구에서 IDE를 사용해 프로토타입을 만들 수 있다. 그러나 이 시점에서 그것들은 기본적으로 겉모습에 불과하다. 비즈니스 로직이 반드시 갖춰져 있는 것은 아니다.

그러므로 여러분은 사용자 인터페이스 프로토타입을 코드 형태로 개발해 봄으로써 사용자가 사용자 인터페이스에 대해 어떻게 보고 느끼는지를 확인하는 게 필요하다.[38]

객체 래퍼

앞의 여러 장에 걸쳐서 여러 번 필자는 이 책에서 지향하는 주된 목표 중 하나는 객체지향 프로그래밍이 구조적 프로그래밍과 별개의 패러다임이라는 오해를 불식시키는 것이었고, 필자가 그런 오해를 좋아하지 않는다는 점을 나타내는 것이었다. 사실 이미 말한 적이 있지만, 필자는 종종 다음과 같은 질문을 받는다. '객체지향 프로그래머인가? 아니면 구조적 프로그래머인가?' 대답은 항상 같다. 필자는 둘 다다!

필자의 생각에는 구조적이지 않게 프로그램을 작성할 수 있는 방법은 없다. 따라서 객체지향 프로그래밍 언어를 사용하고 건전한 객체지향 설계 기술을 사용하는 프로그램을 작성할 때 구조적 프로그래밍 기술도 함께 사용한다. 이 문제를 해결할 방법이 없다.

예를 들어, 속성과 메서드가 포함된 새 객체를 만들면 해당 메서드에 구조적 코드가 포함된다. 사실, 이러한 메서드에는 대부분 구조적 코드가 포함된다고 말할 수도 있다. 이 방법은 이전 장에서 살펴본 컨테이너라는 개념과 잘 맞는다. 실제로 메서드 수준에서 코딩하는 시점에 도달하면 코볼, C 등과 같은 구조적 언어로 프로그래밍하던 시절 이후로도 코딩 사고 과정은

38 옮긴이 원문에는 단순히 '사용자 인터페이스 프로토타입을 개발하고'로 되어 있어 충분한 설명이 되지 않아 '코드로 작성해 보아야 한다'는 의미가 들어가게 문장을 보충하였다.

크게 바뀌지 않았다. 그렇다고 이게 정확히 같다는 것을 의미하는 건 아닌데, 왜냐하면 필자는 분명히 어떤 객체지향적인 구조에 적응해야 했지만, 메서드 수준에서 하는 코딩에 대한 근본적인 접근 방식은 프로그래밍이 항상 그래왔던 방식과 거의 같기 때문이다.

이제 '객체지향 프로그래머인가? 아니면 구조적 프로그래머인가?'라는 질문으로 돌아가 보겠다. 필자는 종종 프로그래밍은 프로그래밍일 뿐이라고 말한다. 이것에 의해 필자는 좋은 프로그래머가 된다는 것은 프로그래밍 로직의 기본을 이해하고 코딩에 대한 열정을 갖는 것을 의미한다고 주장한다. 여러분은 종종 특정 기술을 갖춘 프로그래머를 위한 광고가 표시되는 것을 보게 될 텐데, 예를 들면 자바와 같은 언어가 그렇다.

비록 필자가 조직 생활에 대한 경험이 풍부한 자바 프로그래머가 필요할 수도 있다는 점을 완벽하게 이해하더라도, 장기적으로 볼 때 필자라면 광범위한 프로그래밍 경험을 가지고 있으며, 새로운 기술이 등장할 때 빨리 배우며 적응할 수 있는 프로그래머를 고용할 것이다. 필자의 동료 중에 어떤 이들은 이 말에 언제나 동의하지는 않지만, 필자는 직원을 채용할 때면 앞으로 직원이 될 사람이 이미 알고 있는 것보다 무엇을 배울 수 있는지를 더 많이 본다. 열정적인 면은 직원이 항상 새로운 기술과 개발방법론을 탐색할 수 있도록 하기 때문에 중요하다.

구조적 코드

프로그래밍 로직의 기본 사항을 논할 수도 있지만, 필자가 강조했듯이, 기본 객체지향 구조는 **캡슐화**, **상속**, **다형성** 및 **합성**으로 이뤄진다. 필자가 본 대부분의 책에서는 구조적 프로그래밍의 기본 컨스트럭트(constructs, 즉 '구성소')[39]로 **순서**(sequences), **조건**(conditions) 및 **반복**(iterations)을 예로 들었다.

순서 부분은 주어진 것이다. 상단에서 시작해 하단으로 진행하는 것이 논리적이기 때문이다. 필자에게 있어 구조적 프로그래밍의 핵심은 조건과 반복에 있으며, 이것을 각기 if 문과 루프라고 부르다.

0에서 시작해 10회 반복되는 다음 자바 코드를 살펴보고 값이 5인 경우라면 값을 출력하자.

39 옮긴이 construct에 대한 마땅한 번역어가 없어서 '무언가를 이뤄 나가는 데 필요한 하위 요소'라는 개념을 나타내기 위해서 언어학에서 차용했다.

```
class MainApplication {

    public static void main(String args[]) {

        int x = 0;

        while (x <= 10) {

        if (x == 5) System.out.println("x = " + x);
        x++;

        }

    }

}
```

이 코드는 객체지향 언어로 작성되었지만, 기본 메서드 내에 있는 코드는 구조적 코드다. 구조적 프로그래밍의 세 가지 기본 사항인 순서, 조건 및 반복이 모두 포함되어 있다.

첫 번째 줄이 다음과 같이 실행되므로 순서 부분을 쉽게 식별할 수 있다.

```
int x = 0;
```

해당 줄이 완료되면 바로 다음 줄이 실행된다.

```
while (x <= 10) {
```

계속 이런 식으로 진행된다. 간단히 말해서, 첫 번째 줄에서 실행을 시작한 후 다음 줄로 넘어간다는 식의 코드는 우리가 시도해 본 적이 있는 코드이며, 이런 식의 프로그래밍이야말로 진정한 하향식 프로그래밍 방식이다.

이 코드에는 if 문의 한 부분에 해당하는 조건이 있다.

```
if (x == 5)
```

마지막으로 구조적 프로그램의 세 가지 주요 요소를 완성하기 위한 루프가 있다.

```
while (x <= 10) {

}
```

실제로 while 루프에는 조건이 포함된다.

```
(x <= 10)
```

이 세 가지 컨스트럭트(constructs, 즉 '구성소')만으로도 거의 모든 것을 코딩할 수 있다. 실제로 래퍼라는 개념은 기본적으로 객체지향 프로그래밍과 구조적 프로그래밍에서 동일하다. 구조적 설계에서는 코드를 함수(이번 예제에 나오는 메인 메서드와 같은 것)로 둘러싸고, 객체지향 설계에서는 코드를 객체와 메서드로 둘러싼다.

구조적 코드 둘러싸기

속성을 정의하는 일도 코딩(예: 정수 작성)으로 간주되지만, 객체의 행위들은 메서드로 정의한다. 그리고 대부분의 코드 로직이 이러한 메서드에 들어 있게 된다.

그림 6.3을 생각해 보자. 보면 알겠지만 객체에는 메서드가 포함되어 있으며, 이러한 메서드에는 변수 선언에서 조건, 루프에 이르기까지 코드가 포함될 수 있다.

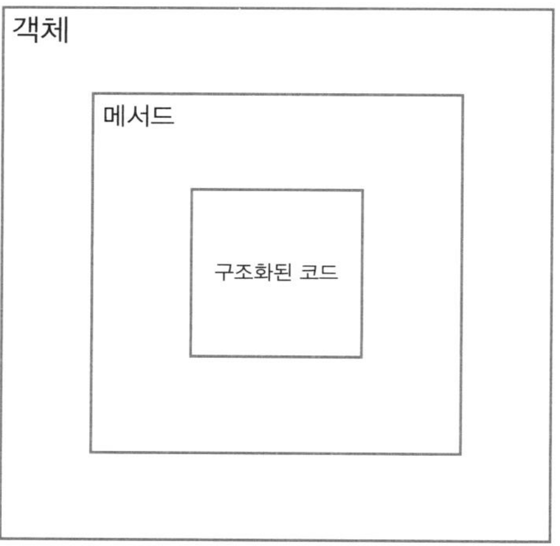

그림 6.3 구조화된 코드 둘러싸기

기능성을 간단히 둘러싸는(wrap) 사례를 더 생각해 보자. 여기에서 우리는 두 개의 정수형 매개변수를 허용하고 합계를 반환하는 add라는 메서드를 작성한다.

```
class SomeMath {
```

```
    public int add(int a, int b) {

        return a + b;

    }

}
```

보면 알겠지만, 덧셈(a + b)을 수행하는 데 사용되는 구조적 코드는 add 메서드 안에 둘러싸인다. 이것은 간단한 예이지만, 구조적 코드를 둘러싸기만 하면 된다. 따라서 사용자가 이 방법을 사용하려고 할 때 필요한 것은 다음에 보이는 메서드의 시그니처다.

```
public class TestMath {

    public static void main(String[] args) {

        int x = 0;

        SomeMath math = new SomeMath();
        x = math.add(1, 2);
        System.out.println("x = " + x);

    }

}
```

마지막으로, 우리는 좀 더 흥미롭고 복잡한 기능을 추가할 수 있다. 숫자의 피보나치 값을 계산하는 메서드를 포함해 본다고 가정해 보자. 그렇다면 우리는 다음과 같은 메서드 한 개를 추가할 수 있다.

```
public static int fib(int n) {

    if (n < 2) {
        return n;
    } else {
        return fib(n-1) + fib(n-2);
    }

}
```

여기서 요점은 fib 메서드에 조건이나 재귀 등이 포함되어 있기 때문에 구조적 코드를 포함(포장)하는 객체지향 메서드가 있음을 보여주는 것이다. 소개에서 언급했듯이 기존 레거시 코드를 래퍼에도 통합할 수 있다.

이식하기 어려운 코드를 둘러싸기

객체 래퍼의 또 다른 용도는 이식하기 어려운 코드(즉, 네이티브 코드)[40]를 감추기 위함이다. 개념은 본질적으로 동일하다. 그러나 이런 경우의 요점은 오직 하나의 플랫폼(또는 몇 개의 플랫폼)에서만 실행할 수 있는 코드를 가져다 사용하려는 프로그래머들에게 간단한 인터페이스를 제공하는 메서드로 캡슐화하는 것이다.

컴퓨터에서 소리가 나도록 하는 작업(이번 경우에는 경고음이라고 하자)을 생각해 보자. 윈도우 플랫폼에서 다음 코드를 사용해 경고음을 실행할 수 있다.

```
System.out.println("\007");
```

프로그래머가 이 경고음에 해당하는 부호를 외우게 하거나 찾아보게 하는 대신에 다음과 같이 beep이라는 메서드가 포함된 Sound 클래스를 제공할 수 있다.

```
public class Sound {

    public void beep() {
        System.out.println("\007");
    }

}
```

이제, 소리를 내기 위한 부호를 알 필요 없이 프로그래머는 클래스를 사용해 경고음 메서드를 호출할 수 있다.

```
public class TestBeep {

    public static void main(String[] args) {
        Sound mySound = new Sound();
        mySound.beep();
    }

}
```

이렇게 하면 프로그래머가 사용하기에 더 간단할 뿐만 아니라 클래스의 기능을 확장하면 그

40 옮긴이 자바는 가상머신을 사용해 운영체제 종류에 구애받지 않지만, C나 C++ 같은 언어는 운영체제 종류가 다르면 다시 컴파일하거나 코드를 수정해야 한다. 이런 언어로 작성한 코드나 자바로 작성할 코드일지라도 특정 운영체제에 의존하는 부분이 있는 코드가 이식하기 어려운 코드다.

밖의 소리까지 포함해 처리할 수 있다. 더 중요한 것은 이 부호를 윈도우 이외의 플랫폼에서 사용하더라도 사용자의 인터페이스는 동일하게 유지된다는 것이다. 요컨대, Sound 클래스용 코드를 작성하는 팁은 플랫폼 변경을 처리해야 한다. 자신이 만든 애플리케이션에서 이런 클래스를 사용하는 프로그래머는 여전히 beep 메서드를 호출할 수 있기 때문에 변경 내용이 단절되지 않는다.

기존 클래스를 둘러싸기

기존의 구조적 코드나 이식 불능 코드를 새로운 (객체지향) 클래스로 둘러싸야 할 필요는 있지만, 기존 클래스를 둘러싸야 할 필요성은 그리 명백하지 않을 수 있다. 그러나 기존 (객체지향) 클래스에 대한 래퍼(wrappers)를 작성해야 하는 이유도 많다.

소프트웨어 개발자는 종종 다른 사람이 작성한 코드를 사용한다. 코드는 공급업체에서 구매했거나 같은 조직 내에서 내부적으로 작성했을 수도 있다. 이러한 코드는 대부분 변경할 수 없다. 아마도 코드를 작성한 개인은 더 이상 조직에 소속되어 있지 않거나, 공급자가 유지보수 계약을 갱신할 수 없는 등의 일이 있을 것이다. 이것이 바로 래퍼의 진정한 힘이다.

이 아이디어는 우리가 구조적 코드와 이식 불능 코드를 사용했던 것처럼 기존의 클래스를 새로운 클래스 안에 있게 둘러싸서 기존 클래스의 구현부나 인터페이스를 바꾸자는 것이다. 이 경우의 차이점은 코드에 객체지향적인 면을 배치하는 대신에 구현부나 인터페이스를 변경한다는 점이다.

우리가 왜 이것을 하고 싶은가? 대답은 구현부와 인터페이스에 있다.

2장 '객체라는 관점에서 생각하는 방법'에서 사용한 데이터베이스 예제를 생각해 보자. 우리의 목표는 사용 중인 데이터베이스와 관계없이 개발자에게 동일한 인터페이스를 제공하는 것이었다. 실제로 다른 데이터베이스를 지원해야 할 때는 이러한 새 데이터베이스로 전환하는 과정을 사용자가 잘 알 수 있게 하는 목표는 동일하게 유지된다(2장의 그림 2.3 참조).

또한, 객체와 관계형 데이터베이스 간의 인터페이스를 제공하기 위한 미들웨어 작성과 관련해 이전에 논의했던 내용을 떠올려 보자. 개발자로서 우리는 객체를 사용하고 싶다. 따라서 객체를 데이터베이스에 유지할 수 있는 기능을 원한다. 우리가 원하지 않는 것은 관계형 데이터베이스에서 수행되는 모든 단일 객체 트랜잭션에 대한 SQL 코드를 작성하는 것이다. 여기서 우리는 미들웨어를 래퍼로 간주할 수 있으며, 많은 객체-관계형 대응 제품을 사용할 수 있다.

개념적으로, 인터페이스/구현부 패러다임의 궁극적인 예를 들자면 2장의 발전소 예제와 관련해 그림 2.1에 표시된 논의 내용과 같다. 이 경우에 두 가지를 모두 바꿀 수 있다. 콘센트를 변경함으로써 인터페이스를 변경할 수 있고 발전 설비를 변경함으로써 구현부를 변경할 수 있다.

소프트웨어 개발 시에 래퍼를 사용하는 일은 개발자의 관점뿐만 아니라 공급업체의 관점에서도 상당히 광범위하게 행해진다. 래퍼는 소프트웨어 시스템을 개발할 때 중요한 도구다.

이번 장에서는 회사 내에서나 공급업체가 코드를 새로 작성하는 일이나 이전에 작성해 둔 코드를 활용하는 일을 포함해 설계 시에 고려해야 할 다양한 사항에 중점을 두었다. 어떤 경우에는 래퍼가 설계 패러다임일 수도 있다. 예를 들어, 디자인 패턴은 다양한 경우에 래퍼를 사용한다. 나중에 볼 수 있듯이 Decorator 패턴은 구현을 둘러싸는 데 중점을 두는 반면, Adapter 패턴은 인터페이스를 변경하는 데 중점을 둔다. 디자인 패턴에 대한 설명은 10장 '디자인 패턴'에서 더 자세히 살펴본다.

결론

이번 장에서는 전체 시스템의 설계 과정을 설명했다. 객체지향 코드와 구조적 코드는 서로 배타적인 게 아니다. 실제로 여러분은 구조적 코드를 사용하지 않으면 객체를 만들 수 없다. 따라서 여러분이 객체지향 시스템을 구축하는 과정이라면 이미 설계 시에 구조적 기술을 사용하는 셈이나 마찬가지다.

객체 래퍼는 전통적인 구조적 코드(레거시)와 객체지향적인 코드(클래스)에서 이식 불능 코드(네이티브)에 이르기까지 다양한 기능을 캡슐화하는 데 사용된다. 객체 래퍼의 주요 목적은 코드를 사용하는 프로그래머에게 일관된 인터페이스를 제공하는 데 있다.

다음 몇 장에서는 클래스 간의 관계를 더욱 자세히 살펴본다. 7장 '상속과 합성에 익숙해지기'에서는 상속 및 합성의 개념과 이들이 서로 관련되는 방법을 설명한다.

참고문헌

Ambler, Scott. 2004. The Object Primer, Third Edition. Cambridge, United Kingdom: Cambridge University Press.

Gilbert, Stephen, and Bill McCarty. 1998. Object-Oriented Design in Java. Berkeley, CA: The Waite Group Press.

Jaworski, Jamie. 1999. Java 2 Platform Unleashed. Indianapolis, IN: Sams Publishing. Jaworski, Jamie. 1997. Java 1.1 Developers Guide. Indianapolis, IN: Sams Publishing.

McConnell, Steve. 2004. Code Complete: A Practical Handbook of Software Construction, Second Edition. Redmond, WA: Microsoft Press.

Weisfeld, Matt, and John Ciccozzi. September, 1999. 'Software by Committee,'

Project Management Journal v5, number 1: 30~36.

Wirfs-Brock, R., B. Wilkerson, and L. Weiner. 1990. Designing Object-Oriented Software. Upper Saddle River, NJ: Prentice-Hall.

CHAPTER

7 상속과 합성에 익숙해지기

상속과 합성은 객체지향 시스템 설계에서 중요한 역할을 한다. 실제로, 가장 어렵고 흥미로운 설계 결정 중 많은 부분이 상속과 합성 사이에서 결정된다.

객체지향 설계 방식이 발전함에 따라 이러한 결정들은 수년 동안 훨씬 더 흥미로워졌다. 아마도 가장 흥미로운 논쟁 중에 하나는 상속에 관한 것이다. 상속체(inheritance)[41]는 객체지향 개발의 기초 컨스트럭트(constructs, 즉 '구성소') 중 하나이지만(객체지향 언어라는 소리를 들으려면 언어에서 상속을 지원해야 한다), 일부 개발자는 합성만으로 설계를 구현하면서 상속을 배제하기도 한다.

행위를 직접 상속하기보다는 인터페이스를 상속하는 편이 더 일반적이다(전자는 상속이고 후자는 구현에 해당한다). 데이터/모델을 주로 상속받고, 행위를 주로 구현하는 경향이 있다.

그럼에도 상속과 합성은 모두 재사용 메커니즘이다. 상속이라는 이름에서 알 수 있듯이 실제 부모/자식 관계가 있는 다른 클래스의 특성과 행위를 상속한다. 자식(즉, 서브클래스)은 부모(즉, 슈퍼클래스)에게서 직접 상속한다.

이름에서 알 수 있듯이 합성이란 객체들을 사용해 또 다른 객체를 작성하는 일까지 포함하는

41 옮긴이 inheritance를 저자는 '상속'이라는 행위 그 자체를 나타낼 때도 쓰고, '상속'을 받는 데 쓸 수 있는 '상속체'를 나타내는 데도 사용한다. 이와 같은 개념의 차이를 문맥을 통해서 알 수밖에 없지만, 번역할 때는 원서 문맥에 근거하여 두 용어를 구분했다.

개념이다. 이번 장에서 우리는 상속과 합성의 명백하고 미묘한 차이점을 탐구한다. 기본적으로 우리는 적절한 시간을 사용해 하나를 사용할 것이다.

객체 재사용

상속과 합성이 존재하는 주된 이유는 아마도 객체를 재사용하기 위해서일 것이다. 요컨대, 상속과 합성을 통해 기존 클래스를 활용해 새로운 클래스를 만들 수 있는데, 이는 사실상 미리 만들어 둔 클래스를 재사용하기 위한 유일한 방법이다.

상속(inheritance)은 1장, '객체지향 개념 소개'에서 소개된 is-a 관계를 나타낸다. 예를 들어, 개는 포유동물이다(is-a 관계).

합성(composition)이란 다른 클래스를 사용해 더 복잡한 클래스, 즉 일종의 어셈블리(assemblies, 즉 '조립체')를 구축하는 작업이 포함된다. 이 경우에 부모/자식 관계가 없다. 기본적으로 복합 객체(complex objects)는 그 밖의 객체들을 가지고 합성한 것이다. 합성은 has-a 관계를 나타낸다. 예를 들어, 자동차에는 엔진이 있다(has-a 관계). 엔진과 자동차는 모두 서로 분리된 객체, 즉 잠재적으로 각기 독립 객체인 것이다. 그러나 자동차는 엔진 객체가 포함된 복합 객체다. 실제로 자식 객체 자체는 다른 객체로 합성될 수 있다. 예를 들어, 엔진에 실린더가 포함될 수 있다. 이 경우에 엔진에는 실제로 실린더가 있다(has-a 관계).

객체지향 기술이 처음으로 주류가 되었을 때, 상속은 종종 객체지향 시스템을 설계하는 방법에 사용된 첫 번째 예였다. 클래스를 한 번 설계한 다음에 클래스에서 기능을 상속할 수 있다는 점이 객체지향 기술 사용의 가장 큰 장점 중에 하나로 간주되었다. 재사용이 본질이었고 상속은 재사용의 궁극적인 표현이었다.

그러나 시간이 지남에 따라 상속의 광택이 약간 바래졌다. 실제로 어떤 토론에서는 상속 자체를 사용하는 일에 의문을 제기했다. 피터 코드(Peter Coad)와 마크 메이필드(Mark Mayfield)의 저서인 《Java Design》에는 'Design with Composition Rather Than Inheritance'라는 제목의 장이 있다. 많은 초기 객체 기반 플랫폼은 진정한 상속조차 지원하지 않았다. 비주얼베이직이 VisualBasic.NET으로 발전함에 따라 초기 객체 기반 구현에는 엄격한 상속 기능이 포함되지 않았다. 마이크로소프트의 COM 모델과 같은 플랫폼은 인터페이스 상속을 기반으로 한다. 인터페이스 상속에 대해서는 8장 '프레임워크와 재사용: 인터페이스와 추상 클래스를 사용해 설계하기'에서 아주 자세히 다룬다.

오늘날 상속을 사용하는 일은 여전히 주된 논쟁거리다. 상속의 형태인 추상 클래스는 Objective-C 및 스위프트와 같은 일부 언어에서 직접 지원되지 않는다. 인터페이스는 추상 클래스가 제공하는 모든 기능을 제공하지는 않지만 사용된다.

좋은 소식이 한 가지 있는데, 상속을 사용할지 아니면 합성을 사용할지 여부에 대한 토론은 지향점이 서로 다른 사람들이 모두 수긍할 만한 합의점을 향한 자연스러운 전진이라는 점이다. 모든 철학적 논쟁에서 그러하듯이, 양쪽 진영 간에 열정적인 논쟁이 있다. 다행히도 일반적인 경우와 마찬가지로 이러한 열띤 토론으로 인해 기술을 활용할 방법을 더욱 잘 이해할 수 있었다.

이번 장의 후반부에서 보게 되겠지만, 어떤 사람들은 상속을 피하고 그 대신에 합성을 설계 방법으로 선택해야 한다고 생각한다. 논쟁은 상당히 복잡하고 미묘하다. 실제로 상속과 합성은 각기 효과적인 클래스 설계 기술이며, 각기 객체지향 개발자 툴킷에서 유효한 지위를 차지하고 있다. 그리고 적어도 레거시 코드의 유지보수는 말할 것도 없고 적절한 설계를 선택하려면 둘 다 이해해야 한다.

상속이 종종 오용되거나 남용되는 이유는 상속이 설계 전략으로 사용되는 근본적인 결함 때문이 아니고 상속이 무엇인지를 제대로 이해하지 못했기 때문이다.

결론을 내리자면 상속과 합성은 모두 객체지향 시스템 구축에 중요한 기술이라는 것이다. 설계자와 개발자는 두 가지의 장단점을 모두 이해하고 적절한 맥락에서 이들을 사용하기 위해 시간을 할애해야 한다.

상속

1장에서는 상속이란 자식 클래스가 부모 클래스의 속성과 행위를 승계하는 시스템이라고 정의하였다. 그러나 상속이라는 개념 속에는 이보다 더 많은 내용이 들어 있으므로 이번 장에서는 상속에 대해 더 자세히 살펴보겠다.

1장에서는 간단한 규칙에 따라 상속 관계를 결정할 수 있다고 설명했다. '클래스 B는 클래스 A다(Class B 'is a' Class A)'라고 말할 수 있다면 이러한 문장이 나타내는 관계야말로 상속 관계 중 하나다.

Is-a

객체지향 설계의 기본 규칙 중 하나는 공개 상속 부분이 is-a 관계로 표현된다는 점이다. 인터페이스들의 경우라면 여러분은 '~처럼 하는 행위(임플리멘테이션)'를 추가할지도 모르겠다. 상속된 데이터(속성)는 '~은 ~이다(is)'로 표현할 수 있으며, 캡슐화된 행위를 설명하는 인터페이스는 '~처럼 하는 행동(acts like)'으로 표현할 수 있고, 합성은 '지닌다(has a)'로 표현할 수 있다. 그러나 이것들을 명확히 구별하기는 쉽지 않다.

1장에서 사용한 포유류의 예를 다시 살펴보자. Dog(개)이라는 클래스를 생각해 보자. 개는 고양이와 달리 개라는 점을 확실하게 할 만한 몇 가지 행위를 한다. 이번 예에서는 '개가 짖는다(A dog barks)'와 '개가 헐떡거린다(A dog pants)'라는 두 가지를 지정해 보겠다. 따라서 우리는 속성이 두 개이고 행위가 두 개인 Dog 클래스를 작성할 수 있다(그림 7.1 참조).

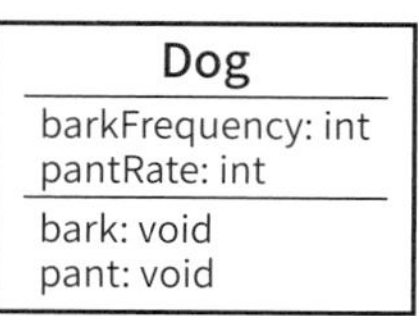

그림 7.1 Dog 클래스에 대한 클래스 다이어그램

이제 `GoldenRetriever` 클래스를 만들고 싶다고 가정하자. Dog 클래스와 동일한 행위를 포함하는 완전히 새로운 클래스를 작성할 수 있다. 그러나 우리는 다음과 같은 결론을 내릴 수 있었다. 골든리트리버는 개다(is-a). 이러한 관계 때문에 Dog의 속성과 행위를 상속해 우리가 새로 만든 `GoldenRetriever` 클래스에서 사용할 수 있다(그림 7.2 참조).

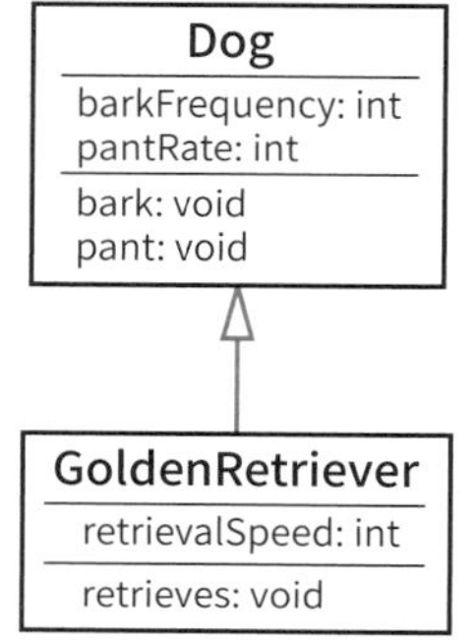

그림 7.2 `GoldenRetriever` 클래스는 Dog 클래스를 상속받는다

`GoldenRetriever` 클래스에는 이제 개의 일반적인 행위뿐만 아니라 이 골든리트리버 종만의 행위도 포함된다. 이것은 우리에게 몇 가지 중요한 이점을 제공한다. 첫째, `GoldenRetriever` 클래스를 작성할 때, 우리는 `bark` 메서드와 `pant` 메서드를 다시 사용할 수 있으므로 굳이 이것들을 처음부터 만들 필요가 없었다. 이를 통해 설계 및 코딩 시간을 어느 정도 절약할 수 있을 뿐만 아니라 테스트 시간과 유지보수 시간도 절약할 수 있다. `bark` 메서드와 `pant` 메서드는 한 번만 작성되며, Dog 클래스가 작성될 때 올바르게 테스트되었다고 가정한다면 다시 테스트할 필요가 없다. 그렇기는 하지만 새로운 인터페이스들과 그 밖의 것들이 있으므로 다시 테스트하는 게 바람직하기는 하다.

이제 우리의 상속 구조를 최대한 활용하고 Dog 클래스 아래에 LhasaApso라는 클래스를 만든다. 리트리버는 수색견으로 사육된 종이지만, 라사압소는 경비견으로 사육되었다. 이 개들은 공격견이 아니다. 그들은 예리한 감각을 가지고 있으며, 비정상적인 것을 느끼면 짖기 시작한다. 따라서 GoldenRetriever 클래스에서와 마찬가지로 LhasaApso 클래스를 생성하고 Dog 클래스에서 상속할 수 있다(그림 7.3 참조).

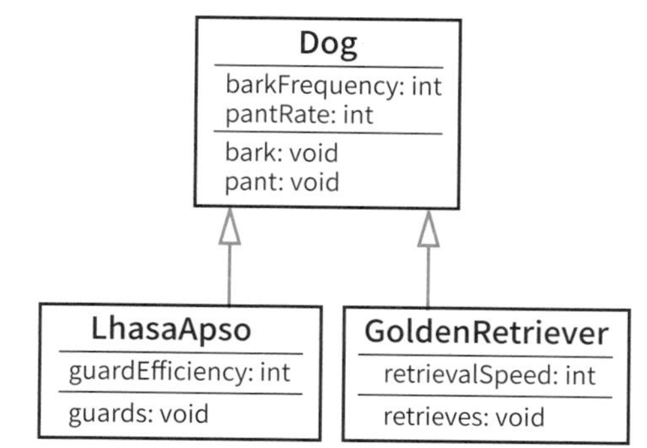

그림 7.3 LhasaApso 클래스는 Dog 클래스로부터 상속받는다

> **새 코드 테스트**
>
> GoldenRetriever 클래스를 사용한 예제에서 Dog 클래스가 작성될 때 bark 메서드와 pant 메서드를 작성해 테스트하고 디버그해야 한다. 이론적으로 보면 이제 이 코드는 튼튼하므로 그 밖의 상황에 맞춰 다시 사용할 정도가 되었다. 그러나 코드를 다시 작성할 필요가 없다고 해서 테스트하지 않아야 한다는 의미는 아니다. 튼튼하게 작성된 코드일지라도 리트리버 종의 특정한 성격 때문에 처음 예상했던 것과 달리 코드가 손상될 수도 있다. 그러므로 기본적으로 항상 새 코드를 테스트해야 한다. 각 클래스 간의 새로운 상속 관계는 상속된 메서드를 사용하기 위한 새로운 맥락을 형성한다. 테스트를 완벽하게 하려면 이러한 맥락을 고려해야 한다.

상속의 또 다른 주요 이점은 bark() 코드 및 pant() 코드가 같은 곳에 있다는 점이다. bark() 메서드에서 코드를 변경해야 한다고 가정해 보자. Dog 클래스에서 변경하면 LhasaApso 클래스 및 Golden Retriever 클래스에서 변경할 필요가 없다.

여기에 어떤 문제점이 있다는 게 보이는가? 이 수준에서 상속 모델은 매우 잘 작동하는 것으로 보인다. 그러나 모든 개가 Dog 클래스에 포함된 행위를 한다고 확신할 수 있는가?

스콧 메이어스는 그의 저서 《Effective C++》에서 상속을 사용해서 설계할 때의 어려운 점에 대한 훌륭한 예를 제시한다. 클래스로 새 종류를 나타낸다고 하자. 물론 새의 가장 잘 알려진 특징 중 하나는 날 수 있다는 점이다. 그래서 우리는 fly 메서드를 지닌 Bird라는 클래스를 만든다. 여러분은 문제를 바로 포착해 내야 한다. 펭귄이나 타조라면 어떨까? 이것들도 새이기는 하지만, 날 수가 없다. 행위를 지역적으로 오버라이딩(즉, 재정의)할 수 있지만, 이 메서드는 여전히 fly라고 불릴 것이다. 그리고 날지 않는 새들에게도 fly라는 메서드를 사용하는 것은 의미가 없을 것이다. 이게 12장 '객체지향 설계의 SOLID 원칙'에서 논의되는 SOLID 원칙 중 **리스코프 대체 원칙**(Liskov Substitution Principle)의 한 예다.

이로 인해 잠재적으로 심각한 문제가 생길 수 있다. 예를 들어, 펭귄에 fly 메서드가 있는 경우에 펭귄은 해당 메서드를 테스트해 보려고 할 수 있다. 그러나, fly 메서드가 실제로 오버라이딩 처리되고 하늘을 나는 행위가 존재하지 않으면, 펭귄은 절벽 위로 뛴 후에 fly 메서드가 호출될 때 크게 놀라고 말 것이다. fly 메서드를 호출했는데도 날기는커녕 뒤뚱거리게 되고 말았다면(또는 아무 일도 일어나지 않는다는 뜻인 no-op, 즉 연산 작업이 일어나지 않는다고 할 때) 펭귄이 얼마나 애통해할지를 상상해 보자. 이런 상황을 뒤뚱거림(waddling)으로는 극복할 수 없다. 이와 같은 코드가 우주선의 안내 시스템에 들어간 적이 있다고 상상해 보자.

개를 다룬 예제에서 우리는 모든 개가 짖는 능력을 갖도록 클래스를 설계했다. 그러나 어떤 개들은 짖지 않는다. 바센지(Basenji) 품종은 짖지 않는다. 이 개들은 짖는 대신에 하울링(yodeling)을 한다. 그러므로 우리는 설계 내용을 재평가해야 할까? 이 설계가 어떻게 보일까? 그림 7.4는 Dog 클래스의 위계구조(hierarchy)를 모델링하는 더 올바른 방법의 예다.

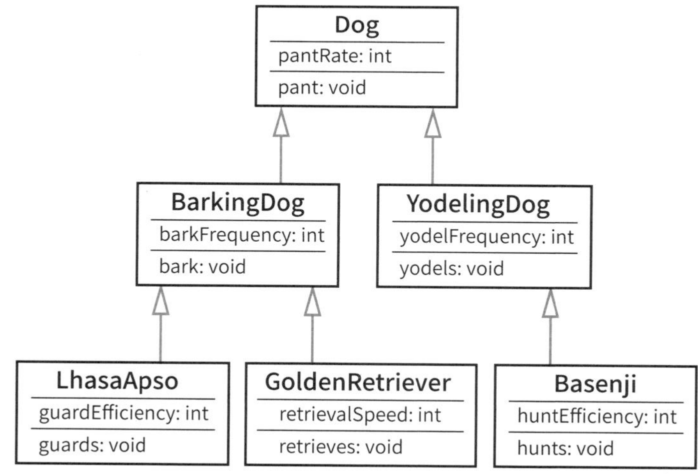

그림 7.4 **Dog 클래스의 위계구조**

일반화와 특수화

Dog 클래스 위계구조의 객체 모델을 생각해 보자. 우리는 Dog이라는 단일 클래스로 시작했으며, 이때 다양한 개 품종 간의 공통점을 고려했다. 이 개념은 때로는 **일반화-특수화**(generalization-specialization)라고 불리기도 하지만, 상속을 이용할 때 고려해야 할 중요 사항 중 하나다. 이는 상속 트리를 따라 내려갈수록 사물들이 더 특수화된다는(specific, 즉 더 구체화된다는) 생각이다. 트리의 맨 위가 가장 일반적인 경우다. Dog 상속 트리에서 Dog 클래스는 맨 위에 있으므로 가장 일반적인 범주를 나타낸다. 다양한 품종별(GoldenRetriever, LhasaApso, Basenji) 클래스가 가장 구체적이다. 상속이라는 개념을 설명하자면 상속이란 공통된 성질을 배제해 나가면서 일반화에서 특수화로 나아가는 일이다.

Dog 상속 모델에서 우리는 리트리버가 라사압소와는 다른 행위를 하지만, 이 두 품종이 일반적인 행위(예를 들면, 헐떡거리기와 짖기)를 공유한다는 사실을 이해함으로써 일반적인 행위를 배제하기 시작했다. 그런 다음 우리는 개라고 해서 모두 짖지는 않는다는 점을 깨달았다. 따라서 우리는 짖는 행위를 별도의 BarkingDog 클래스로 분리해야 했다. 하울링을 하는 행위는 YodelingDog 클래스에 들어갔다. 그러나 짖는 개와 짖지 않는 개가 여전히 일반적인 행위를 공유한다는 점을 깨달았다.

따라서, 우리는 Dog 클래스를 유지하고 BarkingDog과 YodelingDog 클래스가 Dog으로부터 상속을 받게 했다. 이제 Basenji는 YodelingDog에서 상속받을 수 있으며, LhasaApso와 Golden Retriever는 BarkingDog에서 상속받을 수 있다. 우리는 BarkingDog과 YodelingDog이라는 뚜렷하게 다른 클래스를 작성하지 않기로 결정할 수 있었다. 이 경우에 개마다 다른 소리를 내기 때문에 모든 개 품종 클래스의 일부로 모든 짖는 소리와 하울링 소리를 구현할 수 있다. 이것은 정해야만 할 일부 설계 결정 사항 중 한 예일뿐이다. 아마도 가장 좋은 해결책은 짖는 소리와 하울링 소리를 인터페이스로 구현하는 것이다. 이것에 대해서는 8장에서 설명한다.

이 경우에 10장 '디자인 패턴'에서 다루는 디자인 패턴이 좋은 옵션일 수 있다. 개발자는 일반적으로 이렇게 유사한 변형을 만들지 않을 수 있다. 그들은 Dog(IDog을 구현)을 사용하거나 데코레이터를 사용해 Dog 객체에 행위를 추가한다.

설계 결정

이론적으로 보면 가능한 한 많은 공통성(commonality)을 고려하는 편이 바람직하다. 그러나 모든 설계 문제와 마찬가지로 때로는 이게 지나치게 좋아서 오히려 부담이 될 수도 있다. 공통성을 최대한 고려하면 현실 세계에 최대한 가깝게 표현할 수 있지만, 여러분의 모델에 대해서는 최대한 근접하지 못하게 표현할 수도 있다. 더 많은 요소를 고려할수록 시스템은 더 복잡해진다. 따라서 '덜 복잡하면서도 더 정확한 모델이나 시스템으로 만들고 싶은가?'라는 난제를 풀어야 한다. 결정을 내리는 데 쓸 만큼 엄격한 지침이 없으므로 여러분은 상황에 맞춰서 이와 같은 선택을 해야 한다.

> **컴퓨터가 잘하지 못하는 것**
>
> 분명히 컴퓨터 모델이 현실 세계의 상황을 근사할 수는 있다. 컴퓨터는 숫자 처리에 능숙하지만, 더 추상적인 작업에는 적합하지 않다.

예를 들어, `Dog` 클래스를 `BarkingDog`과 `YodelingDog` 모델로 나누면 모든 개가 짖는다고 가정하는 경우보다는 더 현실에 다가서게 되지만, 약간의 복잡성이 추가된다.

> **모델 복잡도**
>
> 이번 예제 수준에서 클래스를 두 개 더 추가해도 모델이 복잡해지지 않는다. 그러나 더 큰 시스템에서는 이러한 종류의 의사 결정이 반복될 때 빠르게 복잡해진다. 더 큰 시스템에서는 가능한 한 사물들을 단순하게 유지하는 것이 가장 좋다.

모델이 더 정확해져도 복잡도(complexity)가 늘어나지 않는다면 여러분의 설계에 인스턴스들이 있게 될 것이다. 여러분이 개 사육사이고 모든 개를 추적하는 시스템을 계약했다고 가정해 보자. 짖는 개와 하울링하는 개를 포함하는 시스템 모델은 잘 작동한다. 그러나 여러분은 하울링을 하는 어떤 개도 기르지 않는다고 가정하자. 아마도 여러분은 하울링을 하는 개와 짖는 개를 구별하는 복잡성을 포함할 필요가 없을 것이다. 이렇게 하면 시스템을 덜 복잡하게 하면서도 필요한 기능성을 제공할 수 있다.

덜 복잡하게 설계할지, 아니면 더 많은 기능을 갖추도록 설계할지를 결정하는 일은 일종의 균형 잡기와 같다. 시스템이 너무 복잡해서 그 무게만으로 붕괴될 정도의 복잡성을 추가하지 않으면서도 유연한 시스템을 구축하는 게 일차적인 목표다. 프로젝트 진행 중에 나중에라도 하울링을 추가해야 하는 경우라면 어떨까?

현재와 미래에 들어갈 비용 또한 이러한 결정을 내리는 데 중요한 요소다. 시스템을 더욱 완벽하고 유연하게 만드는 것이 적절할 수도 있지만, 이렇게 기능만 추가하다가는 투자한 것만큼 수익이 나지 않을 수도 있다. 예를 들어, 하이에나 및 여우와 같은 개과(canines)에 속한 그 밖의 동물까지 포함하도록 Dog 시스템에 대한 설계를 확장하겠는가?(그림 7.5 참조)

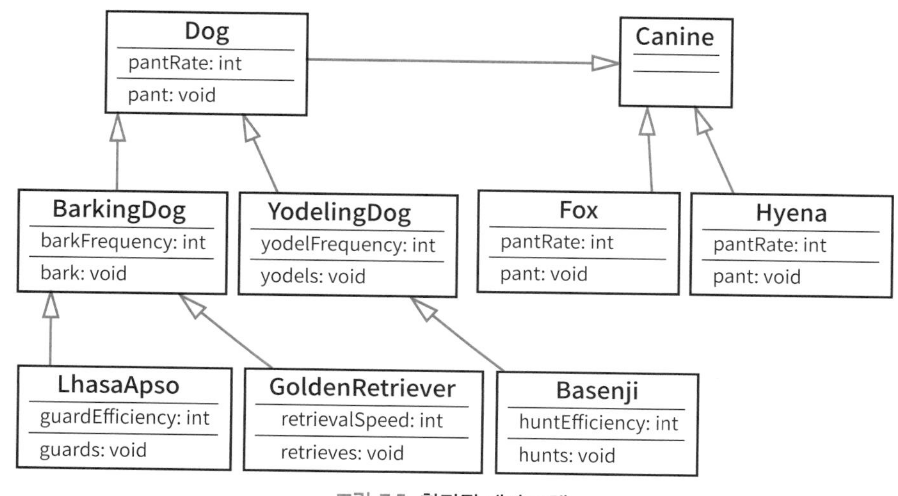

그림 7.5 확장된 개과 모델

동물원 사육사라면 조심스럽게 이런 설계까지 고려해야 하겠지만, 길들여진 개만 길러 판매하는 경우라면 Canine 클래스를 확장하지 않아도 될 것이다.

이처럼 설계 시에는 항상 상충 관계(trade-offs)에 부딪히게 된다.

> **미래를 염두에 두고 설계를 결정하기**
>
> 이 시점에서 여러분이 "더 이상 그만 좀 말하세요"라고 할지도 모르겠다. 여러분이 지금은 하울링하는 개를 기르고 싶어 하지는 않지만, 언젠가는 그렇게 하고 싶어질 수도 있다. 하울링하는 개를 기를 가능성까지 지금 생각하며 설계해 두지 않으면, 나중에 그런 개들까지 포함하게 시스템을 변경하는 데 드는 비용이 훨씬 더 커진다. 이것도 여러분이 해야 할 다양한 설계 결정 사항 중 하나일 뿐이다. 여러분은 bark() 메서드를 오버라이드해 하울링을 하도록 만들 수도 있겠지만, 사람들은 bark()라는 메서드를 보고 짖는 일을 기대할 것이기 때문에 직관적이지 않다.

합성

객체가 그 밖의 객체들을 포함할 수도 있다는 생각은 자연스럽다. 텔레비전 세트에는 튜너 및 비디오 디스플레이가 포함되어 있다. 컴퓨터에는 비디오 카드와 키보드 및 드라이버가 있다. 컴퓨터 자체는 객체로 간주될 수 있으며, 플래시디스크도 유효한 객체로 간주된다. 컴퓨터를 열고 하드디스크를 분리해 손에 쥐어 볼 수 있다. 실제로, 하드디스크를 다른 컴퓨터로 가져가서 설치할 수 있다. 하드디스크가 여러 컴퓨터에서 동작할 수 있기 때문에 하드디스크를 확실히 독립적으로 실행되는 객체라고 볼 수 있다.

객체 합성의 전형적인 예로는 자동차를 들 수 있다. 많은 책, 교육 과정 및 논문에서는 객체 합성의 전형적인 예로 자동차를 든다. 원래 상호 교체 가능한 제조 방식이 총기에서 비롯되었음에도, 대부분의 사람들은 헨리 포드가 만든 자동차 조립 라인을 상호 교체 가능한 부품의 전형적인 예라고 생각한다. 따라서 자동차가 객체지향 소프트웨어 시스템을 설계하기 위한 기본 참조점이 된 것은 당연한다.

대부분의 사람들은 자동차에 엔진이 들어 있다고 생각할 것이다. 그러나 자동차에는 엔진 외에도 바퀴, 운전대 및 스피커를 포함해 많은 객체가 들어 있다. 특정 객체가 다른 객체로 합성되고 해당 객체가 객체 필드로 포함될 때마다 새 객체를 **복합체**(compounds)나 **응집체**(aggregates) 또는 **컴포지션**(composites, 즉 '합성체')인 객체라고 한다(그림 7.6 참조).

> **응집, 결합, 합성**
>
> 필자의 관점에서 볼 때 상속 또는 합성과 함께 클래스를 재사용하는 방법은 두 가지뿐이다. 9장 '객체 구축과 객체지향 설계'에서 합성(composition)에 대해서 설명하며, 구체적으로는 응집(aggregation) 및 결합(association)에 대해 자세히 설명한다. 이 책에서는 응집과 결합을 합성 형식 중 한 가지로 간주하지만, 이에 대한 다양한 의견이 있다.

그림 7.6 **합성의 예**

UML로 합성 표현하기

자동차 객체에 운전대(steering wheel) 객체가 포함되어 있다는 사실을 모델링하기 위해 UML은 그림 7.7에 표시된 표기법을 사용한다.

> **응집과 결합을 UML로 표현하기**
>
> 이 책에서 응집 관계(예를 들면, 자동차와 그 부품인 엔진)는 UML에서는 마름모가 있는 선으로 표시한다. 결합 관계(예를 들면, 별도의 컴퓨터에 연결해 사용하는 분리형 키보드)는 선(마름모가 없는 선)으로만 표시된다.

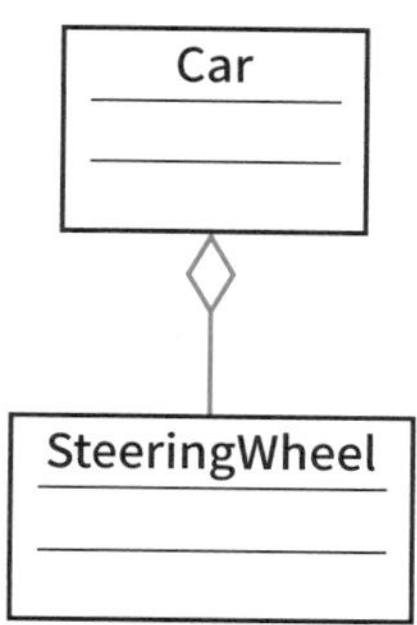

그림 7.7 **UML을 사용해 합성 관계를 표현하기**

`Car` 클래스를 `SteeringWheel` 클래스에 연결하는 선은 `Car` 쪽의 마름모 도형이다. 이것은 자동차(Car)에 운전대(SteeringWheel)가 포함되어 있음을 나타낸다.

이번 예를 확장해 보자. 이 설계의 어떤 객체도 상속을 사용하지 않는다고 가정하자. 모든 객체 관계는 엄격한 합성 관계이며, 이러한 합성 관계는 여러 수준으로 나타낼 수 있다. 물론 이것은 단순한 예이며, 자동차 설계에는 훨씬 더 많은 객체와 객체 관계가 있다. 그러나 이 설계는 합성이 무엇인지를 간단히 설명하기 위한 것이다.

자동차가 엔진과 음향기기 및 문으로 합성되어 있다고 가정해 보겠다.

> **문짝과 스테레오는 몇 개인가?**
>
> 자동차에는 일반적으로 두 개 이상의 문이 있다. 어떤 자동차의 문은 두 개이고, 어떤 자동차의 문은 네 개다. 해치백 형태의 자동차에는 문이 다섯 개 있다. 이런 측면을 감안한다면 모든 자동차에 음향기기가 있는 것은 아니다. 어떤 자동차에는 음향기기가 없거나 하나만 있을 수 있다. 필자는 개별 음향기기가 두 대나 있는 차도 본 적이 있다. 이러한 상황을 9장에서 자세히 설명한다. 이번 예제에서는 자동차에 문짝 한 개(아마도 특수한 경주용 자동차일 수 있다)와 단일 음향기기만 있는 것으로 가정하겠다.

자동차는 엔진과 음향기기 등의 다양한 부품으로 이뤄져 있으며, 대부분의 사람들이 이런 방식으로 자동차를 생각하기 때문에 자동차 문도 이해하기 쉽다. 하지만, 소프트웨어 시스템을 설계할 때는 자동차가 그러하듯이, 어떤 객체가 그 밖의 객체들로 이뤄져 있다는 점을 명심해야 한다. 실제로 이 클래스 트리 구조에 포함될 수 있는 노드(즉, 마디) 및 브랜치(즉, 가지) 수는 거의 무제한이다.

그림 7.8은 엔진과 음향기기 및 문이 포함된 차량의 객체 모델을 보여준다.

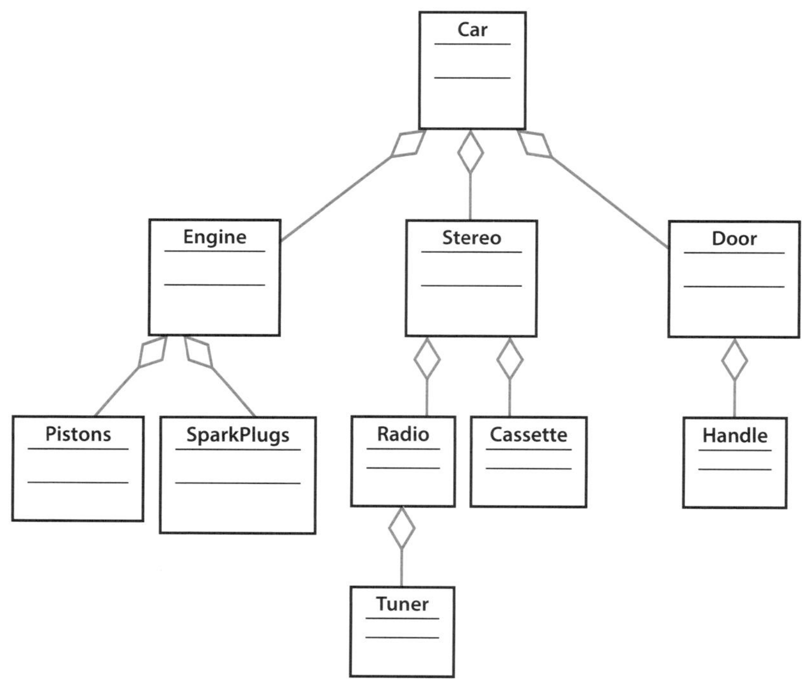

그림 7.8 Car 클래스의 위계구조

자동차(Car)를 합성하는 세 가지 객체가 모두 각각 또 다른 객체들로 합성되어 있다. 엔진(Engine)에는 피스톤(Pistons)과 점화장치(SparkPlugs)가 들어 있다. 음향기기(Stereo)에는 라디오(Radio)와 카세트(Cassette)가 들어 있다. 문(Door)에는 손잡이(Handle)가 있다. 또한, 또 다른 수준이 있다. 라디오에는 튜너(Tuner)가 포함되어 있다. 이런 식으로 운전대에 잠금장치가 있다는 사실도 추가할 수 있었다. 카세트에는 빨리 감기 버튼이 있을 수 있다. 또한, 튜너에서 한 수준 더 내려가서 튜너 밑에 회전식 음량 조절기를 둘 수 있을 것이다. 이와 같은 모델의 위계구조상 수준의 깊이와 복잡도를 결정하는 일은 설계자의 몫이다.

> **모델 복잡도**
>
> 짖는 개와 하울링을 하는 개에 대한 상속상의 문제와 마찬가지로, 지나치게 많이 합성을 하면 더 복잡해진다. 충분히 표현할 수 있을 만큼 세밀한 표현이 가능한 객체 모델을 만드는 일과 너무 세밀해서 이해하고 유지하기 어려운 모델을 만드는 일 사이에 미세한 경계선이 존재한다.

캡슐화가 객체지향의 기본이 되는 이유

캡슐화(encapsulation)는 객체지향의 기본 개념이다. 인터페이스/구현부(즉, 접속부/구현부)라고 하는 패러다임을 다룰 때면 우리는 사실 캡슐화에 대해 이야기하는 것이다. 기본적인 질문은 클래스에서 무엇을 노출해야 하고 무엇을 노출해서는 안 되는가에 관한 것이다. 이 캡슐화는 데이터 및 행위와 동등한 관계에 놓여 있다. 어떤 클래스의 설계에 관한 결정을 논의할 때에는 데이터와 행위를 잘 작성된 클래스로 캡슐화하는 일에 초점을 맞춰야 한다.

길버트와 맥커티는 캡슐화를 '프로그램을 이루고 있는 각 클래스를 인터페이스와 임플리멘테이션이라는 두 가지 뚜렷한 부분으로 나누는 과정'이라고 정의한다. 이런 정의는 이 책에서 계속해서 주장하는 바와 같다.

어쨌든 캡슐화는 상속과 어떤 관련이 있으며, 이번 장과 관련해 어떻게 적용되는 것일까? 이것은 객체지향 역설과 관련 있다. 캡슐화는 객체지향의 기본 요소이므로 객체지향 설계의 기본 규칙 중 하나인 것이다. 상속은 또한 세 가지 주요 객체지향 개념 중 하나로 간주된다. 그러나 어떤 면에서 보면 실제로는 상속이 캡슐화를 방해한다! 어떻게 이럴 수 있을까? 객체지향의 세 가지 주요 개념 중 두 가지가 서로 상충될 수 있다는 말인가? 이럴 수 있는지 조사해 보자.

상속이 캡슐화를 약화시키는 방법

이미 언급했듯이 캡슐화란 클래스를 공개(public) 인터페이스 부분과 비공개(private) 임플리멘테이션 부분으로 구분해서 따로따로 모아 두는 과정에 불과하다. 본질적으로 클래스는 자신이 아닌 그 밖의 클래스가 알 필요가 없는 모든 것을 숨긴다.

피터 코드와 마크 메이필드는 상속을 받을 때 클래스 위계구조 내에서 캡슐화가 본질적으로 약화되는 사례를 들었다. 그들은 특별한 위험 상황에 대해 이야기했는데, 그런 위험 상황이란 상속으로 인해 그 밖의 클래스에 대해서는 강력하게 캡슐화되는 꼴이 되지만, 정작 슈퍼클래스와 서브클래스 사이의 캡슐화는 약해지는 경우를 말한다.

문제는 슈퍼클래스에서 구현부를 상속한 후에 해당 구현부를 변경해 버리면 이러한 슈퍼클래스 내의 변경 내용이 클래스 위계구조를 통해 파급된다는 점이다. 이렇게 줄줄이 전파되는 효과는 잠재적으로 모든 서브클래스에 영향을 미친다. 처음에는 이것이 큰 문제처럼 보이지 않을 수도 있다. 그러나 우리가 본 것처럼, 이와 같은 파급 효과는 예상치 못한 문제를 일으킬 수 있다. 예를 들어, 악몽 같은 테스트를 해야 할 수도 있다. 6장 '객체를 사용해 설계하기'에서 캡슐화로 테스트 시스템을 더 쉽게 만드는 방법을 설명했다. 이론적으로 적절한 공개 인터페이스를 사용해 Cabbie라는 클래스를 만들면(그림 7.9 참조) Cabbie의 임플리멘테이션을 변경한 내용이 그 밖의 모든 클래스에 투명하게 드러나야 한다. 그러나 어떤 설계에서나 슈퍼클래스에 대한 변경 내용이 확실히 서브클래스에 투명하게 드러나지는 않는다. 여러분은 여기서 언급하는 난제가 보이는가?

그 밖의 클래스들이 Cabbie 클래스의 구현부에 직접적으로 의존하는 경우를 견딜 수 없는 경우라면 테스트하기가 더 어려워진다. 행위들을 추상화하고 속성들만 상속함으로써 다른 설계 방식을 사용하면 위에서 언급한 이 문제들은 사라진다.

Cabbie
– companyName: String
– name: String
+ Cabbie: void + Cabbie: void + setName: void + getName: String + giveDirections: void – turnRight: void – turnLeft: void + getCompanyName: String

그림 7.9 **Cabbie 클래스의 UML 다이어그램**

테스트를 지속하기

캡슐화가 되어 있다고 할지라도, Cabbie를 사용하는 클래스를 다시 테스트함으로써 변경으로 인한 문제가 생기지 않는지를 다시 확인해 보고 싶을 것이다.

그런 다음 PartTimeCabbie(시급제 택시 기사)라는 Cabbie의 서브클래스를 작성하고, PartTime Cabbie가 Cabbie에서 구현을 상속하였다고 했을 때, Cabbie의 구현부를 변경하면 PartTime

Cabbie 클래스는 직접 영향을 받는다.

예를 들어, 그림 7.10의 UML 다이어그램을 생각해 보자. PartTimeCabbie는 Cabbie의 서브클래스다. 따라서 PartTimeCabbie는 giveDirections() 메서드를 포함해 Cabbie의 공개 구현부를 상속한다. giveDirections() 메서드가 Cabbie에서 변경되면 PartTimeCabbie와 나중에 Cabbie의 서브클래스가 될 수 있는 다른 클래스에 직접적인 영향을 미친다. 이 미묘한 방식으로 Cabbie의 구현부에 대한 변경 사항이 Cabbie 클래스 내에 반드시 캡슐화되어 있는 것은 아니다.

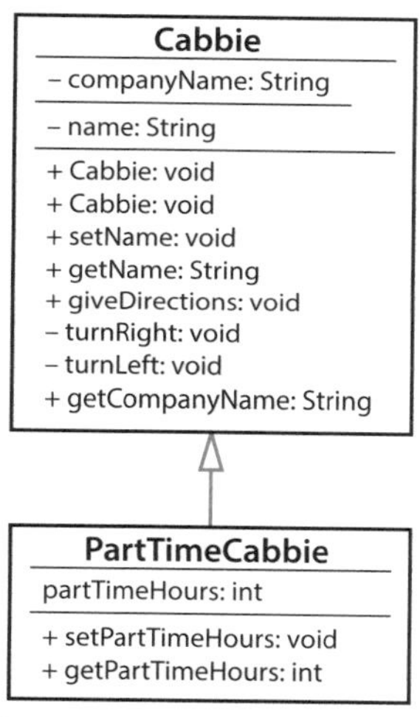

그림 7.10 **Cabbie/PartTimeCabbie 클래스의 UML 다이어그램**

이 딜레마로 인한 위험을 줄이려면 상속을 사용할 때 엄격한 is-a 조건을 따르는 것이 중요하다. 서브클래스가 슈퍼클래스를 제대로 특화했다면, 부모의 변화가 자연스럽고 기대되는 방식으로 자식에게도 영향을 미칠 것이다. 예를 들어, Circle 클래스가 Shape 클래스로부터 임플리멘테이션을 상속했다고 할 때, Shape의 구현부가 변경되면 Circle이 깨지게 되어 Circle이 처음부터 Shape의 일종이 아니었던 것처럼 되고 만다.

상속은 어떻게 부적절하게 사용될 수 있는가? 그래픽 사용자 인터페이스(GUI)를 위해 창을 작성하는 상황을 생각해 보자. 한 가지 충돌 사례를 들자면 창 클래스인 Window를 직사각형 클래스인 Rectangle의 하위 클래스로 만드는 경우가 있다.

```
public class Rectangle {

}

public class Window extends Rectangle {

}
```

현실 세계에서 GUI 창은 단순한 사각형보다 더 복잡하다. 그것은 정사각형처럼 특화된 형태의 직사각형이 아니다. 실제 창에는 직사각형이 포함될 수 있지만, 실제로는 사각형이 아니란 말이다. 이 접근 방식으로 볼 때 Window 클래스는 Rectangle로부터 상속하지 않아야 하고 오히려 Rectangle 클래스를 포함해야 한다.

```
public class Window {

    Rectangle menubar;
    Rectangle statusbar;
    Rectangle mainview;

}
```

다형성의 자세한 예

많은 사람들이 다형성(polymorphism)을 객체지향 설계의 초석이라고 생각한다. 완전히 독립적인 객체를 만들 목적으로 클래스를 설계하는 것이 객체지향의 핵심이다. 잘 설계된 시스템에서 객체는 그것에 관한 모든 중요한 질문에 답할 수 있어야 한다. 일반적으로 객체는 스스로 어떤 역할을 해야 한다. 이 독립성은 코드 재사용의 기본 메커니즘 중 하나다.

1장에서 언급했듯이, 다형성은 문자 그대로 많은 모양(many shapes)을 의미한다. 메시지가 객체로 전송될 때 객체는 해당 메시지에 응답하도록 정의된 메서드를 가져야 한다. 상속 위계구조에서 모든 자식 클래스는 해당 슈퍼클래스에서 인터페이스를 상속한다. 그러나 각 자식 클래스는 별도의 엔터티이므로 각기 동일한 메시지에 대한 별도의 응답이 필요할 수 있다.

1장의 예를 검토하기 위해 Shape라는 클래스를 생각해 보자. 이 클래스에는 Draw라는 행위가 있다. 그러나 누군가에게 도형을 그리라고 하면 첫 번째 질문은 '무슨 모양인가?'다. 누군가에게 도형을 그리라고 말한다면 이는 너무 추상적이다(사실 Shape 클래스의 Draw 메서드에는 임플리멘테이션이 없다). 여러분이 말하고자 하는 도형이 어떤 도형인지를 정확히 알려 줘야 한다.

이를 위해 Circle 클래스의 그 밖의 여러 자식 클래스에서는 실제 구현부를 제공해야 한다. Shape 클래스에 Draw 메서드가 있기는 하지만, Circle 클래스 등이 이 Draw 메서드를 오버라이드해서 자체적으로 Draw 메서드를 제공해야 한다는 말이다. 오버라이드한다는 점은 기본적으로 부모의 구현부를 자신의 것으로 대체하는 것을 의미한다.

객체 책임성

1장에 나온 Shape 예를 다시 살펴보자(그림 7.11 참조).

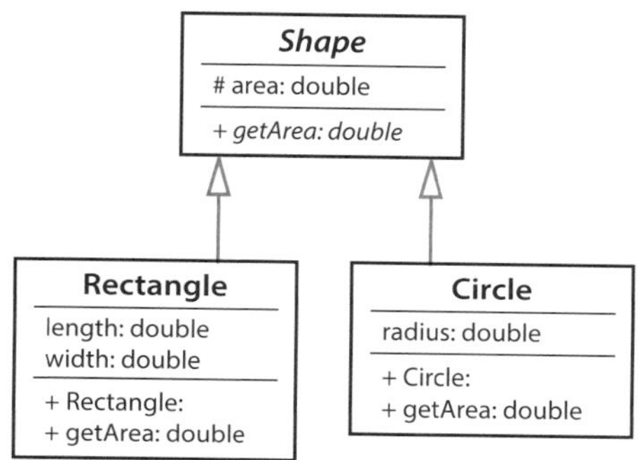

그림 7.11 Shape 클래스의 위계구조

다형성은 상속을 가장 우아하게 사용하는 방식 중 하나다. Shape는 인스턴스화할 수 없다. Shape에 추상 메서드인 getArea()가 있으므로 Shape는 추상 클래스(abstract class)다. 8장에서는 추상 클래스에 대해 자세히 설명한다.

그러나 Rectangle과 Circle은 구상 클래스(concrete class)이므로 인스턴스화할 수 있다. Rectangle과 Circle은 둘 다 도형이지만 약간의 차이가 있다. 도형이기 때문에 면적을 계산할 수 있다. 그러나 면적을 계산하는 공식은 각각 다르다. 따라서 면적을 계산하는 수식을 Shape 클래스에 배치할 수 없다.

그렇기 때문에 다형성이 필요하다. 다형성의 전제는 다양한 객체에 메시지를 보낼 수 있고, 객체의 유형에 따라 응답이 달라져야 한다는 점이다. 예를 들어, getArea() 메시지를 Circle 클래스로 보낸다면 동일한 getArea() 메시지를 Rectangle 클래스로 보냈을 때와 다른 계산 과정을 호출하는 셈이다. 이는 Circle과 Rectangle이 모두 자신에 대한 책임을 다 하기 때문이다. Circle에 면적을 알려 달라고 요청할 때 Circle은 이 작업을 수행하는 방법을 알고 있다. 원(circle)이 자기 자신을 그리게 하고자 한다면 원은 이 일을 잘 할 수 있다. Shape 객체는 자체 정보가 충분하지 않아서, 인스턴스화할 수는 있어도 이를 수행할 수는 없다. UML 다이어그램(그림 7.11)에서 Shape 클래스의 getArea() 메서드는 기울임 꼴로 표시된다. 이것은 해당 메서드가 추상적이라는 점을 가리킨다.

아주 간단한 예로, 추상 클래스인 Shape, 구상 클래스인 Circle과 Rectangle 및 Star라는 네 가지 클래스가 있다고 상상해 보자. 코드는 다음과 같다.

```
public abstract class Shape {

    public abstract void draw();

}

public class Circle extends Shape {

    public void draw() {

        System.out.println("I am drawing a Circle");

    }
}

public class Rectangle extends Shape {

    public void draw() {

        System.out.println("I am drawing a Rectangle");

    }
}

public class Star extends Shape {

    public void draw() {

        System.out.println("I am drawing a Star");

    }
}
```

각 클래스에 draw()라는 메서드만 있다는 점에 주의하자. 다형성과 그 자체를 담당하는 객체에 관한 중요한 점은 다음과 같다. 구상 클래스 자체는 그리기 기능을 담당한다. Shape 클래스는 그리기를 위한 코드를 제공하지 않는다. Circle, Rectangle 및 Star 클래스가 직접 수행한다. 그것을 증명하는 코드는 다음과 같다.

```
public class TestShape {

    public static void main(String args[]) {

        Circle circle = new Circle();
        Rectangle rectangle = new Rectangle();
        Star star = new Star();

        circle.draw();
        rectangle.draw();
        star.draw();

    }

}
```

옮긴이 본문 내 첫 세 줄을 다음과 같이 적는 게 데이터 형식 간의 위계와 상속을 이해하는 데 도움이 된다는 베타리더의 의견이 있었다.

```
Shape circle = new Circle();
Shape rectangle = new Rectangle();
Shape star = new Star();
```

테스트 애플리케이션인 TestShape는 Circle, Rectangle, Star라는 세 가지 클래스를 가지고 각 클래스에 대한 인스턴스를 생성한다. 이러한 인스턴스들을 그리려면 TestShape가 개별 인스턴스에 자신을 그리도록 요청해야 한다.

```
circle.draw();
rectangle.draw();
star.draw();
```

TestShape를 실행하면 다음과 같은 결과가 나타난다.

```
C:\>java TestShape
I am drawing a Circle
I am drawing a Rectangle
I am drawing a Star
```

이게 다형성이 작동하는 방식이다. Triangle과 같은 새로운 도형을 만들려고 한다면 어떻게 될까? Triangle이라는 클래스를 작성하고 이것의 인스턴스를 생성해 자신을 그리도록 코드를 작성한 다음에 컴파일하고 테스트해 사용하면 된다. 기본 클래스인 Shape를 변경하지 않아도 될 뿐만 아니라 그 밖의 코드도 전혀 고칠 이유가 없다. 이 Triangle 클래스를 나타내는 코드는 다음과 같다.

```
public class Triangle extends Shape {

    public void draw() {
```

```
        System.out.println("I am drawing a Triangle");

    }

}
```

이렇게 코드를 작성했다면 여러분은 이제 이 Triangle 클래스로 만든 인스턴스에 메시지를 보낼 수 있다. Shape가 삼각형을 그리는 방법을 모르더라도 Triangle 클래스로 인스턴스를 구성해 draw()라는 메시지를 보내기만 하면 된다.

```
public class TestShape {

    public static void main(String args[]) {

        Circle circle = new Circle();
        Rectangle rectangle = new Rectangle();
        Star star = new Star();
        Triangle triangle = new Triangle ();

        circle.draw();
        rectangle.draw();
        star.draw();
        triangle.draw();

    }

}

C:\>java TestShape[42]
I am drawing a Circle
I am drawing a Rectangle I am drawing a Star
I am drawing a Triangle
```

어떤 도형이든 그려 내는 메서드를 만들어 해당 메서드로 그리고자 하는 도형의 형태만 전달하는 식으로 코드를 작성하면 다형성의 진정한 힘을 느낄 수 있다. 특정 도형들을 매개변수로 포함하는 다음 코드를 살펴보자.

```
public class TestShape {

    public static void main(String args[]) {
```

42 옮긴이 이 앞에 먼저 javac TestShape.java 명령으로 자바 코드를 컴파일해 두어야 한다.

```
        Circle circle = new Circle();
        Rectangle rectangle = new Rectangle();
        Star star = new Star();

        drawMe(circle);
        drawMe(rectangle);
        drawMe(star);

    }

    static void drawMe(Shape s) {
        s.draw();
    }

}
```

이 경우에 Shape 객체는 drawMe() 메서드로 전달될 수 있으며, 이렇게 하면 drawMe() 메서드가 유효한 Shape를 받아 처리할 수 있어서, 여러분이 그리고자 하는 도형을 나중에 가서 알려 주어도 된다. 이렇게 고친 TestShape도 고치기 전의 TestShape와 동일한 실행 결과를 나타낸다.

추상 클래스, 가상 메서드 및 프로토콜

자바로 정의된 추상 클래스는 닷넷 및 C++에서도 직접 구현할 수 있다. 놀랍게도 C#.NET 코드는 다음과 같이 자바 코드와 비슷하다.

```
public abstract class Shape {

    public abstract void draw();

}
```

VisualBasic.NET 코드는 다음과 같이 작성한다.

```
Public MustInherit Class Shape

    Public MustOverride Function draw()

End Class
```

C++에서는 동일한 기능을 가상 메서드를 사용해 다음과 같은 코드로 제공할 수 있다.

```
class Shape {
    public:
        virtual void draw() = 0;
}
```

이전 장에서 언급했듯이 Objective-C와 스위프트는 추상 클래스의 기능성을 완전히 구현하지는 않는다.

예를 들어, 여러 번에 걸쳐서 본 Shape 클래스에 대한 다음 자바 인터페이스 코드를 생각해 보자.

```
public abstract class Shape {

    public abstract void draw();
}
```

이에 해당하는 Objective-C(스위프트) 프로토콜은 다음 코드에 표시되어 있다. 자바 코드와 Objective-C 코드에는 draw() 메서드에 대한 구현이 없다.

```
@protocol Shape

@required
- (void) draw;

@end // Shape
```

이 시점에서 추상 클래스와 프로토콜의 기능은 거의 같지만, 이 시점에서 자바 유형 인터페이스와 프로토콜이 나뉜다. 다음 자바 코드를 생각해 보자.

```
public abstract class Shape {

    public abstract void draw();

    public void print() {
        System.out.println("I am printing");
    };

}
```

이전 자바 코드에서 print() 메서드는 서브클래스들이 상속해서 쓸 수 있는 코드를 제공한다. C#.NET, VB.NET 및 C++의 경우에도 마찬가지이지만, Objective-C 프로토콜인 경우까지 같다고 할 수는 없으며, 이를 나타내는 코드는 다음과 같다.

```
@protocol Shape

@required
- (void) draw;
- (void) print;

@end // Shape
```

이 프로토콜에서는 print() 메서드에 대한 시그니처가 제공되므로 서브클래스가 이를 직접 구현해야 하지만, 어떤 코드도 포함될 수 없다. 즉, 서브클래스는 프로토콜에서 코드를 직접 상속할 수 없다. 따라서, 프로토콜은 추상 클래스와 같은 방식으로 사용할 수 없으며, 객체 모델을 설계할 때 이게 의미가 있게 된다.

결론

이번 장에서는 상속과 합성이 무엇이고 서로 어떻게 다른지를 간략하게 살펴보았다. 존경받는 객체지향 설계자들은 될 수 있으면 기본적으로 합성을 사용하면서 필요할 때만 상속을 사용해야 한다고 했다.

그러나 이는 조금은 단순해 보이는 생각이다. 필자는 될 수 있으면 합성을 사용해야 한다고 생각하는 방식에는 현실적인 문제가 숨겨져 있다고 생각한다. 합성을 상속보다 많이 써야만 하는 경우라면 그런 생각이 더 적절할 수도 있다. 그런 현실을 고려한다고 해도 무조건 합성만 사용해야 하는 건 아니다. 합성을 쓰는 편이 적절한 경우가 더 많다고 해서 상속이 나쁘다고만은 말할 수 없다. 그러므로 합성과 상속을 상황에 맞게 적절히 섞어 쓰도록 하자.

이전에 나온 여러 장에서는 추상 클래스와 자바 인터페이스라는 개념을 여러 번 다뤘다. 8장에서는 개발 계약이라는 개념과 이러한 계약을 충족시키기 위해 추상 클래스와 자바 인터페이스가 어떻게 사용되는지를 살펴본다.

참고문헌

Booch, Grady and Robert A. Maksimchuk and Michael W. Engel and Bobbi J. Young, Jim Conallen, and Kelli A. Houston. 2007. Object-Oriented Analysis and Design with Applications, Third Edition. Boston, MA: Addison-Wesley.

Coad, Peter, and Mark Mayfield. 1997. Java Design. Upper Saddle River, NJ: Prentice Hall.

Gilbert, Stephen, and Bill McCarty. 1998. Object-Oriented Design in Java. Berkeley CA: The Waite Group Press.

Meyers, Scott. 2005. Effective C++, Third Edition. Boston, MA: Addison-Wesley Professional.

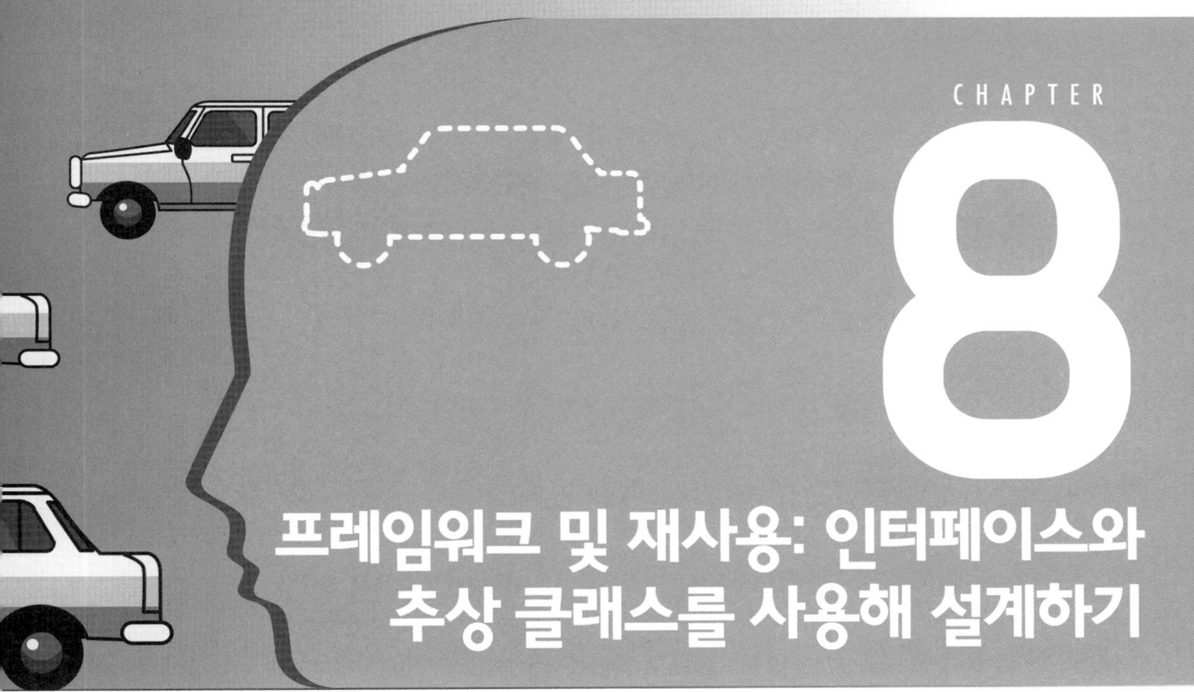

CHAPTER 8 프레임워크 및 재사용: 인터페이스와 추상 클래스를 사용해 설계하기

7장 '상속과 합성에 익숙해지기'에서는 상속 및 합성이 객체지향 시스템 설계에서 어떻게 중요한 역할을 하는지 설명했다. 이번 장에서는 인터페이스와 프로토콜 및 추상 클래스라는 개념들을 확장한다.

인터페이스와 프로토콜 및 추상 클래스는 코드 재사용을 위한 강력한 메커니즘으로 **계약**(contracts, 정확한 번역어는 '계약체')이라고 하는 개념의 기초를 제공한다. 이번 장에서는 코드 재사용, 프레임워크, 계약, 인터페이스, 프로토콜 및 추상 클래스에 대한 주제를 다룬다(이번 장의 나머지 부분에서는 달리 명시하지 않는 한 인터페이스(interface)라는 용어로 프로토콜이라는 개념까지 포함한다). 이번 장의 끝에서, 우리는 이러한 모든 개념을 실제 상황에 어떻게 적용할 수 있는지 예를 통해 작업할 것이다.

코드: 재사용할 것인가, 사용하지 않을 것인가?

프로그래머들은 코드라는 것을 작성하기 시작한 시점부터 코드 재사용 문제를 다루어 왔다. 많은 소프트웨어 개발 패러다임에서는 개발 과정에서 코드를 재사용하는 게 중요하다는 점을 강조한다. 컴퓨터 소프트웨어가 시작된 이래로 코드 재사용이라는 개념이 여러 번 다시 수립되었다. 객체지향 패러다임도 다르지 않다. 객체지향 지지자들이 홍보한 주요 장점 중 하나는 코드를 처음에 제대로 작성해 놓은 후에는 마음껏 재사용할 수 있다는 점이다.

이런 주장은 어느 정도만 사실이다. 모든 설계 방식과 마찬가지로 코드의 효용성과 재사용 가능성은 코드를 설계하고 구현한 수준에 따라 달라진다. 객체지향 설계를 해야만 코드를 재사용할 수 있는 것은 아니다. 객체지향적이지 않은 언어에서도 매우 강력하고 재사용이 가능한 코드를 작성하기도 한다. 확실히 코볼, C, 전통적인 VB와 같은 구조화된 언어로 쓰인 수많은 루틴에서 볼 수 있듯이 함수들의 품질이 좋으면 꽤 다시 사용할 만하다.

따라서 객체지향 패러다임을 따르는 것만이 재사용 가능한 코드를 개발하는 유일한 방법은 아니라는 점은 분명하다. 그러나 객체지향 접근 방식은 재사용 가능 코드 개발을 용이하게 하기 위한 몇 가지 메커니즘을 제공한다. 재사용 가능 코드를 작성하는 한 가지 방법은 프레임워크를 작성하는 것이다. 이번 장에서는 인터페이스와 추상 클래스를 사용해 프레임워크를 만들고 재사용이 가능한 코드를 장려한다.

프레임워크란?

코드 재사용이라는 개념과 손을 잡을 수 있는 개념으로는 **표준화**(standardization)라는 개념이 있는데, 이 개념을 **플러그 앤 플레이**(plug and play)라고도 부른다. 프레임워크(framework)라는 개념은 이러한 플러그 앤 플레이 및 재사용 원칙을 중심으로 한다. 프레임워크의 대표적인 예로 데스크톱 애플리케이션이 있다. 오피스 제품군에 속한 애플리케이션을 예로 들어 보겠다. 현재 사용 중인 문서 편집기에는 여러 탭 옵션이 포함된 리본이 있다. 이 옵션은 프레젠테이션 패키지 및 내가 열어 놓은 스프레드시트 소프트웨어의 옵션과 비슷하다. 실제로 처음 두 메뉴 항목(홈, 삽입)은 세 프로그램 모두에서 동일하다. 메뉴 옵션은 비슷할 뿐만 아니라 많은 옵션(신규, 열기, 저장 등)도 매우 비슷해 보인다. 리본 아래에는 문서, 프레젠테이션 및 스프레드시트 등 문서 영역이 있다. 이와 같은 공통 프레임워크가 있기 때문에 오피스 제품군을 이루고 있는 다양한 애플리케이션을 사용자가 쉽게 배울 수 있다. 또한, 디자인의 일부를 재사용할 수 있는 것은 물론, 코드 재사용을 극대화하여 개발자의 삶을 더 편하게 한다.

이 모든 메뉴 막대의 모양들이 서로 비슷하며, 비슷한 느낌을 갖게 한다는 사실은 분명히 우연이 아니다. 실제로 대부분의 통합 개발 환경의 예를 들어, 마이크로소프트 윈도우나 리눅스 같은 특정 플랫폼에서 개발하는 경우에 여러분은 특정 항목을 직접 만들지 않고도 해당 항목을 얻을 수 있다. 윈도우 환경에서 창을 만들면 오른쪽 상단에 기본 제목 표시 줄 및 파일 닫기 단추와 같은 요소가 나타난다. 행위도 표준화된다. 기본 제목 표시 줄을 두 번 클릭하면 화면이 항상 최소화되거나 최대화된다. 오른쪽 상단의 닫기 버튼을 누르면 애플리케이션이 항상 종료된다. 이것은 모두 프레임워크의 일부다. 그림 8.1은 워드프로세서의 스크린 샷이다. 메뉴 모음, 도구 모음 및 프레임워크의 일부인 기타 요소에 유의하자.

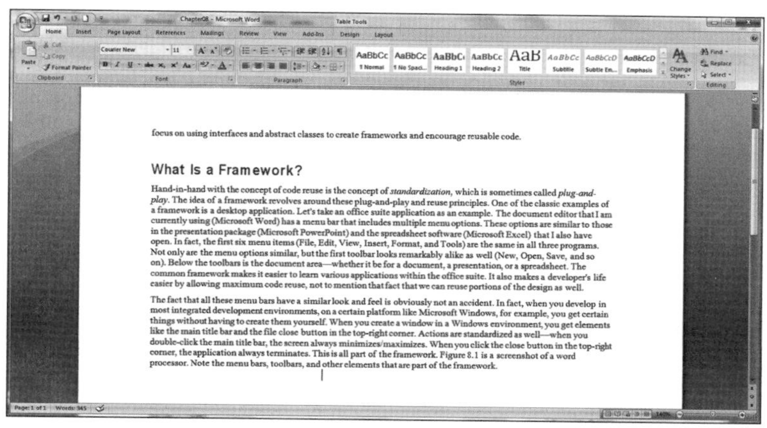

focus on using interfaces and abstract classes to create frameworks and encourage reusable code.

What Is a Framework?

Hand-in-hand with the concept of code reuse is the concept of *standardization*, which is sometimes called *plug-and-play*. The idea of a framework revolves around these plug-and-play and reuse principles. One of the classic examples of a framework is a desktop application. Let's take an office suite application as an example. The document editor that I am currently using (Microsoft Word) has a menu bar that includes multiple menu options. These options are similar to those in the presentation package (Microsoft PowerPoint) and the spreadsheet software (Microsoft Excel) that I also have open. In fact, the first six menu items (File, Edit, View, Insert, Format, and Tools) are the same in all three programs. Not only are the menu options similar, but the first toolbar looks remarkably alike as well (New, Open, Save, and so on). Below the toolbars is the document area—whether it be for a document, a presentation, or a spreadsheet. The common framework makes it easier to learn various applications within the office suite. It also makes a developer's life easier by allowing maximum code reuse, not to mention that fact that we can reuse portions of the design as well.

The fact that all these menu bars have a similar look and feel is obviously not an accident. In fact, when you develop in most integrated development environments, on a certain platform like Microsoft Windows, for example, you get certain things without having to create them yourself. When you create a window in a Windows environment, you get elements like the main title bar and the file close button in the top-right corner. Actions are standardized as well—when you double-click the main title bar, the screen always minimizes/maximizes. When you click the close button in the top-right corner, the application always terminates. This is all part of the framework. Figure 8.1 is a screenshot of a word processor. Note the menu bars, toolbars, and other elements that are part of the framework.

그림 8.1 문서 처리 프레임워크(© Microsoft 2019.)

문서 처리 프레임워크에는 일반적으로 문서 작성, 문서 열기, 문서 저장, 텍스트 자르기, 텍스트 복사, 텍스트 붙여넣기, 문서 검색 등의 작업이 포함된다. 이 프레임워크를 사용하려면 개발자가 애플리케이션을 만들 때 사전에 지정된 인터페이스를 사용해야 한다. 이처럼 미리 지정된 인터페이스는 표준 프레임워크를 준수하는데, 이는 두 가지 명백한 장점이 있다. 먼저, 이미 살펴본 것처럼 모양과 느낌이 일관되므로 최종 사용자는 새로운 프레임워크를 배울 필요가 없다. 둘째, 개발자는 미리 작성하고 테스트까지 한 코드를 활용할 수 있다(이 테스트 문제는 큰 이점이다). 새로운 '열기' 대화 상자가 이미 존재하고 철저하게 테스트된 경우에 굳이 새 '열기' 대화 상자를 만드는 코드를 작성할 필요가 있을까? 업무를 처리하기에도 바쁜 사람들은 꼭 필요한 경우가 아니라면 새로운 것을 배우고 싶어 하지 않을 것이다.

코드 재사용에 대해 설명한 내용 다시 살피기

7장에서 우리는 상속과 관련된 코드 재사용에 관해 이야기했다. 기본적으로 어떤 한 클래스는 그 밖의 클래스에서 상속을 받았다. 이번 장에서는 프레임워크나 시스템 전체 또는 시스템 중 일부를 재사용하는 일을 다룬다.

분명한 답이 있는 질문을 한 가지 하자면 '대화 상자가 필요한 경우에 프레임워크가 제공하는 대화 상자를 어떻게 사용하는가'라는 점이다. 대답은 간단하다. 프레임워크가 제공하는 규칙을 따르면 된다. 이 규칙을 어디에서 찾을 수 있는가? 프레임워크에 대한 규칙은 설명서에 나와 있다. 클래스나 라이브러리들을 작성한 사람들은 이것들의 공개 인터페이스를 사용하는 방법에 대한 문서를 제공한다(적어도 우리는 그 사람들이 그러기를 희망한다). 이러한 문서는 일반적으로 API(Application-Programming Interface) 형태로 만든다.

예를 들어, 자바로 메뉴 표시 줄을 작성하려고 한다면 여러분은 `JMenuBar` 클래스에 대한 API 문서를 가져와서 API 문서가 나타내는 공개 인터페이스를 살펴보면 된다. 그림 8.2는 자바 API의 일부를 보여준다. 이 API를 사용해 여러분은 유효한 자바 애플리케이션을 작성하고 필수 표준을 준수할 수 있다. 이러한 표준을 준수하면 애플리케이션이 자바 가능 브라우저에서 실행하도록 설정된다.

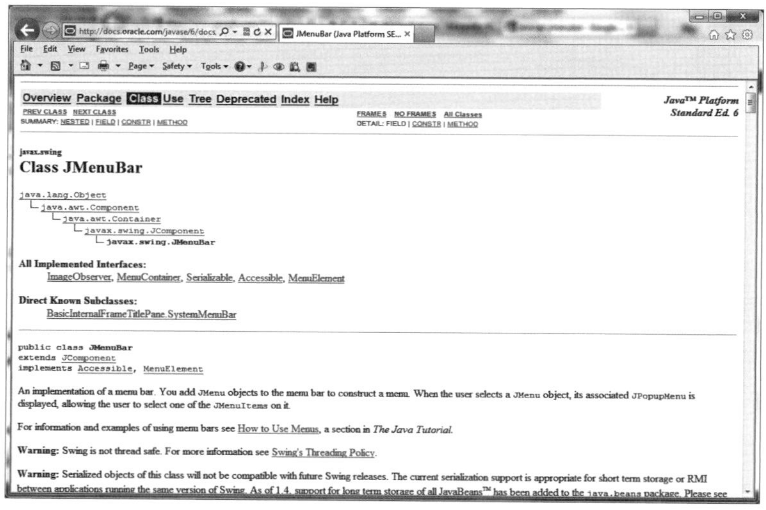

그림 8.2 API 문서(© 1993, 2018, Oracle.)

계약이란?

이번 장에 한해서 우리는 **계약**(contract)을 개발자가 API 사양을 준수해야 하는 메커니즘으로 간주할 것이다. 종종 API를 프레임워크라고도 부른다. 온라인 사전인 메리엄-웹스터(Merriam-Webster, https://www.merriam-webster.com)에 따르면 계약이란 '두 명 이상의 개인 또는 당사자 간의 약속, 특히 법적 구속력이 있는 약속'으로 정의한다.

이는 개발자가 프로젝트 관리자, 사업주 또는 시행 표준을 제공하는 산업 표준과 함께 API를 사용하는 경우에 발생한다. 계약을 사용할 때면 개발자는 프레임워크에 정의된 규칙을 준수해야 한다. 여기에는 메서드 이름, 매개변수의 수 등과 같은 문제(시그니처 등)가 포함된다. 요컨대, 좋은 개발 관행을 촉진하기 위해 표준이 만들어진다.

> **계약이라는 용어**
>
> 계약이라는 용어는 소프트웨어 개발을 포함해 여러 사업 부문에서 널리 사용된다. 여기에 제시된 개념을 소프트웨어 설계 시의 계약 개념과 혼동하지 않도록 한다.

개발자가 계약을 위반할 수 있기 때문에 이행 강제가 필수적이다. 이행을 강제하지 않으면 불량 개발자는 프레임워크에서 제공하는 사양을 사용하지 않고 바퀴를 다시 발명하는 일에 비유해 볼 수 있는 일, 즉 스스로 코드를 처음부터 작성해 버릴 수 있다. 사람들이 일상적으로 표준을 무시하거나 우회한다면 굳이 표준을 정해 보았자 헛수고일 뿐이다. 자바 및 닷넷 언어에서 계약을 구현하는 두 가지 방법은 추상 클래스와 인터페이스를 사용하는 것이다.

추상 클래스

계약을 구현하는 한 가지 방법으로는 **추상 클래스**(abstract class)를 이용하는 방법을 들 수 있다. 추상 클래스는 구현부가 없는 메서드가 한 개 이상 들어 있는 클래스다. Shape라는 추상 클래스가 있다고 가정하자. 이 클래스는 여러분이 인스턴스화할 수 없으므로 추상적인 것이다. 누군가에게 도형을 그리도록 요청하는 경우에 가장 먼저 물어볼 것은 '어떤 종류의 도형인가?'다. 따라서 도형이라는 개념은 추상적이다. 그러나 누군가가 원을 그리도록 요청하면 원이 구체적인 개념이기 때문에 똑같은 문제를 일으키지 않는다. 여러분은 원이 어떻게 생겼는지 안다. 직사각형 같은 그 밖의 도형에 대해서도 여러분은 그러한 도형들을 그리는 방법을 알고 있다.

이것을 계약에 어떻게 적용할까? 도형을 그릴 수 있는 애플리케이션을 만들고 싶다고 가정해 보자. 우리의 목표는 현재 설계에 표현된 모든 종류의 도형과 나중에 추가될 수 있는 도형을 그리는 것이다. 여기서 우리가 준수해야 할 두 가지 조건이 있다.

먼저 우리는 모든 도형이 동일한 구문을 사용해 자신을 스스로 그릴 수 있게 하려고 한다. 예를 들어, 시스템에 구현된 모든 도형에 draw()라는 메서드가 포함되기를 바란다고 하자. 노련한 개발자라면 draw() 메서드를 호출하기만 하면 도형의 모양에 관계없이 도형이 그려지게 할 것이다. 이론적으로 볼 때 이렇게 하면 설명서를 뒤지는 데 쓸 시간과 구문 오류를 줄일 수 있다.

둘째, 모든 클래스는 각자의 행위에 책임을 져야 한다는 점을 기억하자. 따라서, 어떤 클래스가 draw()라고 불리는 메서드를 제공해야 한다고 하면 해당 클래스는 자체적으로 코드를 구현해야 한다. 예를 들어, Circle 클래스와 Rectangle 클래스에 모두 draw() 메서드가 있다고 할지라도 Circle 클래스에는 분명히 원을 그리는 코드가 있어야 하고, Rectangle 클래스에는 사각형을 그리는 코드가 있어야 한다. 결론적으로 Shape의 서브클래스인 Circle 클래스와 Rectangle 클래스를 작성해야 한다면, 이 클래스들이 자체 버전의 draw()를 구현해야 한다는 말이다(그림 8.3 참조).

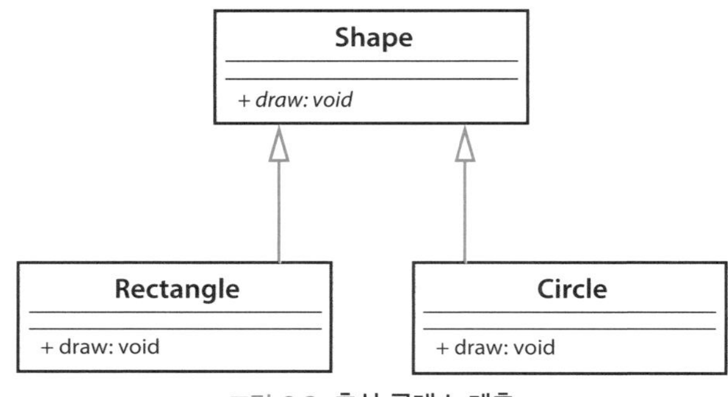

그림 8.3 **추상 클래스 계층**

> **추상 메서드**
>
> UML 다이어그램에서 추상 메서드는 기울임 꼴로 표시된다.

이런 식으로, 우리는 진정한 다형성을 보이는 프레임워크인 Shape를 지니게 된다. 시스템의 모든 단일 도형별로 draw() 메서드를 호출할 수 있으므로, 각 도형을 호출하면 다른 결과가 생성된다. Circle 객체에서 draw() 메서드를 호출하면 원형이 그려지고 Rectangle 객체에서 draw() 메서드를 호출하면 사각형이 그려진다. 본질적으로, 객체에 메시지를 보내면 객체에 따라 응답이 달라진다는 말이다. 이것이 다형성의 본질이다.

```
circle.draw();    // 원형을 하나 그린다.
rectangle.draw(); // 사각형을 하나 그린다.
```

Rectangle과 Circle이 Shape라는 계약을 준수하는 방법을 보여주는 코드를 살펴보자. 다음은 Shape 클래스의 코드다.

```
public abstract class Shape {

    public abstract void draw(); // 구현부가 없다.

}
```

이 클래스에서는 draw()에 대한 구현부를 제공하지 않는다. 기본적으로 메서드에 코드가 아예 없으며, 이로 인해 메서드는 추상적이게 된다. 참고로 코드를 하나라도 기입하면 메서드는 구상소(concrete)가 된다.[43] 구현부가 없는 데는 두 가지 이유가 있다. 첫째, Shape로 무엇을 그리게 될지를 알 수 없으므로 draw() 메서드 안에 구현부를 두어 구현해서는 안 되기 때문이다.

구조적 프로그래밍 방식이라면?

이것은 흥미로운 문제다. Shape 클래스에 현재와 미래에 필요한 모든 도형에 대한 코드를 가능한 한 다 넣어 두려면 자바의 switch 문과 같은 조건문이 필요하다. 이러한 문장은 매우 지저분하고 유지하기가 어렵다. 이것은 객체지향 설계의 장점이 작용하는 예다.

둘째, 우리는 서브클래스에서 구현부를 제공하기를 바라고 있다. Circle 클래스와 Rectangle 클래스를 보자.

```
public class Circle extends Shape {

    public void draw() { System.out.println ("Draw a Circle") };

}

public class Rectangle extends Shape {

    public void draw() { System.out.println ("Draw a Rectangle") };

}
```

Circle 및 Rectangle은 모두 Shape를 확장(즉, 상속)한 것이라는 점에 유념하자. 또한, 이게 실제 구현을 제공한다는 점에도 유념하자(이 경우에 구현은 간단하다). 이런 점에서 계약이 필요

43 옮긴이 '코드를 하나라도 기입하면 메서드가 구체화된다'라는 식으로 번역할 수도 있는 문장이지만(보통 이렇게들 번역해 왔다), '구상소'라는 개념을 드러내기 위해 문장을 직역했다. 저자의 의도는 코드가 기입되지 않으면, 즉 구현부가 있지 않으면 메서드는 추상소(abstract, 즉 '추상 메서드')로 남지만, 하나라도 기입되면, 즉 구현부가 있게 되면 메서드는 구상소(concrete, 즉 '구상 메서드')가 된다는 말을 하고 싶은 것으로 보인다. 아주 짧은 문장이지만, 이런 저자의 의도가 있는 것으로 보아서 문장을 직역했고, 이에 대한 주석을 다소 장황하게 달았다.

한 것이다. Circle이 Shape에서 draw() 메서드를 상속만 받고 구현하지 않으면 Circle도 컴파일되지 않는다. 따라서 Circle은 Shape와의 계약을 지키지 못하는 셈이 된다. 이런 식으로 계약이라는 개념을 동원하면 프로젝트 관리자는 애플리케이션을 위한 도형을 만드는 프로그래머라면 무조건 Shape를 상속받게 할 수 있다. 이렇게 하면 애플리케이션의 모든 도형에 예견할 수 있는 방식으로 그리기를 하는 draw() 메서드가 있게 된다.

> **Circle**
>
> Circle이 실제로 draw() 메서드를 구현하지 않으면 Circle 자체도 추상체(abstract)인 것으로 간주된다. 따라서 또 다른 서브클래스가 Circle로부터 상속을 받아 draw() 메서드를 구현해야 한다. 이 서브클래스는 Shape와 Circle에 대한 구상 구현부다.

추상 클래스라는 개념의 중심에는 추상 메서드가 있지만, Shape에서 구현부를 하나도 제공해서는 안 된다는 말은 아니다. 추상 클래스에 대한 정의를 다시 한번 돌이켜 본다면 추상 클래스는 추상 메서드를 한 개 이상 포함하면 그만이다. 이는 추상 클래스에 구상 메서드가 있을 수 있다는 의미이기도 하다. 예를 들어, Circle과 Rectangle이 저마다 다른 방식으로 draw() 메서드를 구현하지만, 도형의 색깔을 설정하는 메커니즘은 서로 같다. 따라서 Shape 클래스에 색상 속성이 있을 수 있고 색상을 설정하는 메서드가 있을 수 있다. 색상을 설정하는 메서드를 setColor()라고 한다면 이 메서드는 구상 구현부이며, Circle 및 Rectangle이 이것을 상속받는다. 서브클래스가 구현해야 하는 유일한 메서드는 슈퍼클래스가 abstract로 선언한 것뿐이다. 이 추상 메서드들은 (다름 아닌) 계약인 것이다.

> **주의**
>
> Shape와 Circle 및 Rectangle의 경우는 다음 단원에서 설명하는 인터페이스와 달리 엄격한 상속 관계를 다루고 있다. Circle은 Shape의 일종(is-a)이고 Rectangle도 Shape의 일종(is-a)이다.

C++와 같은 일부 언어는 추상 클래스만 사용해 계약을 구현한다. 그러나 자바와 닷넷에는 계약을 구현하는 또 다른 메커니즘인 인터페이스가 있다. 그 밖에 Objective-C나 스위프트와 같은 경우에는 언어에서 추상 클래스를 제공하지 않는다. 따라서 Objective-C나 스위프트에서 계약을 구현하려면 프로토콜을 사용해야 한다.

인터페이스

인터페이스를 정의하기 전에, C++에는 인터페이스라고 부르는 컨스트럭트(constructs, 즉 '구성소')가 없다는 점을 알고 가자. C++를 사용할 때 기본적으로 추상 클래스 구문의 부분집합을 사용해 인터페이스를 작성할 수 있다. 예를 들어, 다음 C++ 코드는 추상 클래스다. 그러나 클래스의 유일한 메서드는 가상 메서드이므로 구현부가 없다. 결과적으로 이 추상 클래스는 인터페이스와 동일한 기능을 제공한다.

```
class Shape {
    public:
        virtual void draw() = 0;
}
```

> **인터페이스라는 용어**
>
> 이번에는 소프트웨어 용어를 혼동할 수 있다(크게 혼동할 수 있다).
>
> 인터페이스(interface)라는 용어를 여러 방법으로 사용할 수 있으므로 그 의미를 적절한 맥락에 맞춰 사용해야 한다.
>
> 첫째, 그래픽 사용자 인터페이스(GUI)는 사용자가 종종 모니터에서 상호 작용하는 시각적 인터페이스를 참조할 때 널리 사용된다.
>
> 둘째, 클래스와 관련해서 인터페이스라는 말은 기본적으로 메서드의 시그니처를 가리킨다.
>
> 셋째, Objective-C 및 스위프트에서는 코드를 물리적으로 분리된 모듈로 나누는데, 이 모듈들을 각기 인터페이스와 구현부라고 부른다.
>
> 넷째, 인터페이스와 프로토콜은 기본적으로 부모 클래스와 자식 클래스 간의 계약이다.
>
> 이 밖의 것도 생각할 수 있는가?

명백한 질문을 하자면 이렇다. 인터페이스와 동일한 기능을 추상 클래스로 제공할 수 있다면 왜 굳이 자바와 닷넷에서는 인터페이스라고 부르는 컨스트럭트를 제공하려 하는가? Objective-C와 스위프트는 왜 굳이 프로토콜을 제공하는가?

우선 C++는 다중 상속을 지원하지만, 자바와 Objective-C 그리고 스위프트 및 닷넷은 다중 상속을 지원하지 않는다는 점을 들 수 있다. 자바와 Objective-C 그리고 스위프트와 닷넷의 클래스들은 하나의 부모 클래스에서만 상속할 수 있지만, 많은 인터페이스를 구현할 수 있다. 추상 클래스를 두 개 이상 사용하면 다중 상속이 된다. 따라서 자바 및 닷넷에서는 이런 방식을 따를 수 없다. 요컨대, 인터페이스를 사용할 때 여러분은 공식적인 상속 구조에 대해 걱정할 필요가 없다는 말이다. 설계가 의미가 있다면 이론적으로 모든 클래스에 인터페이스를 추가할 수 있다. 그러나 추상 클래스를 사용한다면, 해당 추상 클래스와 확장 가능한 모든 잠재적 부모들로부터 상속을 받아야 한다.

다중 상속

이러한 고려 사항들 때문에, 인터페이스는 종종 다중 상속이 없는 경우의 해결 방법으로 여겨지기도 한다. 하지만 기술적으로 보면 사실이 아니다. 인터페이스는 다중 상속과는 별개인 설계 기술이며, 다중 상속으로 수행할 수 있는 애플리케이션을 설계하는 데 사용할 수 있지만, 다중 상속을 대체하거나 우회하기 위해 쓰이는 것은 아니다.

추상 클래스와 마찬가지로 인터페이스는 프레임워크 계약을 시행하는 강력한 방법이다. 개념적 정의에 들어가기 전에 실제 인터페이스 UML 다이어그램과 해당 코드를 보는 것이 도움이 된다. 그림 8.4와 같이 Nameable이라는 인터페이스를 생각해 보자.

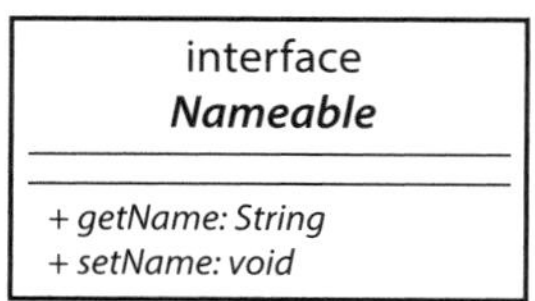

그림 8.4 자바 인터페이스의 UML 다이어그램

Nameable은 UML 다이어그램에서 인터페이스로 식별되며, 일반 클래스와 구별된다(추상적인지 여부에 따라). 또한, 인터페이스에는 getName() 및 setName()이라는 두 가지 메서드가 들어 있다. 해당 코드는 다음과 같다.

```
public interface Nameable {

    String getName();
    void setName (String aName);

}
```

비교해 볼 수 있게 해당 코드를 Objective-C에 맞추면 다음과 같다.

```
@protocol Nameable

@required
- (char *) getName;
- (void) setName: (char *) n;
@end // Nameable
```

이 코드에서 Nameable은 클래스가 아니라 인터페이스로 선언되어 있다. 이로 인해 getName() 및 setName() 메서드가 모두 추상적인 것으로 간주되며, 구현부가 제공되지 않는다. 추상 클래스와 달리 인터페이스는 구현부를 전혀 제공할 수 없다. 결과적으로 인터페이스를 구현하는 모든 클래스는 인터페이스의 모든 메서드에 대해 구현부를 제공해야 한다.[44] 예를 들어, 자바에서 클래스는 추상 클래스에서 상속하는 반면, 클래스는 인터페이스를 구현한다.

> **구현 상속 대 정의 상속**
>
> 때로는 상속(inheritance)을 **구현 상속**(implementation inheritance, 즉 '구현부 상속')이라고 하며, 인터페이스(interface, 여기서는 '접속')를 **정의 상속**(definition inheritance 즉, '정의부 상속')이라고 부른다.[45]

종합

추상 클래스와 인터페이스가 모두 추상 메서드를 제공하는 경우에 두 클래스의 실질적인 차이점은 무엇인가? 앞에서 본 것처럼 추상 클래스는 추상 메서드와 구상 메서드를 모두 제공할 수 있지만, 인터페이스는 추상 메서드만 제공할 수 있다. 왜 그런 차이가 있는가?

나중에 더 많은 포유류(mammal)를 추가할 목적으로 개를 대표하는 클래스를 설계한다고 가정하자. 그렇다면 논리적으로 Mammal이라는 추상 클래스를 만드는 게 자연스럽다.

```
public abstract class Mammal {

    public void generateHeat() { System.out.println("Generate heat"); }

    public abstract void makeNoise();

}
```

이 클래스에는 generateHeat()라고 부르는 구상 메서드 한 개와 makeNoise()라고 부르는 추상 메서드 한 개가 있다. 모든 포유류가 온기를 내뿜기 때문에 generateHeat() 메서드는 구상적이어야 한다. makeNoise() 메서드의 경우에 포유류마다 서로 다른 소리를 내기 때문에 추상적이어야 한다.

합성 관계에 사용할 Head라는 클래스를 만들어 보자.

44 옮긴이 즉, '인터페이스의 모든 메서드를 구현해야 한다'는 말이다.

45 옮긴이 쉬운 말로 풀자면, '상속이라는 행위를 통해서는 구현부(implementation, 즉 '구현 부분')까지 상속받을 수 있지만, 인터페이스를 통해서 하는 접속으로는 정의부(definition, 즉 '정의 부분')만 상속받을 수 있다'는 말이다.

```java
public class Head {

    String size;

    public String getSize() {
        return size;
    }

    public void setSize(String aSize) { size = aSize; }

}
```

Head에는 getSize() 및 setSize()라는 두 가지 메서드가 있다. 합성은 상속과 달리 추상 클래스와 인터페이스의 차이를 잘 드러내지 못하지만, 이번 예제에서 합성을 사용하다 보면 합성이 객체지향 시스템의 전체 설계에서 추상 클래스 및 인터페이스와 어떻게 관련되는지를 잘 이해할 수 있을 것이다. 예제를 사용해 설명하는 방식이 문장으로만 설명하는 방식보다 더 내용을 알차게 하므로 필자는 예제가 중요하다고 생각한다. 객체 관계를 구축하는 방법에는 상속으로 표시되는 is-a 관계와 합성으로 표시되는 has-a 관계 두 가지 방법이 있다. 그렇다면 다음과 같이 질문해 볼 수 있을 것이다. 인터페이스는 이 둘 중 어느 것에 더 적합할까?

이 질문에 대답하고 모든 것을 종합하기 위해 Mammal의 서브클래스이면서 Nameable을 구현하며, Head 객체를 가진 Dog이라는 클래스를 만들어 보자(그림 8.5 참조).

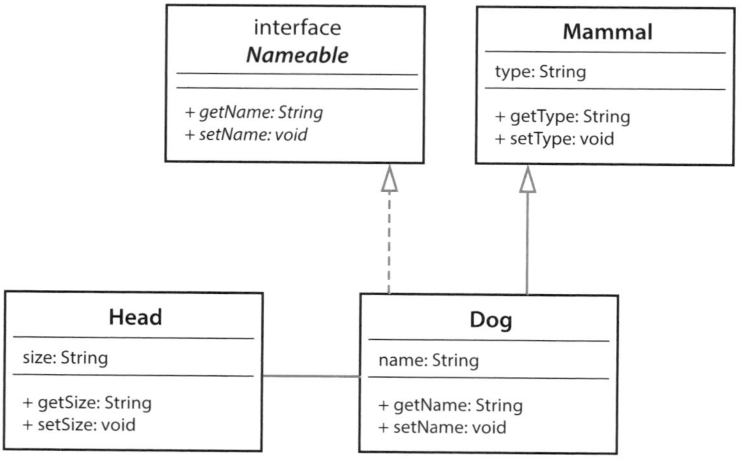

그림 8.5 보기로 드는 코드에 대한 UML 다이어그램

간단히 말해서 자바와 닷넷은 상속, 인터페이스(즉, '접속') 및 합성이라는 세 가지 방식으로 객체를 빌드한다. 인터페이스를 나타내는 그림 8.5의 점선에 주목하자. 이번 예제는 이러한 각 컨스트럭트(constructs, 즉 '구성소')를 사용해야 하는 때를 보여준다. 언제 추상 클래스를 선택하는가? 언제 인터페이스를 선택하는가? 언제 합성을 선택하는가? 더 알아보겠다.

여러분은 다음 개념에 익숙해야 한다.

- Dog은 Mammal의 일종이므로(Dog is-a Mammal) 이 관계는 상속이다.
- Dog은 Nameable을 구현하므로(Dog implements Nameable) 두 객체의 관계는 인터페이스 관계다.
- Dog은 Head를 가지고 있으므로(Dog has-a Head) 관계는 합성이다.

다음 코드는 추상 클래스와 인터페이스를 동일한 클래스에 통합하는 방법을 보여준다.

```
public class Dog extends Mammal implements Nameable {

    String name;
    Head head;

    public void makeNoise() { System.out.println("Bark"); }

    public void setName(String aName) { name = aName; }

    public String getName() { return (name); }

}
```

UML 다이어그램을 보고 나면 다음과 같은 분명한 질문이 나올 수 있다. Dog에서 Nameable로 그어진 점선이 인터페이스를 나타내지만, 여전히 상속되지 않는가? 언뜻 보기에 답이 간단해 보이지 않는다. 인터페이스를 특별한 상속 유형으로 간주할 수 있지만, 무엇 때문에 **특별한지**를 알아야 한다. 이러한 **특별한** 차이점을 알아야 엄격한 객체지향 설계를 이해할 수 있다.

상속은 엄격한 is-a 관계가 있을 때 사용하지만, 인터페이스는 그다지 엄격하지 않은 관계에도 사용할 수 있다. 예를 들면 이렇다.

- 개는 포유동물의 일종이다(is-a).
- 파충류는 포유류의 일종이 아니다(is not a).

따라서 파충류(Reptile) 클래스는 Mammal 클래스에서 상속할 수 없다. 그러나 인터페이스는 다양한 클래스를 초월한다. 예를 들면 이렇다.

- 개에 이름을 지어줄 수 있다(nameable).
- 도마뱀에 이름을 지어줄 수 있다(nameable).

여기서 중요한 것은 엄격한 상속 관계에 있는 클래스가 관련되어야 한다는 것이다. 예를 들어, 이 설계에서 Dog 클래스는 Mammal 클래스와 직접 관련된다. 개는 포유동물의 일종이다. 도마뱀은 포유류라고 말할 수 없기 때문에 개와 도마뱀은 포유동물 수준에서 보면 서로 관련이 없는 종이다. 그러나 서로 관련이 없는 클래스들끼리도 인터페이스를 사용할 수 있다. 여러분은 도마뱀의 이름을 지정할 수 있을 뿐만 아니라 개의 이름을 지정할 수 있다. 이것이 추상 클래스를 사용하는 방식과 인터페이스를 사용하는 방식의 주요한 차이점이다.

추상 클래스는 구현체[46]의 일종인 셈이다. 실제로 Mammal은 generateHeat()라는 구상 메서드를 제공했다. 우리에게 어떤 포유류 종이 있게 될지는 알지 못하지만, 모든 포유류가 온기를 낸다는 점은 알고 있다. 그러나 인터페이스는 행위만 모델링한다. 인터페이스는 어떠한 유형의 구현부도 제공하지 않으며, 행위만 제공한다. 인터페이스로는 연결 관계가 없을 수도 있는 클래스들 간에도 동일한 행위를 지정할 수 있다. 이름을 지어 주는 행위를 개에게 적용할 수 있을 뿐만 아니라 자동차와 행성 등에도 적용할 수 있다.

어떤 사람들은 인터페이스가 다중 상속을 대체하기에 적합하지 않다고 말한다. 인터페이스가, 다중 상속 방식을 허용하지 않은 자바 설계 방식(그 밖에도 다양한 언어에서 채택한 설계 방식)을 이루는 한 부분과 같을 수는 있지만, Nameable 예제에서 볼 수 있듯이 인터페이스는 상속이 아닌 관계를 설계해야 할 상황에서 사용할 수 있는 것이다.

컴파일러를 사용해 입증해 보기

인터페이스가 진정한 is-a 관계임을 증명하거나 반증할 수 있을까? 자바의 경우에는(및 C# 또는 비주얼베이직에서도 수행 가능) 컴파일러가 이 점을 알려줄 수 있다. 다음 코드를 생각해 보자.

---

46 옮긴이 여기서 말하는 구현체(implementation)는 단순한 구현부를 의미하는 게 아니라, 구현부가 있는 클래스를 의미한다. 구현부가 있는 메서드는 당연히 구상 메서드가 되지만, 구상 메서드가 있는(즉, 구현부가 있어서 구상 메서드가 된 것이 있는) 클래스라고 해서 다 구상 클래스가 되지는 않는다. 구상 메서드가 여러 개 있을지라도 추상 메서드가 한 개라도 있다면 추상 클래스로 간주하기 때문이다. 이런 경우의 추상 클래스는 순수한 추상 메서드만 있는 순수 추상 클래스가 아니다.

```
Dog D = new Dog();
Head H = D;
```

이 코드가 컴파일러를 통해 실행될 때 다음 오류가 발생한다.

```
Test.java:6: Incompatible type for Identifier. Can't convert Dog to Head.
Head H = D;
```

확실히 Dog이 Head인 것은 아니다. 우리는 이것을 알고 있을 뿐만 아니라 컴파일러도 이 점에 동의한다. 그러나 우리가 예상한 대로 다음 코드는 정상적으로 작동한다.

```
Dog D = new Dog();
Mammal M = D;
```

이것은 진정한 상속 관계이며, Dog(개)은 Mammal(포유류)이기 때문에 컴파일러가 이 코드를 깔끔하게 처리해 내는 게 당연하다.

이제는 인터페이스 관계(즉, '접속 관계')를 실제로 테스트해 볼 수 있다. 인터페이스가 실제로 is-a 관계인가? 컴파일러도 그렇게 여길 것이다.

```
Dog D = new Dog();
Nameable N = D;
```

이 코드는 잘 작동한다. 따라서 우리는 Dog이 이름을 지닌 존재라고 말해도 된다. 이것은 상속 관계와 인터페이스 관계라는 게 is-a 관계를 만들어 낸다는, 간단하지만 효과적인 증거다. 인터페이스 관계가 적절하게 사용된다면 '~과 같은 행위'라는 식으로 해석하면 된다. 'is-a'인 데이터 인터페이스들이 있을 수 있지만, 더 자주 전자 형식을 사용하게 될 것이다.

> **Nameable 인터페이스**
>
> 인터페이스로는 특정 행위를 지정하지만, 구현부로는 지정하지 않는다. Nameable 인터페이스를 구현함으로써 여러분은 getName() 및 setName()이라는 메서드를 구현해 이름을 지정할 수 있는 행위를 제공하게 된다. 이러한 메서드들을 구현하는 일은 여러분에게 달려 있다. 여러분이 할 일이라고는 메서드들을 제공하는 일뿐이다.

계약하기

구현부가 없는 메서드를 추상 클래스나 인터페이스 안에 두는 식으로 간단하게 계약을 정의할 수 있다. 따라서, 계약을 지킬 서브클래스로 설계할 때 부모 클래스나 인터페이스가 구현하지 않은 메서드에 대한 구현부를 서브클래스가 제공해야만 한다.

앞에서 언급했듯이 계약의 장점 중 하나는 코딩 규칙을 표준화하는 것이다. 코딩 표준을 사용하지 않을 때 발생하는 일을 예로 들면서 이 개념을 더 자세히 살펴보겠다. 이번 예제에서는 Planet, Car, Dog이라는 세 가지 클래스가 있다고 하자. 각 클래스에서는 엔터티 이름을 지정하는 코드를 구현한다. 그러나 그것들은 모두 개별적으로 구현되기 때문에 각 클래스에는 이름을 검색하는 다른 구문이 있다. Planet 클래스에 대해 다음 코드를 생각해 보자.

```
public class Planet {
    String planetName;
    public void getPlanetName() {return planetName;};
}
```

마찬가지로 Car 클래스에는 다음과 같은 코드가 있을 수 있다.

```
public class Car {
    String carName;
    public String getCarName() { return carName; };
}
```

그리고 Dog 클래스의 코드는 다음과 같을 것이다.

```
public class Dog {
    String dogName;
    public String getDogName() { return dogName; };
}
```

이러한 클래스를 사용하는 사람이 누구든지 각 인스턴스에서 이름을 검색하는 방법을 파악하려면 관련 문서를 보아야 한다는 문제점이 있다(얼마나 무서운 생각인지!). 문서를 본다는 게 말도 안 될 만큼 극악한 운명의 장난 같은 건 아니겠지만, 프로젝트(또는 회사)에서 사용하는 모든 클래스에서 이름을 지을 때 똑같은 규칙을 사용한다면 더 편해질 것이다. 이래서 Nameable 인터페이스가 필요하다.

이름을 사용해야 하는 모든 유형의 클래스와 계약하자는 말이다. 이렇게 하면 여러 클래스를 사용하는 사용자가 한 클래스를 사용하다가 다른 클래스를 사용해야 할 때 객체의 이름을 지정하기 위해 현재 구문을 따로 파악하지 않아도 된다. Planet 클래스, Car 클래스 및 Dog 클래스에 모두 동일한 이름 지정 구문(naming syntax)을 두면 된다.

인터페이스를 사용하면 이와 같은 수준 높은 목표를 구현할 수 있다(이전에 사용해 본 Nameable 인터페이스가 있기 때문이다). 모든 클래스가 Nameable을 구현해야 한다는 게 규약이다. 이런 식으로, 사용자는 명명 규약과 관련해서는 모든 클래스에 대해 단일 인터페이스만 기억하면 된다.

```
public interface Nameable {

    public String getName();

    public void setName(String aName);

}
```

새 클래스인 Planet, Car 및 Dog은 다음과 같아야 한다.

```
public class Planet implements Nameable {

    String planetName;

    public String getName() {return planetName;}

    public void setName(String myName) { planetName = myName; }

}

public class Car implements Nameable {

    String carName;

    public String getName() {return carName;}
```

```
    public void setName(String myName) { carName = myName;}
}

public class Dog implements Nameable {

    String dogName;

    public String getName() {return dogName;}

    public void setName(String myName) { dogName = myName;}

}
```

이러한 방식으로 코드를 작성함으로써 우리는 표준 인터페이스를 갖게 되었으며, 계약이 올바르게 이행되었는지도 확인했다. 사실, 최신 IDE를 사용해 인터페이스를 구현하다 보면 IDE가 필요한 메서드의 뼈대를 자동으로 만들어 준다는 이점을 누릴 수 있다. 따라서 인터페이스를 사용할 때 들일 시간과 노력을 많이 아낄 수 있다.

여러분이 생각해 볼 작은 문제가 하나 있다. 모든 사람이 규칙을 지키는 한은 계약이라는 아이디어가 훌륭하지만, 어떤 음흉한 사람(불량한 프로그래머)이 규칙에 따라 경기하기를 원하지 않는다면 어떻게 될까? 결론은 사람들이 표준 계약을 위반하는 것을 막을 수는 없다는 것이다. 그러나 어떤 경우에는 계약을 어기는 일 때문에 심각한 어려움을 겪게 된다.

한 수준에서 프로젝트 관리자는 팀 구성원이 동일한 변수 명명 규칙 및 구성 관리(configuration management, 즉 '형상 관리') 시스템을 사용하도록 강제하듯이, 모든 사람이 계약을 사용하도록 요구할 수 있다. 팀원이 규칙을 준수하지 않으면 징계하거나 해고할 수도 있다.

규칙 시행은 계약 준수 방법 중 한 가지이지만, 계약을 위반하면 코드를 사용할 수 없는 경우가 있다. 자바 인터페이스인 Runnable을 생각해 보자. 레거시 자바 애플릿은 Runnable 인터페이스를 구현해야 했는데, Runnable을 구현하는 모든 클래스는 run() 메서드를 구현해야 한다. 애플릿을 호출하는 브라우저가 Runnable 내에서 run() 메서드를 호출하기 때문에 run() 메서드를 구현하는 일은 중요하다. run() 메서드가 존재하지 않으면 문제가 발생하기 때문이다.

시스템 접속점

기본적으로 계약이란 여러분의 코드 내부로 들어가기 위한 '접속점(plug-in points)'이다. 시스템 중에 추상화할 곳이 있다면 어디에서나 계약을 사용할 수 있다. 추상화할 곳을 특정 클래스의 객체들에 연결하는 대신에, 여러분은 계약을 구현하는 객체라면 무엇이든지 연결할 수 있다. 어디에 계약이 유용할지를 여러분이 알고 있어야 하는 건 맞지만, 여러분이 계약을 남용할 가능성도 있다. 이번 장에서 논의한 것처럼 여러분은 `Nameable` 인터페이스와 같은 일반적인 특징들을 식별하려고 한다. 그러나 계약을 사용할 때 절충할 사항이 있다는 점에 유의하자. 계약을 활용하면 코드를 더 현실적으로 재사용할 수 있지만, 대신에 상황이 다소 더 복잡해진다.

전자상거래 사례

개발 경력이 없는 결정권자에게 코드를 재사용하면 비용을 줄일 수 있다는 식으로 말을 하면 잘 이해하지 못할 수도 있지만, 코드를 재사용하면 이익이 늘어난다는 식으로 말을 하면 금방 알아들을 것이다. 이번 단원에서는 상속, 추상 클래스, 인터페이스 및 합성을 사용해 실행 가능한 프레임워크를 만드는 방법을 간단하면서도 실용적인 예를 들어 가며 살펴보겠다.

전자상거래 문제

재사용이 발휘하는 힘을 가장 쉽게 이해하려면 코드를 재사용하는 방법을 예로 들면 된다. 이번 예제에서 우리는 인터페이스와 추상 클래스를 통한 상속과 합성을 사용한다. 우리의 목표는 코드 재사용을 실현해 코딩 시간과 유지 보수 횟수를 줄이는 프레임워크를 만드는 것이다.

Papa(아빠)라는 사람이 인터넷을 사업에 활용하려고 한다고 하자. 이 사람은 'Papa's Pizza'라는 작은 피자 가게를 경영하고 있고 이 가게에 고객이 있다고 가정하고 시나리오를 써보자. Papa는 자신의 가게가 가족들만으로 꾸려 가는 작은 사업체이기는 해도 웹이 여러모로 사업에 도움이 된다는 점을 알고 있다. Papa는 고객이 자신의 웹사이트에 접근하고 Papa's Pizza의 정보를 찾고 브라우저에서 편안하게 피자를 주문하기를 원한다.

우리가 개발하는 사이트에서 고객은 웹사이트에 접속해서 주문하려는 제품을 선택하고 배송 옵션 및 배송 시간을 선택할 수 있어야 했다. 고객은 가게에서 피자를 먹을 수도 있지만, 배달해 달라고 할 수도 있어야 했다. 예를 들어, 어떤 고객이 오후 3시에 피자 한 세트(샐러드와 빵과 음료를 포함한 세트)를 자신의 집으로 6시까지 배달시켜 먹을 생각을 했다고 하자. 이 고객은 업무를 잠시 미루고 쉬면서 웹사이트를 뒤져 가며 피자의 크기와 곁들인 재료 및 크러스트 포함 여부를 결정하고, 드레싱을 곁들인 샐러드와 긴 빵과 음료수를 선택할 수 있어야 한다. 이런 식으로 해당 고객은 배달 사항을 선택하고 여섯 시까지 음식을 집으로 배달하도록 요청한다. 그런 다음에 신용 카드로 결제를 하고서는 승인 번호를 받음으로써 비로소 주문을 마친다. 몇 분 안에 고객은 이메일로 주문 확인까지 받을 수 있어야 한다. 그뿐만 아니라 우리는 고객이 웹사이트에 접속할 때 자신에 관한 정보와, 자신이 가장 좋아하는 피자가 무엇인지와, 그리고 이번 주에 새로운 피자가 나왔는지까지 알려 주는 인사말을 받을 수 있도록 각 고객별 계정을 설정했다.

이와 같은 소프트웨어 시스템이 마침내 완성되었을 때 온전히 성공한 것처럼 보였다. 다음 몇 주 동안 Papa의 고객은 인터넷을 통해 피자와 다른 음식 및 음료를 행복하게 주문했다. 이렇게 시스템을 사용해 보는 기간 동안에 Papa의 처남이자 'Dad's Donuts('아부지' 도넛)'이라는 도넛 가게를 운영하는 사장이 Papa's pizza를 방문했다. Papa(아빠)는 Dad(아부지)에게 시스템을 보여주었는데 Dad가 호기심을 내비쳤다. 다음날, Dad는 회사에 전화를 걸어 도넛 가게에서 쓸 웹 기반 시스템을 개발해 달라고 개발자인 우리에게 요청해 왔다. 이거야말로 우리가 바랐던 바다. 그렇다면 이제 피자 가게에서 사용한 코드를 어떻게 하면 도넛 가게에서 쓸 시스템에서도 활용할 수 있을까?

Papa's Pizza 및 Dad's Donuts 외에 더 많은 소규모 사업체가 구글의 프레임워크를 활용해 웹에 접근할 수 있는가? 우리가 훌륭하고 견고한 프레임워크를 개발할 수 있다면 이전보다 훨씬 저렴한 비용으로 웹 기반 시스템을 효율적으로 제공할 수 있다. 또한, 코드가 이전에 테스트되고 구현되었다는 이점이 있으므로 디버깅 작업이나 유지보수 작업이 크게 줄어들어야 한다.

재사용하지 않는 접근법

다양한 이유로 코드 재사용이라는 개념은 일부 소프트웨어 개발자가 원하는 만큼 성공적이지 못했다.

첫째, 시스템을 개발할 때 재사용을 고려하지 않는 경우가 많다.

둘째, 재사용이라는 작업을 방정식에 입력하듯이 절차대로 진행하더라도 일정 제약이라든가 제한된 자원 및 예산 문제로 인해 종종 의도한 최선의 상황에서 벗어나게 된다.

대부분의 경우에 코드는 작성한 특정 애플리케이션과 밀접한 관련이 있다. 이는 애플리케이션 내의 코드가 동일한 애플리케이션 내의 다른 코드에 크게 의존한다는 말이기도 하다.

코드 재사용 작업 중 많은 부분이 코드를 잘라내고 복사하고 붙여넣는 과정을 통해 이뤄진다. 텍스트 에디터에서 한 애플리케이션을 열어 놓고 코드를 복사한 다음에 또 다른 애플리케이션에 붙여넣는 식이다. 때때로 특정 기능이나 루틴은 변경하지 않은 채 그대로 사용하기도 한다. 불행히도 대체로 대부분의 코드를 그대로 가져다 쓸 수 있지만, 특정 애플리케이션에 맞추기 위해 코드를 조금이라도 변경해야 할 때가 있다.

예를 들어, 그림 8.6의 UML 다이어그램으로 표시되는 두 개의 개별 애플리케이션을 생각해 보자.

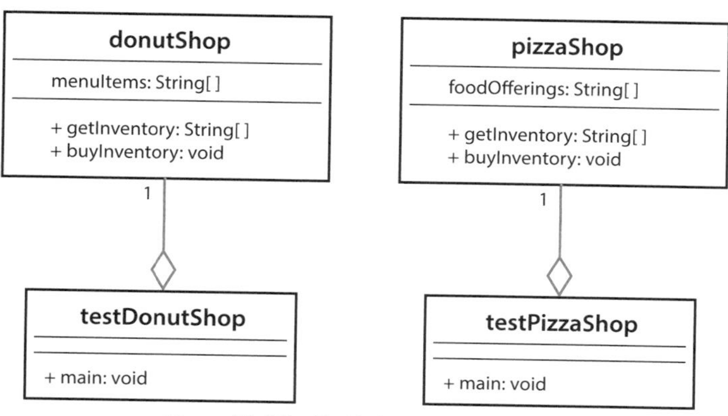

그림 8.6 분기될 가능성이 있는 애플리케이션들

이번 예제에서 `testDonutShop` 및 `testPizzaShop` 애플리케이션은 완전히 독립적인 코드 모듈이다. 코드는 별도로 유지되며, 둘 간에 상호 작용이 없다. 그러나 이러한 애플리케이션들은 공통 코드를 사용할 수 있을 것이다. 실제로 일부 코드는 한 가지 애플리케이션에서 그 밖의 애플리케이션으로 그대로 복사되었을 수 있다. 어느 시점에서 프로젝트와 관련된 누군가가 이러한 공통 코드 조각들을 가지고 라이브러리를 만들어 이런저런 애플리케이션에서 사용할 수 있게 했다고 하자. 잘 집행되고 규율이 잘 선 많은 프로젝트에서는 이런 접근 방식이 효과적이다. 코딩 표준, 구성 관리(즉, 형상 관리), 변화 관리 등이 모두 잘 집행되는 프로젝트라면 말이다. 그러나 많은 경우에 이런 규율은 무너진다.

소프트웨어 개발 과정에 익숙한 사람이라면, 버그가 발생해서 시간이 촉박한 상황에서, 문제가 발생한 애플리케이션에 연관된 시스템에 코드를 수정해 넣거나 추가하고 싶은 유혹을 받을 때가 있다는 점을 잘 알 것이다. 이렇게 하다 보면 당면한 애플리케이션 문제는 해결할 수 있지만, 의도치 않게 그 밖의 애플리케이션에 영향을 줄 수 있다. 따라서 이러한 상황에서는 초기에 공유된 코드가 분기될 수 있으며, 이런 경우에 코드베이스를 따로 유지할 수밖에 없게 된다.

예를 들어, 어느 날 Papa의 웹사이트가 충돌했다고 하자. Papa는 정신줄을 놓은 채로 우리에게 연락을 했고 우리 개발자 중 한 명이 문제를 파악할 수 있었다고 하자. 개발자가 문제의 원인까지는 잘 모른 채로 일단 겉으로 드러난 문제만 해결했다고 하자. 또한, 개발자는 이 수정 프로그램이 실수로 어떤 다른 영역에 영향을 줄 수 있는지 알지 못했다고 하자. 따라서 개발자는 Papa's Pizza 시스템에서 사용할 코드 사본을 만든다. 이것에 애정을 쏟아 Version 2.01papa라고 이름 지었다. 개발자가 아직 문제를 완전히 이해하지 못했을 뿐만 아니라 Dad의 시스템은 여전히 제대로 동작하기 때문에 코드를 도넛 가게 시스템으로 이식하지는 않았다.

> **버그 추적**
>
> 피자 시스템에서 버그가 발견되었다고 해서 도넛 시스템에서도 버그가 발생한다는 의미는 아니다. 버그가 피자 가게에서 충돌을 일으켰더라도 도넛 가게는 절대 그런 상황을 겪지 않을 수도 있다. 피자 가게에서 수정한 코드가 원래 있던 버그보다 도넛 가게에는 더 위험할 수 있다.

다음 주에 Dad는 전혀 상관없던 문제로 공황 상태에 빠졌다. 개발자는 수정 사항이 시스템의 나머지 부분에 어떤 영향을 미치는지 모른 채 다시 수정해 별도의 코드 복사본을 만들어 Version 2.03dad라고 했다. 이런 식의 시나리오가 현재 운영 중인 모든 사이트에 적용되었다. 이런 식으로 다양한 사이트별로, 그리고 다양한 버전별로 코드 사본이 12개 이상 있게 되었다. 이러면 엉망진창이 된다. 우리는 여러 개의 코드 경로를 가지게 된 셈이며, 돌이킬 수 없게 되었다. 우리는 이런 코드들을 다시 병합할 수도 없다(사업하는 입장에서 보면 큰 비용이 들 수도 있기 때문이다).

지금까지 예로 든 가상의 시나리오를 통해 보았던 혼란스러운 상황을 피하는 게 우리의 목표다. 많은 시스템이 레거시 문제를 다뤄야 하지만, 다행스럽게도 피자 가게 애플리케이션과 도넛 가게 애플리케이션은 모두 새로 개발한 시스템이다. 따라서 우리는 어느 정도는 상황을 예측해 가면서 이 시스템들을 재사용 가능한 방식으로 설계할 수 있다. 이런 식으로 하면 우리는 지금까지 예로 든 바람직하지 못한 유지보수 상황에 빠지지 않아도 될 것이다. 우리는 될 수 있는 대로 공통성을 최대한 드러낼 수 있기를 바란다. 설계 시에 우리는 웹 기반 애플리케이션에 존재하는 모든 공통 업무 기능들에 초점을 맞출 것이다. 우리는 `testPizzaShop` 및 `testDonutShop`과 같은 식으로 클래스들을 애플리케이션별로 만드는 대신에 `Shop`이라는 클래스를 두고 여러 애플리케이션에 사용하게 하는 식으로 설계할 수 있을 것이다.

`testPizzaShop` 및 `testDonutShop`에는 `getInventory()` 및 `buyInventory()`처럼 서로 비슷한 기능을 하는 인터페이스가 있다. 이러한 공통성을 고려해 `Shop`이라는 프레임워크를 준수

하는 모든 애플리케이션에서 getInventory() 및 buyInventory() 메서드를 구현하게 한다. 표준을 준수하게 하기 위한 이러한 요건을 계약이라고도 한다. 서비스 계약을 명시적으로 설정하면 단일한 구현부로부터 코드를 분리할 수 있다. 자바에서는 인터페이스나 추상 클래스를 사용해 계약을 구현할 수 있다. 이것이 어떻게 성취되는지 살펴보자.

전자상거래 솔루션

이제 계약을 사용해 이러한 시스템들의 공통성을 고려하는 방법을 살펴보자. 이번 사례에서 우리는 구현부 중 일부를 제거하기 위한 추상 클래스를 작성하고 행위 중 일부를 제거하는 데 쓸 인터페이스(우리의 익숙한 Nameable)를 작성할 것이다.

웹 애플리케이션의 사용자 정의 버전에 다음 기능들을 제공하는 게 목표다.

- Nameable이라고 부를 인터페이스를 작성할 텐데, 이 인터페이스는 계약의 한 부분이다.
- Shop이라고 부를 추상 클래스를 작성할 텐데, 이것도 계약의 한 부분이다.
- CustList라고 부르는 클래스를 작성해 합성에 사용한다.
- 서비스를 받을 고객별로 대응하기 위한 Shop의 새로운 구현체를 작성한다.

UML 객체 모델

새로 작성된 Shop 클래스에서는 기능성을 고려한다. 그림 8.7에서 getInventory() 메서드와 buyInventory() 메서드가 계층 트리 구조를 따라서 DonutShop 클래스와 PizzaShop 클래스로부터 추상 클래스인 Shop으로 이동했음을 알 수 있다. 이제 우리는 Shop의 맞춤형 버전을 새로 제공하려고 할 때마다 Shop의 새로운 구현체(예를 들면, 식료품 가게)를 계층 트리 구조에 끼워 넣으면 된다. 그러므로 Shop은 각 구현체(implementation)[47]가 준수해야 하는 계약인 셈이다.

47 옮긴이 implementation을 지금까지는 거의 구현부라고 부르다가 이 앞쪽에서부터는 갑자기 '구현체'라는 말로 번역했다. 구현부(즉, 구현에 쓴 코드)를 포함할 뿐만 아니라 구현과 상관없는 그 밖의 속성이나 메서드까지 포함하는 온전한 클래스를 나타내는 말로 쓰기에는 구현부라는 말이 적절하지 않기 때문이다. 이번 예제의 getInventory와 buyInventory, 그리고 getName과 setName에 들어 있는 코드가 지금까지 언급해 온 구현부인 셈이고, 이런 구현부뿐만 아니라 여타 속성까지 포함한 DonutShop과 PizzaShop은 인터페이스인 Nameable과 추상 클래스인 Shop의 구현체인 것이다. 이런 식으로 영어로는 동일한 implementation이라는 말을 구현부와 구현체로 구분하지 않으면 이해하기 어려운 내용이 되므로 부득이하게 구분하여 번역했다.

```java
public abstract class Shop {

    CustList customerList;

    public void CalculateSaleTax() {
        System.out.println("Calculate Sales Tax");
    }

    public abstract String[] getInventory();

    public abstract void buyInventory(String item);

}
```

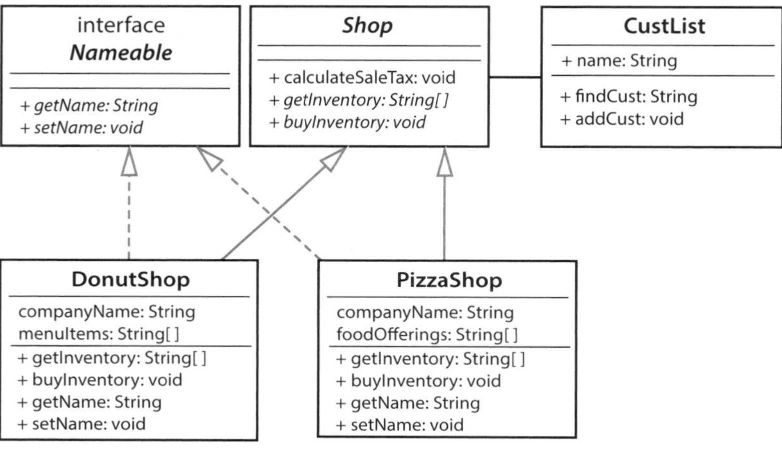

그림 8.7 **Shop 모델의 UML 다이어그램**

합성이 이 그림에 어떻게 적용되는지 보여주기 위해 Shop 클래스에는 고객 목록을 두어야 한다. 그래서 CustList(고객 목록)라는 클래스가 Shop에 포함되어 있다.

```java
public class CustList {

    String name;

    public String findCust() {return name;}

    public void addCust(String Name) {}

}
```

인터페이스를 사용하는 방법을 이번 예제에서 설명하기 위해 Nameable이라는 인터페이스를 정의하였다.

```
public interface Nameable {

    public abstract String getName();

    public abstract void setName(String name);

}
```

우리는 잠재적으로 다양한 구현체들을 많이 지니게 될 수 있지만, 나머지 코드(애플리케이션)는 동일하다.[48] 이 작은 예제에서 코드 절약 효과가 그리 두드러져 보이지는 않을 수 있다. 그러나 대규모 실무 애플리케이션이라면 코드를 크게 절약할 수 있다. 도넛 가게 구현체인 DonutShop을 살펴보자.

```
public class DonutShop extends Shop implements Nameable {

    String companyName;

    String[] menuItems = {
        "Donuts",
        "Muffins",
        "Danish",
        "Coffee",
        "Tea"
    };

    public String[] getInventory() {
        return menuItems;
    }

    public void buyInventory(String item) {
        System.out.println("\nYou have just purchased " + item);
    }

    public String getName() {
        return companyName;
    }
```

48 옮긴이 즉, '이 소프트웨어 시스템을 사용하는 가게들이 늘어난다면 Nameable과 Shop의 구현체인 DonutShop 클래스나 PizzaShop 클래스들(즉, 구현체들. 예를 들면, GimbapShop, ChickenShop 등)이 더 늘어나겠지만, Nameable 인터페이스와 Shop이라는 추상 클래스와 그것의 부속 클래스는 CustList에 쓰이는 코드는 변하지 않는다'는 말이다.

```
    public void setName(String name) {
        companyName = name;
    }
}
```

피자 가게 구현체인 PizzaShop도 DonutShop과 아주 비슷하다.

```
public class PizzaShop extends Shop implements Nameable {

    String companyName;


    String[] foodOfferings = {
        "Pizza",
        "Spaghetti",
        "Garden Salad",
        "Antipasto",
        "Calzone"
    }

    public String[] getInventory() {
        return foodOfferings;
    }

    public void buyInventory(String item) {
        System.out.println("\nYou have just purchased " + item);
    }

    public String getName() {
        return companyName;
    }

    public void setName(String name) {
        companyName = name;
    }

}
```

맞춤형 애플리케이션들이 많았던 이전의 사례와 달리, 이제 기본 클래스는 한 개뿐이고(즉, Shop뿐이고) 다양한 맞춤형 클래스들(PizzaShop, DonutShop)이 있다. 애플리케이션과 맞춤형 클래스들은 서로 묶여 있지 않다. 애플리케이션과 유일하게 묶인 것은 계약에 해당하는 Shop뿐이다. 계약에 따르면 Shop을 구현하려면(즉, Shop의 구현체를 만들려면) getInventory() 및 buyInventory()라는 두 가지 메서드에 대해 구현부를 제공해야만 한다. 또한, Nameable 인터페이스를 구현하려면 getName() 및 setName()에 대한 구현부를 제공해야 한다.

이와 같은 해결책으로 구현체들이 서로 강하게 묶이는 문제를 풀 수 있지만, 우리는 여전히 어떤 구현체를 사용할 것인지를 정해야 한다. 현재 전략을 따른다면 애플리케이션들을 개별적으로 두어야 할 것이다.[49] 본질적으로, 여러분은 각 Shop 구현체별로 애플리케이션을 하나씩 제공해야 한다. 우리는 Shop이라는 계약을 사용하고 있지만, 여전히 계약을 사용하기 전과 동일한 상황이 계속되고 있는 것이다.

```
DonutShop myShop = new DonutShop();

PizzaShop myShop = new PizzaShop();
```

이 문제를 어떻게 해결할 수 있을까? 우리는 동적으로 객체를 만들 수 있다. 자바에서는 다음과 같은 식으로 코드를 작성할 수 있다.

```
String className = args[0];

Shop myShop;
myShop = (Shop)Class.forName(className).newInstance();
```

옮긴이 이 두 문장을 아래 코드처럼 합치면 더 좋겠다는 베타리더의 의견이 있다.

```
Shop myShop = (Shop)Class.forName(className).newInstance();
```

이 경우에 코드에 매개변수를 전달해 className을 설정할 수 있다. 시스템 속성을 사용하는 식으로 className을 설정하는 방법도 있다.

이 접근 방식을 사용해 Shop을 살펴보자. (예외 처리 부분은 생략했으며, 객체를 인스턴스화하는 일 외에는 아무 것도 없는 코드가 되게 간략히 작성했다.)

```
class TestShop {

    public static void main (String args[]) {

        Shop shop = null;

        String className = args[0];

        System.out.println("Instantiate the class:" + className + "\n");
```

49 옮긴이 여기서 저자가 말하는 애플리케이션이란 인스턴스를 의미한다. 예를 들어, 이 문장 아래에 나오는 코드 중 첫 줄에 나오는 myShop은 DonutShop이라는 클래스의 인스턴스인데, 이는 다시 말하면 Shop의 구현체인 DonutShop의 애플리케이션인 것이다. 둘째 줄에 나오는 myShop은 PizzaShop이라는 클래스의 인스턴스인데, 이는 다시 말하면 Shop의 구현체 중 하나인 PizzaShop의 애플리케이션인 것이다.

```
        try {

        // new pizzaShop();
            shop = (Shop)Class.forName(className).newInstance();

        } catch (Exception e) {
            e.printStackTrace();
        }

        String[] inventory = shop.getInventory();


        // 인벤토리를 나열한다.

        for (int i=0; i<inventory.length; i++) {
            System.out.println("Argument" + i + " = " + inventory[i]);
        }


        // 물품을 산다.

        shop.buyInventory(Inventory[1]);

    }

}
```

이런 식으로 PizzaShop과 DonutShop에서 동일한 애플리케이션 코드를 사용하게 할 수 있다. 우리가 GroceryShop이라고 하는 애플리케이션을 추가하려고 한다면 기본 애플리케이션에 구현체와 적절한 문자열만 제공하면 된다. 애플리케이션 코드를 변경하지 않아도 된다.

결론

클래스와 객체 모델을 설계할 때 객체가 서로 어떻게 관련되어 있는지를 꼭 이해해야 한다. 이번 장에서는 객체 작성의 기본 주제인 상속, 인터페이스, 합성을 설명했다. 이번 장에서 여러분은 계약 형태로 설계함으로써 코드를 재사용할 수 있는 방법을 배웠다.

9장 '객체 구축과 객체지향 설계'에서는 객체지향 과정을 마무리하고 서로 관련성이 전혀 없는 객체들끼리 어떤 식으로 상호 작용할 수 있는지를 살펴본다.

참고문헌

Booch, Grady and Robert A. Maksimchuk and Michael W. Engel and Bobbi J. Young and Jim Conallen and Kelli A. Houston. 2007. Object-Oriented Analysis and Design with Applications, Third Edition. Boston, MA: Addison-Wesley.

Coad, Peter, and Mark Mayfield. 1997. Java Design. Upper Saddle River, NJ: Prentice Hall. Meyers, Scott. 2005. Effective C++, Third Edition. Boston, MA: Addison-Wesley Professional.

객체 구축과 객체지향 설계

앞의 두 장에서는 상속과 합성에 관한 주제를 다뤘다. 7장 '상속 및 합성에 익숙해지기'에서 상속과 합성이 객체를 작성하는 기본 방법을 나타낸다는 점을 배웠다. 8장 '프레임워크와 재사용: 인터페이스와 추상 클래스를 사용해 설계하기'에서는 다양한 상속 수준이 있으며, 상속, 인터페이스, 추상 클래스 및 합성이 모두 잘 맞는다는 것을 배웠다.

이번 장에서는 전체 설계에서 객체가 서로 어떻게 관련되어 있는지에 대한 문제를 다룬다. 이 주제가 이미 소개되었다고 말할 수도 있다. 상속(inheritance)과 합성(composition)은 객체가 상호작용하는 방식을 나타낸다. 그러나 상속과 합성으로 객체가 만들어지는 방식에는 큰 차이가 있다. 상속이 사용되면 최종 결과는 단일한 클래스가 되는데, 이 클래스는 적어도 개념적으로 상속 계층의 모든 행위와 속성을 통합한다. 합성이 사용될 때 한 개 이상의 클래스를 사용해 다른 클래스를 만든다.

상속이 두 클래스 사이의 관계라는 것은 사실이지만, 실제로는 자식 클래스의 속성과 메서드를 통합한 부모가 생성되는 일이 벌어진다. Person 클래스와 Employee 클래스의 예를 다시 살펴보자(그림 9.1 참조).

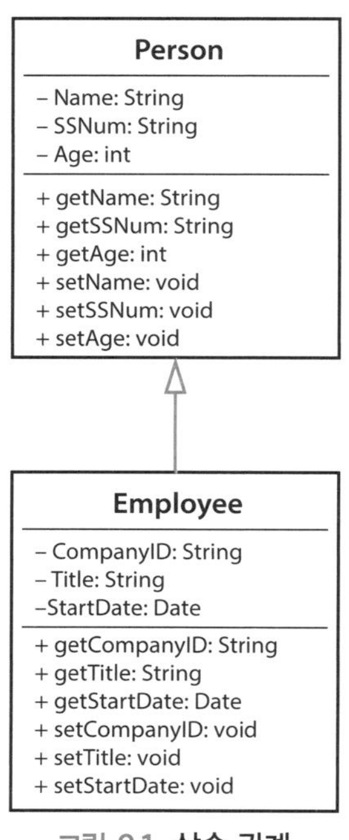

그림 9.1 **상속 관계**

실제로 두 개의 개별적으로 설계된 클래스가 있고 이 두 클래스의 관계는 단순한 상호 작용이 아니라 상속이라고 하자. 기본적으로 직원(employee)은 사람(person)의 일종이다(is-a). Employee 객체는 Person 객체로 메시지를 보내지 않는다. Employee 객체는 Person 객체의 서비스가 필요하다. Employee 객체가 Person 객체의 일종이기(is-a) 때문이다.

그러나 합성은 다른 상황이다. 합성은 개별 객체 간의 상호 작용을 나타낸다. 따라서 8장에서는 상속이 지닌 다채로운 면을 주로 다뤘지만, 이번 장에서는 합성이 보여주는 다채로운 면을 설명하면서 객체들끼리 상호 작용하는 방식을 설명한다.

합성 관계

우리는 이미 합성으로 전체 중의 한 부분을 나타낸다는 점을 보았다. 상속 관계는 is-a로 표시되지만, 합성 관계는 has-a로 표시된다. 우리는 자동차에 핸들이 포함된다(has-a)는 점을 직관적으로 알고 있다(그림 9.2 참조).

Is-a와 Has-a

필자는 'has an engine'이 문법적으로 더 정확하지만, 일관성 있게 표현하려고 'has a engine'으로 계속 나타낼 생각이니 이런 문법 사용을 이해했으면 한다. 규칙을 단순히 'is-a' 및 'has-a'로만 나타내려고 하기 때문에 이렇게 하는 것이다.

합성을 사용하는 이유는 더 단순한 부품(components)을 하나로 묶어서 시스템을 구축할 수 있기 때문이다. 사람들은 흔히 이런 식으로 문제를 해결한다. 연구에 따르면 우리 중 가장 좋은 기억력을 가진 사람도 단기적으로는 한 번에 일곱 개의 일시적인 내용만 기억할 수 있다. 그래서 우리는 개념을 추상적으로 다루기를 좋아한다. 우리는 운전대와 네 개의 바퀴와 엔진 등을 갖춘 대형 장치가 있다고 말하기보다는 그냥 자동차가 있다고 말한다. 이런 식으로 추상화하면 더 쉽게 의사를 주고받을 수 있을 뿐만 아니라 더 뚜렷이 기억할 수 있다.

그림 9.2 합성 관계

합성은 부품을 서로 바꿀 때에도 도움이 된다. 모든 운전대가 똑같다면 특정 자동차에 어떤 운전대가 설치되어 있는지는 중요하지 않다. 소프트웨어 개발에서 교체 가능한 부품(즉, 컴포넌트)이 있다는 건 곧 재사용할 수 있다는 뜻이기도 하다.

길버트와 맥커티는 그들의 저서인 《Object-Oriented Design in Java》의 7장과 8장에서 훨씬 더 많은 결합 사례와 합성 사례를 제시한다. 이러한 주제를 더욱 심도 있게 살펴보려면 이 책을 참조하는 것이 바람직하다. 여기서 우리는 이러한 개념의 더 근본적인 몇 가지 요점을 다루고 그 예의 변형을 탐구한다.

단계적으로 구축하기

합성을 사용할 때의 또 다른 주요 이점은 시스템과 자식 시스템을 독립적으로 구축할 수 있으며, 더 중요하게는 독립적으로 테스트하고 유지보수를 할 수 있다는 것이다.

소프트웨어 시스템이 상당히 복잡하다는 데는 의문의 여지가 없다. 양질의 소프트웨어를 구축하려면 하나의 우선 적용 규칙을 따라야 한다. 가능한 한 간단하게 유지한다는 규칙이다. 큰 소프트웨어 시스템이 제대로 작동하게 하고 유지보수를 쉽게 할 수 있으려면 더 작고 관리하기 쉬운 부분으로 나누어야 한다. 이렇게 하면 어떤 장점이 있을까? 노벨상 수상자인 허버트 사이먼(Herbert Simon)은 1962년에 집필한 'Architecture of Complexity'라는 기사에서 안정적인 시스템에 대해 의견을 말했다.

- **"복잡하지만 안정된 시스템은 보통 위계구조라는 형태를 취하는데, 각 시스템은 더 단순한 하부 시스템을 사용해 구축되며, 각 하부 시스템은 여전히 그보다 더 단순한 하부 시스템으로부터 구축된다":** 여러분은 이미, 이 원리가 기능적 분해(decomposition, 즉 '합성 해체' 또는 '컴포지션 해체')의 기초를 형성할 뿐만 아니라 절차적 소프트웨어 개발의 배경이 되는 방법을 형성하기 때문에, 이 원리에 대해 잘 알고 있을 것이다. 객체지향 설계에서는 동일한 원리를 합성에 적용해 더 간단한 부품들을 사용해 복잡한 객체를 만든다.
- **"안정적이면서도 복잡한 시스템은 거의 다 분해해 볼 수 있다":** 시스템을 합성하는 데 쓰이는 부품을 식별할 수 있으며, 부품과 부품 내부의 상호 작용 간 차이를 알 수 있다. 안정적인 시스템을 이루고 있는 각 부품 간의 연결 수는 각 부품 내의 연결 수보다는 적다. 따라서 스피커, 턴테이블 및 앰프들이 서로 간단히 연결된 모듈식 음향기기는 본질적으로 쉽게 분해할 수 없게 연결된 통합 시스템보다 안정적이다.
- **"복잡하지만 안정된 시스템은 거의 항상 서로 다른 조합으로 배열된 몇 가지 종류의 자식 시스템으로만 합성된다":** 그 자식 시스템은 일반적으로 몇 가지 종류의 부품으로만 합성된다.
- **"작동 중인 안정 시스템은 거의 항상 작동해 왔던 단순한 시스템에서 발전했다":** 새로운 시스템을 처음부터 새로 만드는 대신에, 다시 말해서 바퀴를 다시 발명하는 대신에 이전에 입증된 설계를 기반으로 삼아 새로운 시스템을 구축한다.

스테레오 예제(그림 9.3 참조)에서 음향기기가 완전히 통합되어 컴포넌트들을 사용해 구축하지 않았다고 가정한다(즉, 음향기기가 하나의 큰 블랙박스 시스템이라고 가정하자는 말이다). 이 경우에 CD 플레이어가 고장 나서 사용할 수 없게 되면 어떻게 될까? 전체 시스템을 수리해야 한다. 이런 시스템은 더 복잡하고 비쌀 뿐만 아니라 다른 컴포넌트까지 사용할 수 없게 만든다.

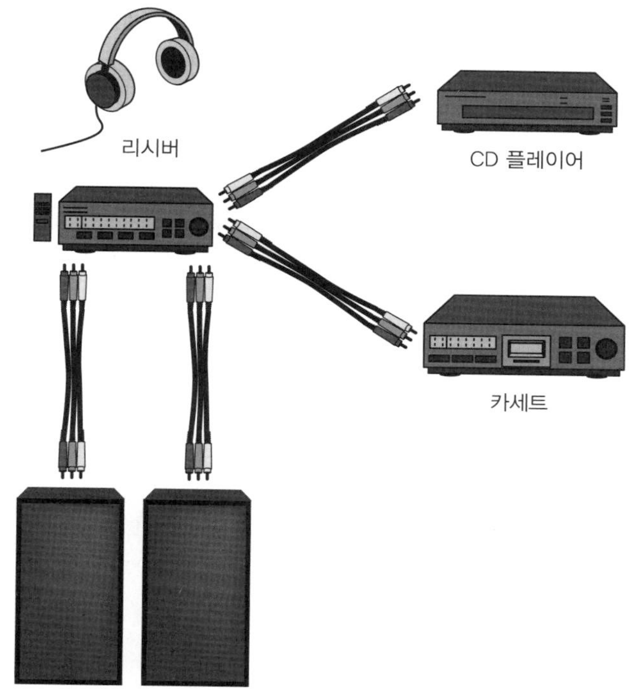

그림 9.3 한 번에 한 단계씩 완전한 시스템으로 구축하고 테스트하고 검증하기

자바 및 닷넷 프레임워크에 포함된 언어 등에서는 이런 개념이 아주 중요하다. 객체가 동적으로 적재(load)되기 때문에 설계를 분리해야만 한다. 예를 들어, 자바 애플리케이션을 배포한 후에 클래스 파일 중 하나를 다시 작성해야 한다면(버그 수정 또는 유지 보수를 위해), 여러분은 해당 특정 클래스 파일만 재배포하면 될 것이다. 모든 코드가 단일 파일에 있었다면 전체 애플리케이션을 재배포해야 한다.

오디오 시스템이 단일 장치로 되어 있지 않고 컴포넌트별로 분리되어 있다고 가정하자. 이 경우에 CD 플레이어가 고장이 났다면 CD 플레이어만 따로 떼어내어 수리점에 맡길 수 있다. (모든 컴포넌트는 연결선으로 연결되어 있다는 점에 유념하자.) 이런 식으로 구성되어 있으면 덜 복잡하고 비용이 적게 들며, 단일 통합 장치를 처리하는 경우보다 시간을 덜 써도 된다. 게다가 여전히 나머지 시스템을 사용할 수도 있다. 컴포넌트 방식으로 구성되어 있기 때문에 고장이 난 CD 플레이어를 대신할 CD 플레이어만 구입하면 된다. 수리 담당자는 고장이 난 CD 플레이어를 수리 시스템에 연결해 테스트하고 수리할 수 있다. 대체로 컴포넌트 접근 방식은 매우 잘 작동한다. 합성은 소프트웨어 설계자로서 소프트웨어 복잡성에 대항하기 위해 무기고에 갖춰 둬야 할 주요 전략 무기 중 하나다.

컴포넌트를 사용할 때 얻을 수 있는 주요 이점 중 하나는 조직 내의 다른 개발자 또는 타사 공급업체가 작성한 컴포넌트를 사용할 수 있다는 것이다. 그러나 출처가 다른 소프트웨어 컴포넌트를 사용하려면 어느 정도 믿음직해야 한다. 제3자가 만든 컴포넌트라면 신뢰할 수 있는 공급원에서 가져와야 하며, 알려진 기능을 제대로 수행해야 할 뿐만 아니라 소프트웨어를 적절히 검사(테스트)했다는 점도 느낄 수 있어야 한다. 다른 사람들이 만들었지만 믿음직한 컴포넌트를 가져와서 쓰기보다는, 자신이 직접 컴포넌트를 만들어서 쓰려는 사람들이 여전히 많다.

합성 유형

일반적으로 결합(association)과 응집(aggregation)이라는 두 가지 유형의 합성 방식이 있다.[50] 두 방식은 모두 객체 간의 협업 관계를 나타낸다. 합성의 주요 장점 중 하나를 설명하기 위해 방금 사용한 스테레오 예제는 결합을 나타낸다.

> **합성은 결합의 한 가지 형태일까?**
>
> 합성은 객체지향 기술의 또 다른 영역으로 닭이냐 달걀이냐 대한 문제가 먼저 발생한다. 일부 도서에서는 합성이 결합의 한 가지 형식이라고 말하지만, 또 다른 도서에서는 결합이 합성의 한 가지 형식이라고 말한다. 어쨌든 우리는 이 책에서 상속과 합성이 클래스를 구축하는 두 가지 주요 방법이라고 간주한다. 그러므로 이 책에서는 결합을 합성의 한 가지 형태로 간주한다.

모든 형태의 합성에는 has-a 관계가 포함된다. 그러나 전체 부분을 시각화하는 방법에 따라 결합과 응집 간에 미묘한 차이가 있다. 응집에서는 일반적으로 전체만 표시하고 결합에서는 일반적으로 전체를 이루는 부분을 표시한다.

응집

아마도 가장 직관적인 합성의 형태는 응집일 것이다. 응집은 복합 객체(complex object)가 그 밖의 객체들로 구성되어 있음을 의미한다. 텔레비전 세트는 오락거리를 제공하는 데 사용하는

50 옮긴이 association을 '순수연관'이나 '결합', aggregation을 '집합연관'이나 '집합' 또는 '집합체' 등으로 번역해서 부르는 경우도 있지만, 그 개념으로 보나 물리학이나 화학에서 쓰는 용례에 비춰 볼 때 전자의 번역어로는 '연관'이 적절해 보이고 후자의 번역어로는 '응집'이 적절해 보인다. 왜냐하면 응집은 '강하게 묶는 합성'을 나타내고 '결합'은 '약하게 묶는 합성'을 나타내기 때문이다. 우리말에서 무언가가 강하게 묶여 있는 경우에 '집합적'이라고 하기보다는 '응집적'이라고 한다는 점을 감안했다. 다만, association의 경우에는 이미 '결합'으로 부르는 관행을 따르는 게 좋겠다는 베타리더의 의견에 따라 '결합'으로 번역했다. 이에 따라 'association/an association'도 '결합체'(또는 '결합소')로 번역했다.

것으로 깨끗하고 깔끔하게 마감되어 있다. 여러분이 사용하는 HDTV는 단일한 장치로 되어 있다. 대체로 사람들은 HDTV에 마이크로칩이나 스크린이나 튜너 등이 포함되어 있다는 사실까지 생각하지는 않는다. 물론, 전원을 켜고 끄는 단추를 볼 수 있을 테고 화면 표시 장치도 볼 수 있을 것이다. 그러나 사람들이 일반적으로 HDTV를 이런 식으로 생각하지는 않는다. 가전제품 판매점에 들어가면 영업 사원은 "마이크로칩, 그림 화면, 튜너 등이 응집된 장치를 보여 드리겠습니다"고 말하지 않고 그저 "이 HDTV를 보여 드리겠습니다"라고만 말한다.

마찬가지로 자동차를 구입하려고 할 때 자동차의 모든 개별 컴포넌트를 짚어 가며 선택하지는 않는다. 어떤 점화 장치를 사거나 어떤 자동차문 손잡이를 사야 하는지까지 결정하지 않는다. 여러분은 그저 차를 사러 가는 것뿐이다. 물론 몇 가지 사양을 선택하지만, 대부분의 경우에 자동차는 전체적으로 복잡하고 그 밖의 단순한 객체들을 많이 사용해 이룬 복합 객체를 선택한다(그림 9.4 참조).

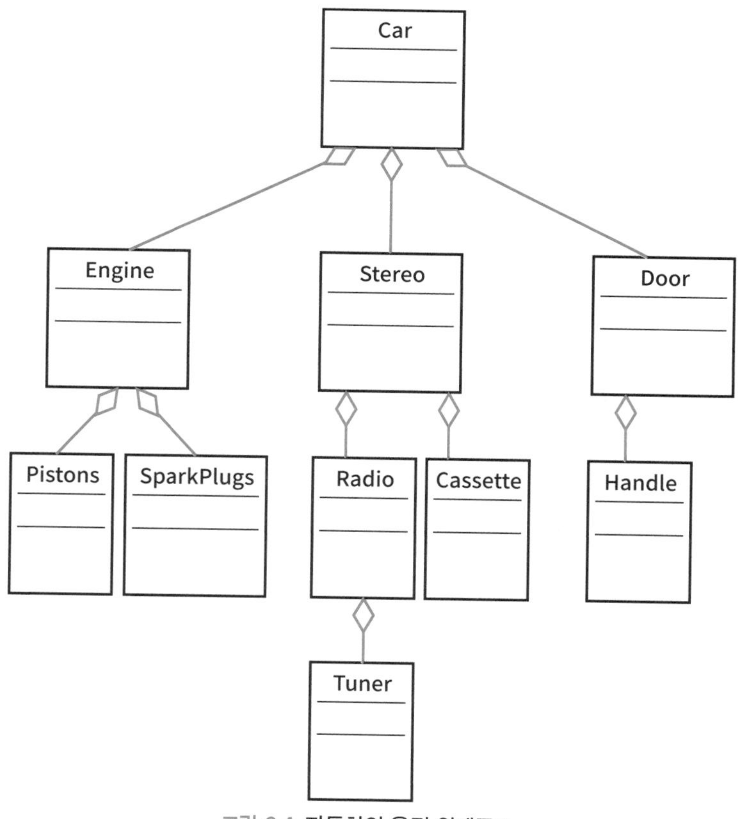

그림 9.4 자동차의 응집 위계구조

결합

응집은 일반적으로 전체만 보는 관계를 나타내는 반면, 결합은 전체와 부분을 모두 나타낸다. 스테레오 예제에서 언급했듯이 다양한 컴포넌트는 각기 분리되어 있는 것처럼 보이면서도 연결선(다양한 컴포넌트를 연결하는 연결선)을 사용해 전체에 연결된다.

전통적인 데스크탑 컴퓨터 시스템을 예로 들어 보자(그림 9.5 참조). 컴퓨터 시스템은 전체를 나타낸다. 모니터, 키보드, 마우스 및 기본 상자는 컴포넌트에 해당한다. 각 컴포넌트가 별도의 객체이지만, 이것들이 모두 모여 컴퓨터 시스템 전체를 나타낸다. 컴퓨터 본체는 키보드, 마우스 및 모니터가 일부 작업을 대신하게 한다. 예를 들어, 컴퓨터 본체를 쓰려면 마우스가 있어야 하지만, 컴퓨터 본체가 마우스 역할을 하지는 않는다. 따라서 컴퓨터 본체는 특정 포트와 마우스를 상자에 연결하는 케이블을 거쳐 따로 떨어져 있는 마우스에 서비스해 줄 것을 요청한다.

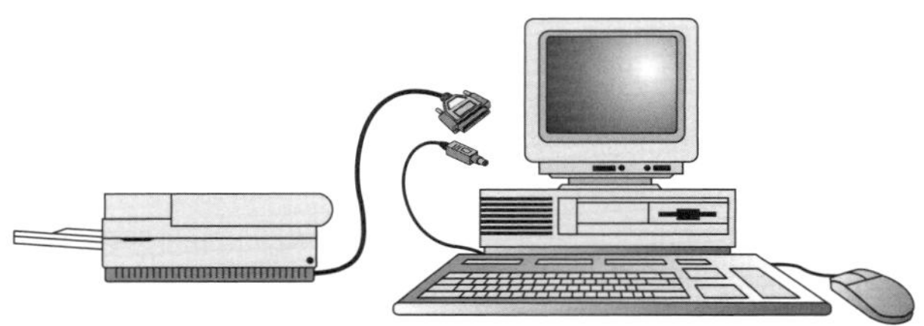

그림 9.5 **결합은 서비스들이 별개로 이뤄지고 있음을 나타낸다**

> **결합 대 응집**
>
> 응집체(an aggregate/aggregates)는 다른 객체들을 가지고 합성한 복합 객체다. 결합체(an associate/associates)는 한 객체가 그 밖의 객체(들)로부터 서비스를 받기를 원할 때 사용된다.

결합체와 응집체를 사용하기

모든 예제에서 주목할 만한 점은 무엇이 결합체이고 무엇이 응집체인지를 명확히 구분하기 힘들다는 점이다. 가장 흥미로운 설계 결정 중 많은 부분이 결합체를 사용할지 아니면 응집체를 사용할지를 결정하는 일과 관련되어 있다고 말할 수 있다.

예를 들어, 결합체를 설명하는 데 사용되는 데스크톱 컴퓨터 시스템의 예를 보면 일부 응집이라는 개념이 들어 있다. 컴퓨터 본체, 모니터, 키보드 및 마우스 간의 상호 작용은 결합을 나타내지만, 컴퓨터 본체 자체는 응집을 나타낸다. 여러분에게는 컴퓨터 본체만 보일지 모르지만, 컴퓨터 본체가 실제로는 칩, 마더보드, 비디오 카드 등의 다른 객체로 합성된 복합 시스템인 것이다.

Employee(사원) 객체는 Address(주소) 객체와 Spouse(배우자) 객체로 이뤄질 수 있다는 점을 생각해 보자. Address 객체를 응집체(기본적으로 Employee 객체의 일부)로 간주할 수 있고 Spouse 객체를 결합체로 간주할 수 있다. 예를 들어, 직원과 배우자 모두 직원이라고 가정하자. 직원이 해고된 경우에 배우자는 여전히 시스템에 남아 있겠지만, 결합은 끊어진다.

비슷하게, 스테레오 예에서 수신기는 CD뿐만 아니라 스피커와 관련이 있다. 그러나 스피커와 CD 자체는 전원 코드와 같은 다른 객체의 응집체다.

자동차 예제에서는 엔진, 점화장치 및 문이 합성을 나타내지만, 스테레오도 결합 관계를 나타낸다. 실제로 자동차와 데스크톱 PC에는 응집체와 결합체가 섞여 있다.

정답은 없다

평소와 같이, 설계 결정을 할 때 절대적으로 정확한 답이란 있을 수 없다. 설계는 정확한 과학이 아니다. 우리는 일반적인 규칙을 준수할 수 있지만, 이러한 규칙은 어렵거나 빠르지 않다.

의존체 회피하기

합성을 사용할 때 객체를 서로 의존하지 않게 하는 편이 바람직하다. 서로 의존하는 객체를 만드는 한 가지 방법은 도메인(domain)[51]들을 섞는 것이다. 세상에서 가장 좋은 점은 특정 상황을 제외하고 한 도메인의 객체를 다른 도메인의 객체와 섞어서는 안 된다는 점이다. 이 개념을 설명하기 위해 다시 스테레오 예제로 돌아가 보자.

모든 컴포넌트를 별도의 도메인에 유지함으로써 음향기기를 더 쉽게 유지할 수 있다. 예를 들어, CD 컴포넌트가 고장 나면 CD 플레이어를 보내 개별적으로 수리할 수 있다. 이 경우에 CD 플레이어와 MP3 플레이어의 도메인은 서로 다르다. 이를 통해 별도의 제조업체에서 CD 플레이어와 MP3 플레이어를 구매하는 식으로 유연하게 대처할 수 있다. 따라서 CD 플레이어의 제조사를 바꿔서 사려고 마음먹더라도 그렇게 할 수 있다.

51 옮긴이 '도메인'이란 영역, 범위, 분야 등으로 번역될 수 있는 용어인데, 여기서는 객체가 다루는 '작업의 범위'나 '역할의 범위' 또는 객체가 속한 '산업 분야'를 의미한다.

때로는 도메인을 섞으면 편리할 때도 있다. 몇 년 동안 사용해 온 좋은 예는 구식 TV/VCR 콤비 시스템이 있다. 물론, 동일한 모듈에 둘 다 있는 것이 편리하다. 그러나 TV가 고장 나면 VCR을 사용할 수 없게 되는데, 최소한 구입한 장치의 일부이기 때문에 그렇다.

여러분은 편리성을 따를 것인지 아니면 안정성을 따를 것인지와 같은, 특정 상황에서 더 중요한 사항을 결정해야 한다. 정답은 없다. 그것은 모두 애플리케이션과 환경에 달려 있다. TV/VCR 콤비의 경우에 통합 장치의 편리성이 장치 안정성이 낮아지는 위험보다 훨씬 크다고 판단했다(그림 9.6 참조). 음향기기를 다시 생각해 보자.

그림 9.3은 통합된 시스템이 어떤 모습일지를 다시 강조한다.

그림 9.6 **편리성 대 안정성**

인터페이스들이 이 문제를 해결하는 데 쓰이며, 의존체들(dependencies)을 관리하는 게 인터페이스가 주로 하는 일이다. 인터페이스가 공유 라이브러리에 정의되어 있고 구현부가 더 구상적인 클래스에 정의되어 있으면 행위 계약을 사용해 도메인을 섞어 볼 여지가 생긴다.

> **도메인 혼합**
>
> 도메인 혼합(mixing domains)을 하면 설계를 결정해야 할 때 편리해진다. TV/VCR 콤비의 성능이 개별 컴포넌트의 위험이나 잠재적인 고장보다 더 중요시되어야 한다면 도메인을 혼합해 설계하는 편이 더 바람직할 것이다.

카디널리티

길버트와 맥커티는 저서인 《Object-Oriented Design in Java》에서 카디널리티(cardinality)는 결합에 참여하는 객체 수와 참여가 선택적인지 아니면 필수인지 여부를 설명한다고 했다. 카디널리티를 결정하기 위해 길버트와 맥커티는 다음과 같은 질문을 던졌다.

- 어떤 객체가 그 밖의 객체들과 협업하는가?
- 각 협업에 몇 개의 객체가 참여하는가?
- 협업은 선택 사항인가, 아니면 필수인가?

다음 예를 살펴보자. 우리는 Person에서 상속받고 다음 예에 나오는 클래스들과 관계가 있는 Employee 클래스를 만든다.

- Division
- JobDescription
- Spouse
- Child

이 클래스들이 무엇을 하는가? 이 클래스들은 선택해서 쓸 수 있는가? Employee는 몇 개나 필요한가?

- Division
  - 이 객체에는 직원이 근무하는 부서와 관련된 정보가 포함된다.
  - 각 직원은 부서를 위해 일해야 하므로 관계는 필수다.
  - 직원은 한 개 부서에서만 근무한다.
- JobDescription
  - 이 객체에는 직무에 대한 설명이 포함되어 있으며, 급여 등급 및 급여 범위와 같은 정보가 포함되어 있다.
  - 각 직원은 직무 기술서를 가지고 있어야 하므로 관계는 필수다.
  - 직원은 회사에서 재직하는 동안에 다양한 일을 맡을 수 있다. 따라서 한 직원에게 많은 직무 기술서가 있을 수 있다. 이러한 설명은 직원이 직무를 변경하거나 한 번에 두 개의 다른 직무를 보유할 수 있는 경우에 내역으로 유지될 수 있다. 예를 들어, 직원

이 나가고 대체 인력이 아직 고용되지 않은 경우일지라도 부서장이 직원을 대신해서 직원의 역할을 맡을 수 있다.

- Spouse
  - 이 간단한 예에서 Spouse 클래스에는 기념일만 포함된다.
  - 직원은 결혼했거나 결혼하지 않았을 수 있다. 따라서 배우자는 선택 사항이다.
  - 직원은 배우자를 한 명만 가질 수 있다.
- Child
  - 이 간단한 예제에서 Child 클래스에는 FavoriteToy 문자열만 포함된다.
  - 직원에게는 자녀가 있거나 없을 수 있다.
  - 직원에게는 자녀가 없거나 무한한 자녀가 있을 수 있다(대단하다!). 여러분은 시스템이 처리할 수 있는 자녀 수의 상한에 대한 설계 결정을 내릴 수 있을 것이다.

요약하면, 표 9.1은 방금 생각해 본 클래스들로 이뤄진 결합체들의 카디널리티를 나타낸다.

표 9.1 클래스 결합체들의 카디널리티

선택적/결합	카디널리티	필수 여부
Employee/Division	1	필수
Employee/JobDescription	1..n	필수
Employee/Spouse	0..1	선택적
Employee/Child	0..n	선택적

카디널리티 표기법

0..1이라는 표기는 직원에게 배우자가 0명이거나 1명일 수 있음을 의미한다. 0..n이라는 표기는 직원에게 자녀가 0명에서 무제한으로 있을 수 있다는 점을 의미한다. n은 기본적으로 무한대를 나타낸다.

그림 9.7은 이 시스템의 클래스 다이어그램을 보여준다. 이 클래스 다이어그램에서 카디널리티는 결합 선들을 따라 표시된다. 연결이 필수인지 확인하려면 표 9.1을 참조하자.

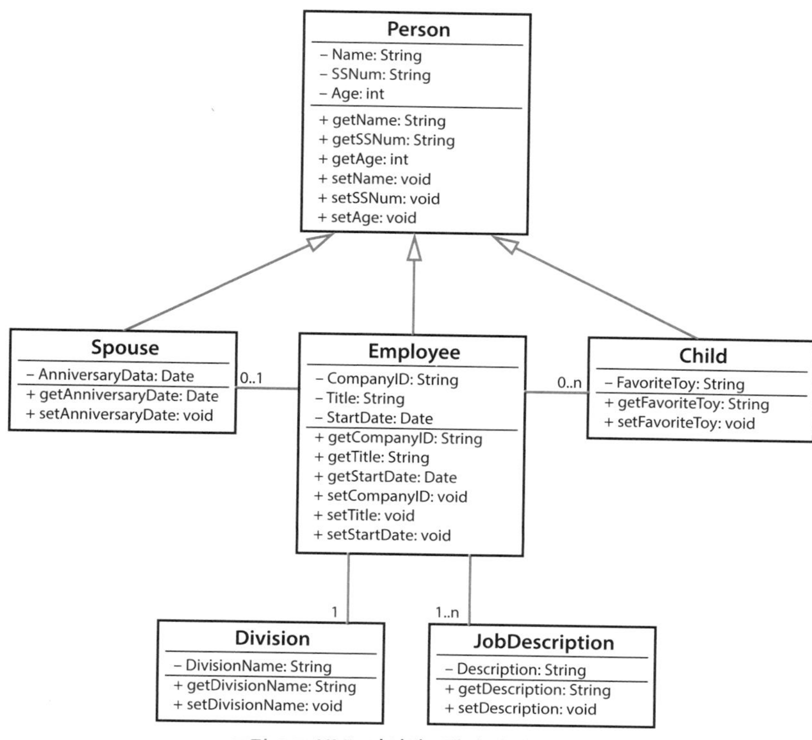

그림 9.7 UML 다이어그램의 카디널리티

다중 객체 결합체

코드에 여러 객체(예: 0에서 많은 자식)를 포함할 수 있는 결합체를 어떻게 표현하는가? Employee 클래스에 대한 코드는 다음과 같다.

```
import java.util.Date;

public class Employee extends Person {

    private String CompanyID;
    private String Title;
    private Date StartDate;

    private Spouse spouse;
    private Child[] child;
    private Division division;
    private JobDescription[] jobDescriptions;

    public String getCompanyID() { return CompanyID; }
```

```
    public String getTitle() { return Title; }
    public Date getStartDate() { return StartDate; }

    public void setCompanyID(String CompanyID) {}
    public void setTitle(String Title) {}
    public void setStartDate(int StartDate) {}

}
```

일 대 다 관계가 있는 클래스는 코드에서 배열로 표시된다.

```
private Child[] child;
private JobDescription[] jobDescriptions;
```

선택적 결합체

결합체들을 다룰 때 가장 중요한 문제 중의 하나는 애플리케이션이 선택적 결합체(optional associations)를 확인하도록 설계되었는지 확인하는 것이다.[52] 즉, 코드는 결합체가 null인지를 확인해야 한다.

앞의 예의 경우에서 여러분의 코드에서는 모든 직원이 배우자가 있다고 가정한다.

그러나 한 직원이 결혼하지 않으면 코드에 문제가 생긴다(그림 9.8 참조). 배우자가 실제로 있을 것으로 예상되는 코드라면 코드는 고장 나고 시스템은 불안정한 상태가 될 수 있다. 결론은 코드가 null 조건을 확인하고 이를 유효한 조건으로 처리해야 한다는 것이다.

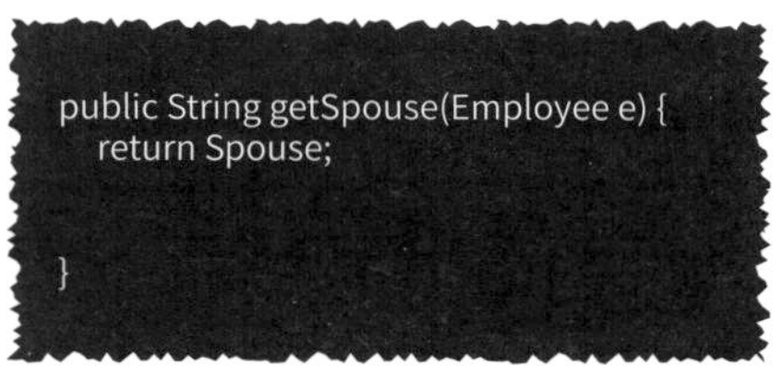

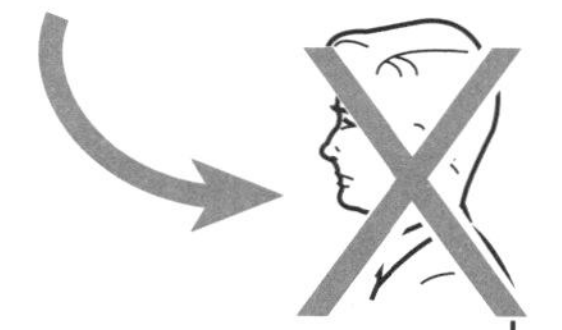

그림 9.8 모든 선택적 결합체 확인

52 옮긴이 표 9.1에서 배우자는 직원의 결합체이며, 동시에 선택적 결합체다. 직원에게 배우자가 있을 수도 있고, 없을 수도 있기 때문이다.

예를 들어, 배우자가 없는 경우에 코드는 배우자 행위를 호출하려고 시도해서는 안 된다. 애플리케이션이 실패할 수 있다. 따라서 코드는 배우자가 없는 Employee 객체를 처리할 수 있어야 한다.

종합: 예제

상속과 인터페이스(즉, 접속) 및 합성과 결합 그리고 응집이라는 개념을 간단한 시스템 다이어그램 한 개로 묶어서 살펴보자.

8장에서 사용된 예를 하나 더 생각해 보자. 우리는 개를 데리고 산책할 Owner 클래스를 추가할 것이다.

Dog 클래스는 Mammal 클래스에서 직접 상속받는다는 점을 다시 떠올려 보자. 실선 화살표는 그림 9.9에서 Dog 클래스와 Mammal 클래스 사이의 관계를 나타낸다. Nameable 클래스는 Dog이 구현하는 인터페이스로, Dog 클래스에서 Nameable 인터페이스로의 점선 화살표로 표시한다.

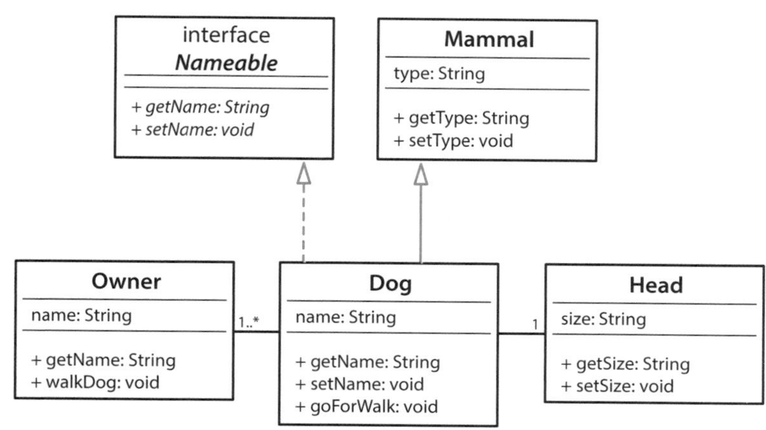

그림 9.9 Dog 예제의 UML 다이어그램

이번 장에서 우리는 주로 결합체 및 응집체에 관심을 두고 있다. Head가 실제로는 강아지 몸의 한 부분이기 때문에 Dog 클래스와 Head 클래스 간의 관계는 '응집'으로 간주된다. 두 클래스 다이어그램을 연결하는 선의 카디널리티는 개가 머리를 한 개만 가질 수 있음을 지정한다.

Dog 클래스와 Owner 클래스의 관계는 '결합'이다. 주인은 분명히 개의 일부가 아닐 뿐만 아니라 오히려 개가 주인에게 속하므로 응집 관계가 아님을 확실히 알 수 있다. 그러나 개에게는 주인의 보살핌(주인과 산책하는 일)이 필요하다. Dog과 Owner 클래스를 연결하는 선에 표시된 카디널리티는 개에게 주인이 여러 명 있을 수 있음을 나타낸다(예를 들어, 아내와 남편은 모두 개를 산책하게 해 줄 책임이 있는 주인으로 간주될 수 있다).

상속, 인터페이스, 합성, 결합, 응집 같은 관계들은 객체지향 시스템을 설계할 때 발생하는 대부분의 설계 작업을 나타낸다.

> **머리는 어디에 있는가?**
>
> 모든 포유류에 머리가 있기 때문에 Head 클래스를 Dog 클래스 대신에 Mammal 클래스에 붙이는 편이 합리적이라고 결정할 수 있다. 이 모델에서는 Dog 클래스를 예제의 초점으로 사용했기 때문에 머리를 Dog 자체에 연결했다.

결론

이번 장에서 우리는 합성에 관해 더 첨예한 부분까지 다루면서 합성의 두 가지 주요 형식인 응집과 결합에 대해서도 살펴보았다. 상속이라는 관계로는 새 객체가 기존 객체의 새로운 종류임을 나타내는 반면, 합성이라는 관계로는 다양한 객체 간의 상호 작용을 나타낸다.

지난 세 개 장에 걸쳐 상속과 합성의 기초를 다뤘다. 소프트웨어 개발 과정에서 이러한 개념과 기술을 사용해 견고한 클래스 및 객체 모델을 설계할 수 있다. 10장 '디자인 패턴'에서는 UML 클래스 다이어그램을 사용해 객체 모델의 모델링을 지원하는 방법을 설명한다.

참고문헌

Booch, Grady and Robert A. Maksimchuk and Michael W. Engel and Bobbi J. Young and Jim Conallen and Kelli A. Houston. 2007. Object-Oriented Analysis and Design with Applications, Third Edition. Boston, MA: Addison-Wesley.

Coad, Peter, and Mark Mayfield. 1997. Java Design. Upper Saddle River, NJ: Prentice Hall.

Gilbert, Stephen, and Bill McCarty. 1998. Object-Oriented Design in Java. Berkeley, CA: The Waite Group Press.

Meyers, Scott. 2005. Effective C++, Third Edition. Boston, MA: Addison-Wesley Professional.

CHAPTER 10 디자인 패턴

소프트웨어 개발에서 흥미로운 점 중 하나는 소프트웨어 시스템을 만들 때 실제로는 현실 시스템을 모델링한다는 것이다. 예를 들어, 정보기술 산업에서는 정보기술 자체가 사업 대상이라거나 최소한 정보기술을 사용해 사업을 구현한다고 말하는 편이 안전하다. 업무용 소프트웨어 시스템을 작성하려면 개발자는 사업방식(business model)을 완전히 이해해야 한다. 결과적으로 개발자는 종종 회사의 업무 과정에 대해 가장 친밀한 지식을 갖게 된다.

이런 면이 우리의 교육적 토론과 관련이 있기 때문에 우리는 이 개념을 이 책 전반에 걸쳐 살펴봤다. 예를 들어, 포유동물의 행위와 속성을 추출하기 위해 상속을 사용하는 일에 관해 논의할 때, 우리는 우리 자신만의 목적을 위해 고안한 모델이 아닌 실제 모델을 기반으로 했다.

따라서 포유류 클래스를 만들 때, 모든 포유류가 특정 행위와 특성을 공유하기 때문에 이 포유류 클래스를 사용하면 개나 고양이 등의 클래스들을 수없이 만들 수 있다. 이렇게 하다 보면 개, 고양이, 다람쥐 및 기타 포유류를 연구할 때 효과적인데, 우리가 패턴을 발견할 수 있기 때문이다. 이러한 패턴을 기준으로 삼아 특정 동물을 살펴보고 그게 포유류인지 아니면 행위와 특성의 패턴이 포유류와는 다른 파충류인지를 판단할 수 있다.

역사적으로 인간은 공학을 포함해 삶의 여러 측면에서 패턴을 사용했다. 이러한 패턴은 소프트웨어 개발의 성배인 소프트웨어 재사용과 밀접한 관련이 있다. 이번 장에서는 비교적 새로운 소프트웨어 개발 영역인 디자인 패턴을 살펴볼 것이다(디자인 패턴에 대한 주요 도서는 1995년에 출판되었다).

디자인 패턴은 아마도 지난 몇 년 동안 객체지향 운동에서 나온 가장 영향력 있는 개발 방식 중 하나일 것이다. 패턴은 재사용 가능한 소프트웨어 개발 개념에 아주 적합하다. 객체지향 개발은 모두 재사용에 관한 것이므로 패턴과 객체지향 개발은 함께 진보한다.

디자인 패턴의 기본 개념은 **모범 사례**(best practices)의 원칙과 관련이 있다. 모범 사례에 따르면 우수하고 효율적인 솔루션이 만들어질 때, 이러한 솔루션은 다른 사람들이 실패로부터 배웠던 방식과 이전의 성공에 따른 이익을 얻을 수 있었던 방식을 문서화한다는 것을 의미한다.

객체지향 소프트웨어 개발에 관한 가장 중요한 도서 중 하나는 에릭 감마(Erich Gamma), 리차드 헬름(Richard Helm), 랄프 존슨(Ralph Johnson) 및 존 블리시데스(John Vlissides)가 집팔한 《Design Patterns: Elements of Reusable Object-Oriented Software》다. 이 책은 소프트웨어 산업에 중요한 이정표가 되었으며, 컴퓨터 과학 분야 사전에 이 책의 저자들이 4인조 갱단(Gang of Four)으로 등재되었다. 객체지향적인 주제에 관한 글에서 당신은 종종 GoF라고 불리는 4인조 갱단을 만나게 될 것이다.

이번 장에서는 디자인 패턴이 무엇인지를 설명한다. (디자인 패턴들을 하나하나 설명하는 일은 이 책의 범위를 훨씬 넘어서며, 그러자면 책이 두 권 정도는 필요하다.) 이를 달성하기 위해 4인조 갱단이 정의한 세 가지 범주의 디자인 패턴(창조적, 구조적, 행위적)을 각기 살펴보고, 각 범주에서 하나의 패턴에 대한 구체적인 예를 제시할 예정이다.

디자인 패턴이 필요한 이유

디자인 패턴의 개념이 반드시 재사용 가능한 소프트웨어의 필요성에서 시작된 것은 아니다. 실제로, 디자인 패턴에 대한 중요한 업적은 건물과 도시 건설과 관련되어 있다. 크리스토퍼 알렉산더(Christopher Alexander)가 《A Pattern Language: Towns, Buildings, Construction》에서 '각 패턴은 우리 환경에서 반복적으로 발생하는 문제들을 기술하며, 그 문제에 대한 핵심 해법도 기술하는데, 이런 방식 덕분에 여러분은 그러한 해법을 백만 번 거듭해서 사용할 수 있으며, 그럼에도 같은 방식을 두 번 다시 따르지 않아도 된다'고 말했듯이 말이다.

패턴의 네 가지 요소

GoF는 패턴을 다음 네 가지 필수 요소로 설명한다.

- **패턴 이름(pattern name)**은 디자인 문제, 솔루션 및 결과를 한두 단어로 설명하는 데 사용할 수 있는 조종간 같은 것이다. 패턴에 이름을 붙여 두면 우리의 설계용 어휘가 즉시 늘어난다. 이렇게 되면 더 높은 수준으로 설계를 추상화할 수 있다. 패턴에 대한 어휘를 갖추면 동료와 소통할 수 있고 문서로 교신할 수 있으며, 심지어 자신과도 이야기할 수 있다. 이로 인해 설계에 대해 더 쉽게 생각해 볼 수 있고 설계를 이해하기가 쉬워지면, 절충한 설계를 다른 사람들에게 쉽게 전달할 수 있다. 좋은 이름을 찾는 일은 우리의 패턴 목록을 늘리는 일 중에서도 가장 어려운 일 중의 하나다.
- **문제(problem)**로는 패턴을 적용할 시점을 설명한다. 이것으로 문제 자체와 문제의 내용을 설명할 수 있다. 이것을 사용해 알고리즘을 객체로 표현하는 방법과 같은 특정 설계 문제들을 설명할 수 있다. 이것으로 융통성이 없는 설계의 증상인 클래스 구조나 객체 구조를 설명할 수 있다. 때때로 패턴을 적용하기에 타당한지를 따지기 전에 갖춰야 할 조건 목록이 이 문제에 포함된다.
- **해법(solution)**은 설계, 관계, 책임 및 협업을 이루는 요소를 설명한다. 패턴은 여러 상황에 적용할 수 있는 템플릿과 같기 때문에, 해법은 구체적인 특정 설계나 구현을 설명하지 않는다. 그 대신에 패턴으로는 설계 문제를 추상적으로 설명하며, 요소(클래스의 클래스 및 객체)를 일반적으로 배치해 설계 문제를 어떻게 해결하는지를 알려준다.
- **귀결(consequences)**이란 패턴을 적용한 결과(results)와 절충점을 말한다.[53] 귀결이 종종 무시되기도 하지만, 우리가 설계 결정 내용을 설명할 때는 귀결이 설계 대안을 평가하고 적용 패턴의 비용과 이점을 이해하는 데 중요하다. 소프트웨어의 귀결은 종종 시공간상의 절충과 관련 있다. 귀결로 언어 문제 및 구현 문제도 해결할 수 있다. 재사용은 종종 객체지향 디자인의 요소이므로 패턴의 귀결은 시스템의 유연성이나 확장성 또는 이식성에 영향을 미친다. 귀결을 명시적으로 나열하면 이해하고 평가하는 데 도움이 된다.

---

53 옮긴이 기존에는 이 '귀결'이란 단어를 '결과'나 '장단점' 등으로 번역해 쓰고 있는데, 귀결로 굳이 옮긴 이유는 '해법을 적용한 일이 원인이 되어 그 결과로 벌어지는 어떤 사태나 상황'을 의미하는 개념을 나타내는 용어이기 때문이다. 즉, 해법이 없이는 이 귀결이 없고 해법에 따르면 당연하게(논리적으로) 벌어지는 사태를 의미하는 것으로 보이기 때문이다. 그래서 이 문장의 원문도 'The consequences are the results and trade-offs of applying the pattern.'이어서 일반적인 결과(results)와 귀결(consequences)을 구분하고 있다. 그리고 이 책의 원문 문장을 보면 철학에서 귀결을 정의하는 방식과 유사하게 귀결을 정의하고 있다. 이런 면에서 볼 때 저자도 consequences를 단순한 결과가 아닌 '귀결'의 의미로 쓴 것으로 보이며, 이에 맞춰 번역 용어를 선택했다. 이 '귀결'이라는 말에 조금 더 근접한 단어로는 '결말'을 들 수 있다.

스몰토크의 모델/뷰/컨트롤러

역사적 관점을 위해 스몰토크에 도입되어 다른 객체지향 언어에서 사용되는 MVC(모델/뷰/컨트롤러)를 고려해야 한다. MVC는 종종 디자인 패턴의 기원을 설명하는 데 사용된다. 모델/뷰/컨트롤러(model/view/controller)라는 패러다임은 스몰토크에서 사용자 인터페이스를 생성하는 데 사용했다. 스몰토크는 아마도 그 당시에 가장 인기 있는 객체지향 언어였을 것이다.

> **스몰토크**
>
> 스몰토크는 제록스 사의 팔로알토 연구소(Xerox PARC)에서 나온 몇 가지 훌륭한 아이디어의 결과다. 이러한 아이디어들 중에는 마우스와 창 모양으로 된 사용 환경도 있었다. 스몰토크는 그 뒤에 나오는 모든 객체지향 언어의 기초를 제공한 훌륭한 언어다. C++에 대한 불만 중 하나는 C++가 실제로는 객체지향적이지 않다는 점인데, 이와 다르게 스몰토크는 객체지향적이다. 객체지향의 초기에는 C++가 더 큰 성과를 거두었지만, 스몰토크에는 늘 크게 헌신하는 핵심 지지자 그룹이 있었다. 자바는 C++ 개발자 기반을 포함하는, 대체로 객체지향적인 언어다.

《Design Patterns》에서는 다음과 같은 방식으로 MVC 컴포넌트들을 정의한다.

> 모델(model)은 애플리케이션 객체이고 뷰(view)는 화면 표현이며, 컨트롤러(controller)는 사용자 인터페이스가 사용자 입력에 반응하는 방식을 정의한다.

이전 패러다임에서는 모델, 뷰 및 컨트롤러가 단일 엔터티 안에 모두 모여 있는 문제가 있었다. 예를 들어, 단일 객체에 이 세 가지 컴포넌트가 모두 들어 있는 식이다. MVC 패러다임에서는 이 세 가지 컴포넌트에 개별적이며 구별되는 인터페이스들이 있다. 따라서 여러분이 어떤 애플리케이션의 사용자 인터페이스를 변경하려고 한다면 뷰만 변경하면 된다. 그림 10.1은 MVC 설계의 모습을 보여준다.

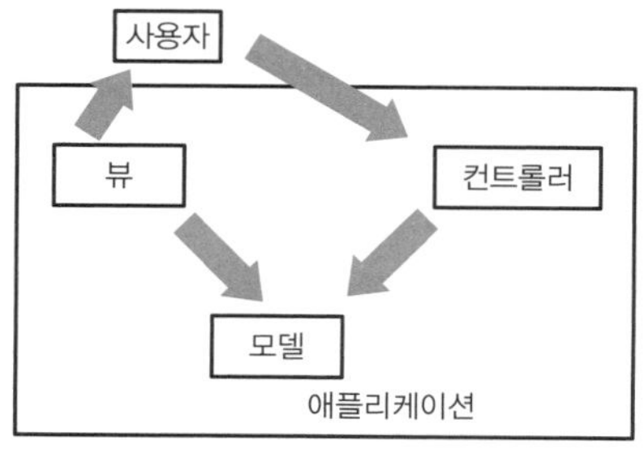

그림 10.1 **모델/뷰/컨트롤러 패러다임**

우리가 객체지향 개발에 대해 배운 많은 내용이 '인터페이스 대 구현부'와 관련이 있다는 점을 기억하자. 우리는 가능한 한 인터페이스와 구현부를 분리하려고 한다. 또한, 인터페이스들끼리도 서로 최대한 분리하려고 한다. 예를 들어, 우리는 서로 관련이 없는 여러 인터페이스(또는 문제에 대한 해결책)를 하나로 묶어 두고 싶지는 않다. MVC는 이러한 인터페이스 분리의 초기 개척자 중 하나였다. MVC는 아주 일반적이면서도 기본적인 프로그래밍 문제와 관련된 특정 컴포넌트 간의 인터페이스(사용자 인터페이스 생성, 비즈니스 로직 및 그 뒤에 있는 데이터에 대한 연결)를 명시적으로 정의한다.

MVC 개념을 따르고 사용자 인터페이스, 비즈니스 로직 및 데이터를 분리하면 시스템이 훨씬 유연하고 강력해진다. 예를 들어, 사용자 인터페이스가 클라이언트 시스템에 있고, 비즈니스 로직이 애플리케이션 서버에 있고, 데이터가 데이터 서버에 있다고 가정하자. 이러한 방식으로 애플리케이션을 개발하면 비즈니스 로직이나 데이터에 영향을 주지 않으면서 GUI 모양을 변경할 수 있다. 마찬가지로, 비즈니스 로직이 변경되고 특정 필드를 다르게 계산하면 GUI를 변경하지 않고도 비즈니스 로직을 변경할 수 있다. 마지막으로, 데이터베이스를 교환하고 데이터를 다르게 저장하려는 경우에 GUI 또는 비즈니스 로직에 영향을 주지 않고 데이터가 데이터 서버에 저장되는 방식을 변경할 수 있다. 물론 이것은 세 가지 인터페이스가 바뀌지 않는다는 가정을 바탕으로 한 것이다.

MVC의 예

한 가지 예는 사용자 인터페이스에서 사용되는 목록상자다. 전화번호 목록이 포함된 GUI를 생각해 보자. 목록상자는 뷰이고 전화 목록은 모델이며, 컨트롤러는 목록상자를 전화 목록에 바인딩하는 로직이다.

MVC의 단점

MVC는 훌륭한 디자인이지만, 선행 디자인에 많은 주의를 기울여야 한다는 점에서 다소 복잡할 수 있다. 이는 일반적으로 객체지향 디자인의 문제다. 좋은 디자인과 성가신 디자인 사이에는 미세한 경계선이 있다. 다음과 같은 질문이 남아 있다. 완전한 디자인과 관련해 시스템이 얼마나 복잡해야 하는가?

디자인 패턴의 종류

《Design Patterns》에는 다음 세 가지 범주로 분류된 23개 패턴이 있다. 대부분의 예제는 C++로 작성되었으며, 일부는 스몰토크로 작성되었다. 이 책의 출판 시점을 기준으로 그 이전에는 C++와 스몰토크가 많이 사용되었다. 1995년에 이 책이 출판된 시점에서는 인터넷 혁명이 시작되었고 자바 프로그래밍 언어가 인기를 끌기 시작했다. 이로 인해 디자인 패턴이 여러 이점을 가져다 줄 수 있다는 점을 사람들이 확실히 알게 되었기 때문에 디자인 패턴을 다루는 출판 시장이 형성되었고, 이렇게 새로 만들어진 시장을 점유하기 위해 출판사들은 저마다 디자인 패턴을 다룬 책을 펴내려고 서두르고 있었다.

어떤 경우에도 실제 사용 언어와는 관련이 없다. 《Design Patterns》은 기본적으로 설계를 다룬 책이며, 패턴을 여러 언어로 구현할 수 있다. 이 책의 저자는 패턴을 세 가지 범주로 나누었다.

- **생성 패턴(creational patterns)**은 객체를 직접 인스턴스화하지 않은 채로 객체를 만든다. 이를 통해 특정 사례에 대해 어떤 객체를 생성해야 할지 결정할 때 프로그램의 유연성이 향상된다.
- **구조 패턴(structural patterns)**을 사용하면 복잡한 사용자 인터페이스나 계정 데이터와 같은 객체 그룹을 더 큰 구조로 합성할 수 있다.
- **행위 패턴(behavioral patterns)**은 시스템의 객체 간 통신을 정의하고 복잡한 프로그램에서 흐름을 제어하는 방법을 정의한다.

다음 단원에서는 다양한 디자인 패턴을 제공하기 위해 이러한 각 범주에서 하나의 예를 설명한다. 개별 디자인 패턴에 대한 전체 목록과 설명은 이번 장의 끝에 나열된 참고문헌을 참조하자.

생성 패턴

생성 패턴을 다음 범주별로 나눠 볼 수 있다.

- 추상 팩토리(Abstract factory)
- 빌더(Builder)
- 팩토리 메서드(Factory method)

- 프로토타입(Prototype)
- 싱글톤(Singleton)

앞에서 언급했듯이 이번 장의 범위는 GoF 도서의 각 패턴을 설명하지 않고 디자인 패턴이 무엇인지 설명하는 것이다. 따라서 각 범주별로 패턴을 한 개씩만 다룰 것이다. 이를 염두에 두고 생성 패턴의 예를 고려하면서 팩토리 패턴을 살펴보자.

팩토리 메서드 디자인 패턴

객체 생성, 즉 인스턴스화는 객체지향 프로그래밍에서 가장 기본적인 개념 중에 하나일 수 있다. 해당 객체가 존재하지 않으면 객체를 사용할 수 없다는 것은 말할 필요도 없다. 코드를 작성할 때 객체를 인스턴스화하는 가장 확실한 방법은 new 키워드를 사용하는 것이다.

설명하기 쉽게 이 책 전체에 사용된 Shape 예제를 다시 살펴보자. 여기에는 부모 클래스인 Shape가 있는데 이 클래스는 추상체이며, 자식 클래스인 Circle이 있는데, 이 클래스는 구상 구현체다. 우리는 new라는 키워드를 사용해 일반적인 방식으로 Circle 클래스를 인스턴스화한다.

```
abstract class Shape {

}

class Circle extends Shape {

}

Circle circle = new Circle();
```

이 코드는 확실히 작동하지만, 코드에서 Circle이나 해당 문제의 다른 도형들을 인스턴스화해야 할 곳이 많을 것이다. 대부분의 경우에 Shape를 만들 때마다 처리해야 하는 특정 객체 생성 매개변수가 있다.

결과적으로 객체 생성 방식을 변경할 때마다 Shape 객체가 인스턴스화되는 모든 위치에서 코드를 변경해야 한다. 한 곳을 변경하면 잠재적으로 다른 많은 곳에서 코드를 변경해야 하므로 코드가 밀접하게 묶이게 된다. 이 접근법의 또 다른 문제점은 클래스를 사용해 프로그래머에게 객체 작성 로직을 노출시킨다는 것이다.

이러한 상황을 해결하기 위해 팩토리 메서드를 구현할 수 있다. 요컨대, 팩토리 메서드는 모든 인스턴스화를 캡슐화해 구현 전반에 걸쳐 균일해야 한다. 여러분이 팩토리를 사용해 인스턴스화하면, 팩토리는 적절하게 인스턴스화한다.

팩토리 메서드 패턴

팩토리 메서드 패턴의 근본적인 목적은 정확한 클래스를 지정하지 않고도 객체를 생성하는 일과 사실상 인터페이스를 사용해 새로운 객체 유형을 생성하는 일을 담당하는 것이다.

팩토리 패턴을 구현하는 방법을 설명하기 위해 Shape 클래스 예제를 위한 팩토리를 만들어 보자. 그림 10.2의 클래스 다이어그램은 예제의 다양한 클래스가 상호 작용하는 방식을 시각화하는 데 도움이 된다.

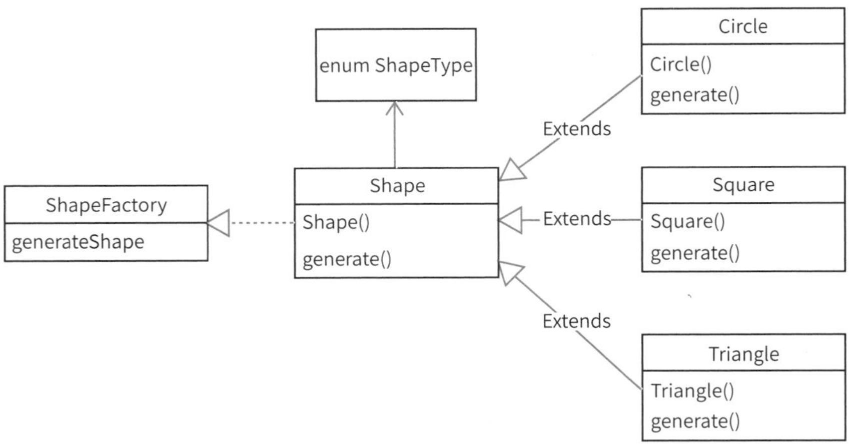

그림 10.2 **Shape 클래스의 팩토리 만들기**

어떤 면에서는 팩토리를 래퍼로 생각할 수 있다. 객체를 인스턴스화하는 데 중요한 로직이 있을 수 있으며, 여러분은 프로그래머(사용자)가 이 로직에 관심을 갖기를 원하지 않는다는 사실을 생각해 보자. 값을 검색하는 로직이 일부 로직 내부에 있을 때(예: 비밀번호가 필요한 경우) 접근자 메서드(게터와 세터)의 개념과 거의 같다. 필요한 특정 클래스를 미리 알 수 없을 때 팩토리 메서드를 사용하면 된다. 예를 들어, 여러분은 도형이 필요하다는 점은 알 수 있지만, 특정 도형은 알지 못한다고 하자(적어도 아직까지는). 이를 염두에 두면서 있음직한 모든 클래스를 동일한 위계구조에 있게 해야 한다. 즉, 이번 예제의 모든 클래스는 Shape의 서브클래스여야 한다. 사실, 팩토리는 여러분이 필요한 것을 모르기 때문에 정확하게 사용되므로, 여러분이 나중에 클래스의 일부를 추가할 수 있게 한다. 여러분이 필요한 게 무엇인지를 알고 있다면 생성자나 세터 메서드를 통해 인스턴스를 '주입'할 수 있다.

기본적으로 이게 다형성에 대한 정의다.

우리는 도형의 종류를 포함하는 열거형(enum)을 만든다. 이 경우에 우리는 CIRCLE, SQUARE 및 TRIANGLE을 정의한다.

```
enum ShapeType {
    CIRCLE, SQUARE, TRIANGLE
}
```

우리는 그저 생성자와 generate()라고 부르는 추상 메서드만으로 Shape 클래스를 추상적인 것으로 정의할 수 있다.

```
abstract class Shape {

    private ShapeType sType = null;

    public Shape(ShapeType sType) {
        this.sType = sType;
    }

    // 도형을 만든다.
    protected abstract void generate();

}
```

CIRCLE, SQUARE 및 TRIANGLE 자식 클래스는 Shape 클래스를 확장하고 자기 자신을 식별하며, generate() 메서드의 구상 구현체를 제공한다.

```
class Circle extends Shape {

    Circle() {
        super(ShapeType.CIRCLE);
        generate();
    }

    @Override
    protected void generate() {
        System.out.println("Generating a Circle");
    }
```

```
}

class Square extends Shape {

    Square() {
        super(ShapeType.SQUARE);
        generate();
    }

    @Override
    protected void generate() {
        System.out.println("Generating a Square");
    }
}

class Triangle extends Shape {

    Triangle() {
        super(ShapeType.TRIANGLE);
        generate();
    }

    @Override
    protected void generate() {
        System.out.println("Generating a Triangle");
    }
}
```

이름에서 알 수 있듯이 ShapeFactory 클래스는 실제적인 팩토리다. generate() 메서드에 초점이 맞춰져 있다. 팩토리는 많은 장점을 제공하지만, generate() 메서드는 실제로 Shape를 인스턴스화하는 애플리케이션 내의 유일한 위치다.

```
class ShapeFactory {

    public static Shape generateShape(ShapeType sType) {
        Shape shape = null;

        switch (sType) {

        case CIRCLE:
            shape = new Circle();
            break;

        case SQUARE:
            shape = new Square();
            break;
```

```
            case TRIANGLE:
                shape = new Triangle();
                break;

            default:
                // 예외 한 개를 던진다.
                break;
            }
            return shape;
        }
    }
```

이러한 개별 객체를 인스턴스화하는 전통적인 접근 방식은 프로그래머가 다음과 같이 new 키워드를 사용해 객체를 직접 인스턴스화하는 것이다.

```
public class TestFactoryPattern {

    public static void main(String[] args) {

        Circle circle = new Circle();
        Square square = new Square();
        Triangle triangle = new Triangle();

    }
}
```

그러나 팩토리를 올바르게 사용하려면 프로그래머가 ShapeFactory 클래스를 사용해 Shape 객체를 가져와야 한다.[54]

```
public class TestFactoryPattern {

    public static void main(String[] args) {

        ShapeFactory.generateShape(ShapeType.CIRCLE);
        ShapeFactory.generateShape(ShapeType.SQUARE);
        ShapeFactory.generateShape(ShapeType.TRIANGLE);

    }
}
```

---

54 옮긴이 아래 코드는 의사 코드여서 저자는 생성한 객체를 받는 부분을 생략했다. 본문의 각 줄 앞에는 다음과 같은 부분들이 생략되어 있다고 보면 된다.

```
Shape circle =
Shape square =
Shape triangle =
```

구조 패턴

구조 패턴(structural patterns)은 객체 그룹에서 더 큰 구조를 만드는 데 사용된다. 다음 일곱 가지 디자인 패턴이 구조 패턴 범주에 속한다.

- 어댑터(Adapter, 즉 적응자)
- 브리지(Bridge, 즉 가교)
- 컴포지션(Composite, 즉 '합성체')[55]
- 데코레이터(Decorator, 즉 '장식자')
- 파사드(Facade)
- 플라이웨이트(Flyweight)
- 프록시(Proxy)

구조적 범주에 속한 예로 어댑터 패턴을 살펴보자. 어댑터 패턴은 또한 가장 중요한 디자인 패턴 중 하나다. 이 패턴은 구현과 인터페이스가 분리되는 방법에 대한 좋은 예다.

어댑터 디자인 패턴

어댑터 패턴은 이미 존재하는 클래스에 대해 다른 인터페이스를 작성하는 방법이다. 어댑터 패턴은 기본적으로 클래스 래퍼를 제공한다. 다시 말해, 여러분은 기존 클래스의 기능을 새로우면서도 이상적으로 볼 때 더 나은 인터페이스로 통합하는(둘러싸는) 새로운 클래스를 만든다. 래퍼의 간단한 예는 자바 클래스인 `Integer`다. `Integer` 클래스는 그 안에 단일 `Integer` 값을 둘러싼다. 왜 이런 일을 하는지 궁금할 것이다. 객체지향 시스템에서는 모든 것이 객체라는 점을 기억하자. 자바에서 int, float 등과 같은 기본 데이터 형식(즉, 원시 자료형)은 객체가 아니다. 여러분이 변환과 같은 이러한 기본 데이터 형식들을 바탕으로 함수를 실행해야 할 때는 이런 데이터 형식들을 객체로 취급해야 한다. 따라서 래퍼 객체를 작성하고 그 안에 기본 데이터 형식들을 두고 둘러싼다. 따라서 다음과 같은 기본 데이터 형식을 사용할 수 있다.

```
int myInt = 10;
```

55 옮긴이 composite(컴퍼짓)이 '합성체'를 나타내는 용어인데, 우리나라에서는 '합성'을 의미하는 컴포지션으로 혼용해 부르고 있는 게 현실이다.

그리고 이 기본 데이터 형식을 Integer 객체로 둘러쌀 수 있다.

```
Integer myIntWrapper = new Integer (myInt);
```

이제 여러분은 형식 변환을 수행할 수 있으므로 해당 자료를 문자열로 취급할 수 있다.

```
String myString = myIntWrapper.toString();
```

이 래퍼를 사용하면 원래부터 있던 정수(integer)를 객체로 취급해 객체의 모든 장점을 제공할 수 있다.

어댑터 패턴 자체에 관해서는 이메일 도구에 쓰이는 인터페이스를 한 가지 생각해 보자. 또한, 메일 클라이언트를 구현하는 데 필요한 모든 기능을 제공하는 코드를 구입했다고 가정해 보자. 이 도구는 인터페이스를 약간 변경하려는 경우를 제외하고 메일 클라이언트에서 원하는 모든 것을 제공한다. 여러분은 실제로는 메일을 검색하도록 API를 변경하기만 하면 된다.

다음 클래스는 이번 예제에 대한 매우 간단한 메일 클라이언트 예제를 제공한다.

```
package MailTool;

public class MailTool {
    public MailTool() {
    }

    public int retrieveMail() {
        System.out.println ("You've Got Mail");
        return 0;
    }
}
```

retrieveMail() 메서드를 호출하면 메일에 'You've Got Mail'이라는 원래 인사말이 표시된다. 이제 모든 회사 클라이언트의 인터페이스를 retrieveMail()에서 getMail()로 변경한다고 가정한다. 여러분은 이를 적용하기 위한 인터페이스를 만들 수 있다.

```
package MailTool;

interface MailInterface {
    int getMail();
}
```

이제 여러분은 원래부터 있던 이메일 도구(tool)를 둘러싸는(wrap) 여러분만의 도구를 작성할 수 있고 여러분만의 인터페이스도 제공할 수 있다.

```
package MailTool;

class MyMailTool implements MailInterface {

    private MailTool yourMailTool;

    public MyMailTool () {
        yourMailTool= new MailTool();
        setYourMailTool(yourMailTool);
    }

    public int getMail() {
        return getYourMailTool().retrieveMail();
    }

    public MailTool getYourMailTool() {
        return yourMailTool ;
    }

    public void setYourMailTool(MailTool newYourMailTool) {
        yourMailTool = newYourMailTool;
    }
}
```

이 클래스 내에서, 여러분은 개조하려는 원본 메일 도구의 인스턴스를 만든다. 이 클래스는 `Mail` 인터페이스를 구현하는데, 이에 따라 여러분이 `getMail()` 메서드를 구현해야만 한다. 이 메서드 내에서 여러분은 문자 그대로 원래 메일 도구의 `retrieveMail()` 메서드를 호출한다.

새 클래스를 사용하려면 여러분은 새 메일 도구를 인스턴스화하고 `getMail()` 메서드를 호출하면 된다.

```
package MailTool;

public class Adapter {

    public static void main(String[] args) {
        MyMailTool myMailTool = new MyMailTool();
        myMailTool.getMail();

    }
}
```

getMail() 메서드를 호출할 때, 여러분은 이 새 인터페이스를 사용해 원래 도구에서 retrieveMail() 메서드를 호출한다. 이 예제는 아주 간단하지만, 이 래퍼를 작성하면 인터페이스를 개선하면서 여러분만의 고유한 기능을 원래 클래스에 추가할 수 있다.

어댑터라는 개념은 매우 간단하지만, 이 패턴을 사용해 새롭고 강력한 인터페이스를 작성할 수 있다.

행위 패턴

행위 패턴(behavioral patterns)은 다음과 같은 범주로 구성된다.

- 책임 연쇄(Chain of responsibility)
- 커맨드(Command, 즉 '명령') 패턴
- 인터프리터(Interpreter, 즉 '해설자') 패턴
- 이터레이터(Iterator, 즉 '반복자') 패턴
- 미디에이터(Mediator, 즉 '중재자') 패턴
- 메멘토(Memonto, 즉 '기념비') 패턴
- 옵저버(Observer, 즉 '관찰자') 패턴
- 스테이트(State, 즉 '상태') 패턴
- 스트레테지(Strategy, 즉 '전략') 패턴
- 템플릿 메서드(Template method) 패턴
- 비지터(Visitor, 즉 '방문자') 패턴

행위 범주의 예로 이터레이터 패턴을 살펴보자. 이것은 가장 일반적으로 사용되는 패턴 중에 하나이며, 여러 프로그래밍 언어로 구현된다.

이터레이터 디자인 패턴

이터레이터(iterator)는 벡터와 같은 컬렉션을 순회(즉, 횡단)하기 위한 표준 메커니즘을 제공한다. 컬렉션의 각 항목 한 번에 하나씩 접근할 수 있도록 기능을 제공해야 한다. 이터레이터 패턴은 정보 은닉을 제공해 컬렉션의 내부 구조를 안전하게 유지한다. 이터레이터 패턴은 또한 서로 간섭하지 않고 둘 이상의 이터레이터가 작성될 수 있도록 규정한다. 자바는 자체 이터레

이터 구현부를 제공한다. 다음 코드는 벡터를 만든 다음에 여러 문자열을 삽입한다.

```
package Iterator;

import java.util.*

public class Iterator {

    public static void main(String args[]) {

        // ArrayList를 인스턴스화한다.
        ArrayList<String> names = new ArrayList();

        // ArrayList에 값들을 추가한다.
        names.add(new String("Joe"));
        names.add(new String("Mary"));
        names.add(new String("Bob"));
        names.add(new String("Sue"));

        // 이제 이름의 개수만큼 반복한다.
        System.out.println("Names:");
        iterate(names);
    }

    private static void iterate(ArrayList<String> arl) {
        for(String listItem : arl) {
            System.out.println(listItem.toString());
        }
    }
}
```

옮긴이 인터페이스와 구현부(즉, 임플리멘테이션)를 구분하기 위한 더 모범적인 코드는 다음과 같다는 베타리더의 의견이 있었다.
`List<String> names = new ArrayList<>`

옮긴이 ArrayList 대신에 List를 쓰는 게 더 옳다는 베타리더의 의견이 있었다.

그런 다음 우리는 열거체(enum)를 하나 만들어 이 열거체를 통해 반복할 수 있게 한다. `iterate()` 메서드는 반복 기능을 수행하기 위해 제공된다. 이 메서드에서는 벡터를 순회하고 모든 이름을 나열하는 자바 열거 메서드 `hasMoreElements()`를 사용한다.

안티패턴

디자인 패턴은 경험에서 긍정적인 방식으로 발전하지만, 안티패턴(antipatterns)은 끔찍한 경험들을 모아 놓은 것으로 생각할 수 있다. 대부분의 소프트웨어 프로젝트가 궁극적으로 실패한 것으로 간주한다. 실제로 조니 존슨(Johnny Johnson)의 〈Creating Chaos〉라는 논문에서 알 수 있듯이 모든 프로젝트의 3분의 1이 완전히 취소되었다. 이러한 실패의 대부분은 잘못된 설계 결정 때문인 것 같다.

안티패턴이란 용어는 특정 유형의 문제를 사전에 해결하기 위해 디자인 패턴이 생성된다는 사실에서 비롯된다. 반면에, 안티패턴은 문제에 대한 반응이고 나쁜 경험으로부터 얻어진다. 요컨대, 디자인 패턴이 견고한 설계 실습을 기반으로 한 반면에, 안티패턴은 피해야 할 관행으로 생각할 수 있다.

1995년 11월에 나온 〈C++ Report〉에서 앤드류 콘니그(Andrew Koenig)는 안티패턴의 두 가지 측면을 설명했다.

- 문제에 대해 나빴던 해법만 기술하면 결과적으로 나쁜 상황에 빠지게 된다.
- 어떻게 해야 나쁜 상황에서 빠져나올지를 기술해 두어야 할 뿐만 아니라 어떻게 하면 좋은 상황으로 나아갈지까지 기술해야 한다.

많은 사람들이 안티패턴이 디자인 패턴보다 더 유용하다고 생각한다. 안티패턴은 이미 발생한 문제를 해결하도록 설계되었기 때문이다. 안티패턴을 근본 원인 분석이라는 개념으로 요약할 수 있다. 원래 디자인, 아마도 실제 디자인 패턴이 실패한 이유를 나타내는 데이터로 연구를 수행할 수 있다. 안티패턴은 이전에 있던 해법들의 실패로 인해 생긴다고 할 수 있다. 따라서 안티패턴은 일이 벌어진 후에 판단한 것이라는 이점이 있다.

예를 들어, 스콧 앰블러는 그의 논문인 〈Reuse Patterns and Antipatterns〉에서 **로버스트 아티팩트**(robust artifact, 즉 '견고한 가공물')라고 하는 패턴을 식별하고 다음과 같이 정의했다.

> 프로젝트별 요구사항 대신에 일반적인 요구사항을 충족시키기 위해 작성되고 철저하게 테스트되며, 이를 어떻게 활용할지를 보여주는 몇 가지 예를 갖춘 항목. 이러한 특성을 지닌 항목은 그렇지 못한 항목보다는 재사용될 가능성이 훨씬 높다. 로버스트 아티팩트는 이해하기 쉽고 다루기 쉬운 물건이다.

그러나 해법을 재사용할 수 있다고 선언한 후에라도 아무도 해법을 재사용하지 않는 상황들이 제법 벌어진다. 따라서 안티패턴을 설명하기 위해 그는 다음과 같이 적었다.

> 원래 개발자가 아닌 그 밖의 사람들은 재사용 없는 아티팩트를 검토하여 누가 관심을 두고 있고 누가 관심을 두지 않는지를 확인해야 한다. 만일 그렇다면 아티팩트를 로버스트 아티팩트가 되도록 다시 작업해야 한다.

따라서 안티패턴은 기존 설계를 수정하고 실행 가능한 솔루션을 찾을 때까지 해당 설계를 지속적으로 리팩토링(refactoring)한다.

안티패턴의 좋은 예 몇 가지

- 싱글톤(Singleton)[56]
- 서비스 로케이터(Service locator)
- 매직 스트링/매직 넘버(Magic strings/Magic numbers)
- 인터페이스 부풀리기(Interface bloat)
- 예외에 기반한 코딩(Coding by exception)
- 오류 숨기기/오류 삼키기(Error hiding/swallowing)

결론

이번 장에서는 디자인 패턴의 개념을 살펴보았다. 패턴은 일상 생활의 일부이며, 이는 객체지향 설계에 대해 생각해야 하는 방식이다. 정보 기술과 관련된 많은 것들과 마찬가지로 해법의 근원은 실제 상황에서 발견된다.

이번 장에서는 디자인 패턴에 대해 간략히 설명했지만, 이번 장의 끝에 수록한 참고문헌 도서 중 하나를 선택해 이 주제를 더 자세히 살펴보기 바란다.

참고문헌

Alexander, Christopher, et al. 1977. A Pattern Language: Towns, Buildings, Construction. Cambridge, UK: Oxford University Press.

Ambler, Scott. 'Reuse Patterns and Antipatterns.' 2000 Software Development Magazine.

Gamma, Erich, et al. 1995. Design Patterns: Elements of Reusable Object-Oriented Software. Boston, MA: Addison-Wesley.

56 옮긴이 싱글톤이 안티패턴인지에 대해서는 논란이 있다.

Grand, Mark. 2002. Patterns in Java: A Catalog of Reusable Design Patterns Illustrated with UML, Second Edition, volume 1. Hoboken, NJ: Wiley.

Jaworski, Jamie. 1999. Java 2 Platform Unleashed. Indianapolis, IN: Sams Publishing. Johnson, Johnny. 'Creating Chaos.' American Programmer, July 1995.

Larman, Craig. 2004. Applying UML and Patterns: An Introduction to Object-Oriented Analysis and Design and Iterative Development, Third Edition. Hoboken, NJ: Wiley.

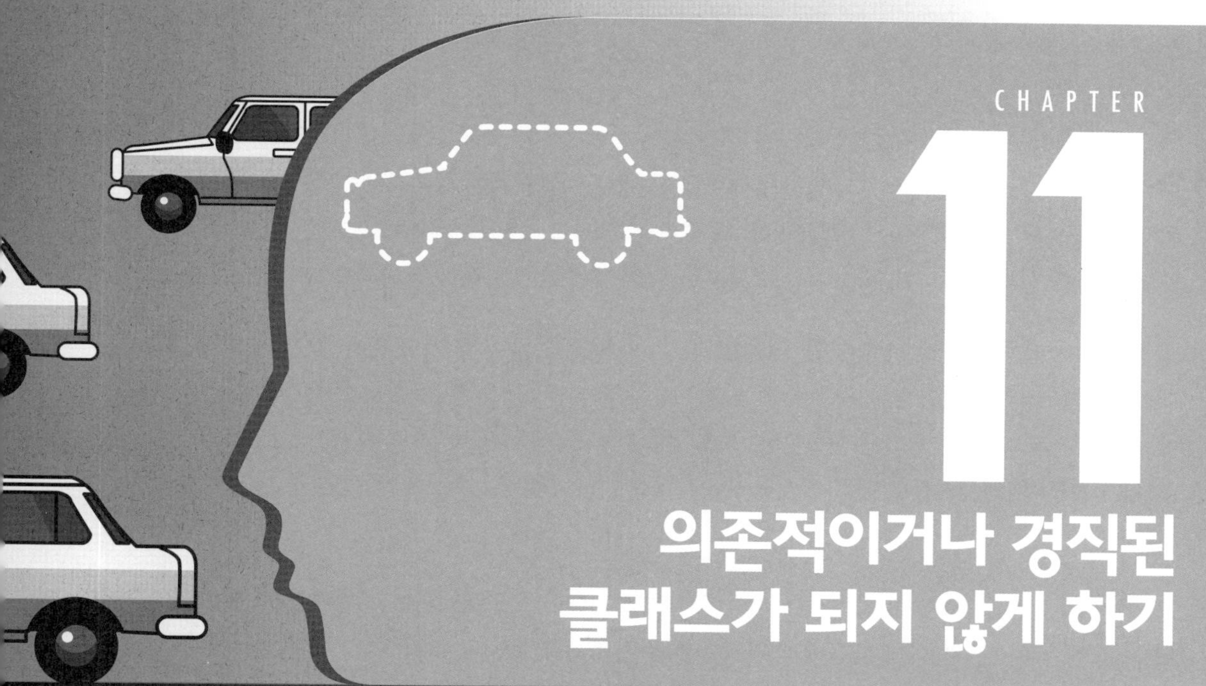

CHAPTER

11 의존적이거나 경직된 클래스가 되지 않게 하기

1장 '객체지향 개념 도입'에서 제시한 것처럼 고전적인 객체지향 프로그래밍의 전통적인 기준은 캡슐화, 상속 및 다형성이다. 이론적으로 프로그래밍 언어를 객체지향 언어로 간주하려면 이 세 가지 원칙을 따라야 한다. 또한, 1장에서 다룬 것처럼 필자는 여기에 합성도 포함하고 싶다.

따라서 필자는 객체지향 프로그래밍을 가르칠 때에 다음과 같은 기본 개념 목록을 사용한다.

- 캡슐화
- 상속
- 다형성
- 합성

팁

아마도 이 목록에 인터페이스(interface, 즉 '접속')를 추가해야겠지만, 필자는 인터페이스를 항상 특정 유형의 상속이라고 보았다.[57]

상속을 적절하게 사용하는 방법에 대해 토론할 때 알 수 있었듯이, 최근 개발 환경에서는 이

57 옮긴이 이 문장에 나온 interface는 '접속부'를 의미하는 게 아니라 '접속 관계' 또는 '접속 행위'를 의미한다.

목록에 합성이 꼭 들어가야 한다. 상속을 꺼리는 일은 예전부터 있어 왔다. 그리고 지난 몇 년에 걸쳐서 이 논쟁이 격화되었다. 필자가 대화해 본 많은 개발자들은 상속보다는 합성을 사용하는 게 좋다고 말한다(가끔은 합성이 상속보다 우위에 있다고도 말한다). 실제로도 어떤 프로그래머는 상속을 전혀 사용하지 않거나 상속 사용을 단일 계층 수준으로 제한해 최소화한다.

상속을 사용하는 방법에 초점을 둔 이유는 묶임(coupling) 문제와 관련이 있다. 상속 사용에 대한 논쟁은 거의 재사용성과 확장성 및 다형성에 관해서이지만, 사실상 상속은 클래스들 간에 의존체(dependencies)가 있게 하는 꼴이므로(이로 인해 클래스끼리 묶임으로써) 문제를 일으킬 수 있다. 이러한 의존체들로 인해 잠재적으로 유지보수할 때나 테스트할 때에 문제가 생길 수 있다.

7장 '상속과 합성에 익숙해지기'에서는 상속이 실제로 캡슐화를 약화시키는 방법에 대해 논의했는데, 이는 기본 개념이기 때문에 직관적이지 않은 것처럼 보인다. 그럼에도 이것은 실제로 재미있는 일 중 하나이며, 우리는 상속을 어떻게 사용해야 하는지 진심으로 생각해 봐야 한다.

> **주의**
> 상속을 피하라고 말하는 게 아니다. 여기서 논의하는 내용은 실제로는 의존체들과 묶임성이 강한 클래스들을 피하는 일에 관한 것이다. 상속 사용 시기는 이 논의에서 중요한 부분이다.

이 토론은 다음과 같은 질문으로 이어진다. 상속이 아니라면 무엇을 적용해야 하는가? 간단히 말하자면 합성이 답이다. 이 책에서 필자는 전반적으로 클래스를 재사용하는 방법으로는 상속과 합성이라는 두 가지 방법만이 있다고 주장해 왔으므로, 이런 답을 들었다고 해서 놀랄 일은 아니다. 상속 방식으로는 부모 클래스에서 자식을 생성해낼 수 있고 합성 방식으로는 클래스 내에 그 밖의 클래스들을 넣을 수 있다.

어떤 사람들이 주장하듯이 상속을 피해야만 한다면 상속을 배우는 데 시간을 소비할 필요가 있을까? 간단히 답하자면 많은 코드에 상속이 사용된다. 대부분의 개발자가 곧 이해하게 되겠지만, 유지보수 시점에 이르러서야 대부분의 코드에 당면하게 된다. 따라서 상속을 사용해 작성된 코드를 수정하고 개선하고 유지보수하는 방법을 이해해야 한다. 여러분이 새로운 코드를 작성할 때 상속을 사용해야 할 수도 있다. 요약하자면, 프로그래머는 가능한 한 모든 객체지향 기반 기술과 더불어 개발자가 활용해 볼 만한 모든 도구들을 배워 두는 게 좋다는 말이다. 또한, 이 말은 프로그래머가 자신이 활용해 오던 다양한 객체지향 기술이나 객체지향 도구에만 집착하지 말고 새로운 기술과 도구를 익히는 일도 생각해 두어야 한다는 말이기도 하다.

여기서도 필자가 가치 판단을 하고 있지 않다는 점을 다시 한번 더 이해해 주기 바란다. 필자는 상속이 문제가 되므로 그것을 피해야 한다고 주장하는 게 아니다. 필자는 상속이 어떻게 사용되는지를 완전히 이해하고 대안적인 설계 방식을 신중하게 연구한 후에 비로소 스스로 결정하는 게 중요함을 말하고 싶다. 따라서 이번 장에 나온 예제는 클래스를 설계하는 최적의 방법을 반드시 설명하려는 의도로 보인 게 아니고 오히려 상속과 합성 사이의 결정과 관련된 문제에 대해 생각하게 하기 위한 훈련용 연습 문제인 것이다. 모든 기술을 발전시키면서 좋은 점은 지키면서도 그다지 좋지 않으면 개선하는 게 필요하다.

또한, 합성에는 고유한 묶임 문제가 있다. 7장에서는 다양한 유형의 컴포지션(결합체 및 응집체)을 설명했다. 응집체(aggregations)는 다른 객체에 포함된 객체이며(new 키워드 생성됨), 결합체(associations)는 매개변수 목록을 통해 다른 객체로 전달되는 객체다. 응집체는 객체에 포함되어 있기 때문에 서로 밀접하게 연결되어 있으므로 피해야 한다.

따라서 상속으로 인해 클래스끼리 서로 강하게 묶인다는 평판이 있었지만, 합성(응집체를 사용한 합성)으로도 강하게 묶이는 클래스를 만들 수 있다. 9장 '객체 구축과 객체지향 설계'에서 사용된 스테레오 컴포넌트 예제를 다시 확인해 이러한 모든 개념을 특정 예제에 통합해 보자.

응집체들을 사용해 스테레오를 만드는 일이란 단일 컴포넌트 안에 모든 컴포넌트가 포함된 제품인 CD 카세트를 만드는 일에 비유해 볼 수 있다. 다양한 상황에서 CD 카세트는 무척 편리하다. 집어 들고 쉽게 움직일 수 있으며, 특별한 조립이 필요하지 않다. 그러나 이런 식으로 설계하면 많은 문제가 생길 수 있다. MP3 플레이어와 같은 하나의 컴포넌트가 고장 나면 전체 장치를 수리점에 맡겨야 한다. 더 나쁜 것은 전기 문제와 같이 전체 붐 박스를 사용할 수 없게 만드는 많은 문제가 생길 수 있다.

결합체들을 사용해 스테레오를 만들면 응집체에서 발생하는 많은 문제점을 완화할 수 있다. 컴포넌트 음향기기를 연결선(또는 무선)으로 연결해 둔 한 뭉치의 결합체들이라고 생각해 보자. 이 설계에는 스피커, CD 플레이어, 턴테이블 및 카세트 플레이어와 같은 다른 여러 객체에 연결된 중심 객체가 있으며, 이것을 리시버라고 부른다. 사실, 이 리시버는 제작업체가 어느 곳이든지 별 상관없는 해법이라고 생각할 수 있는데, 상품 진열대에서 이 컴포넌트를 쉽게 구할 수 있기 때문이다. 이게 큰 장점이다.

이 상황에서 CD 플레이어가 고장 나면 CD 플레이어만 분리하여 고치거나(다른 컴포넌트를 계속 사용하면서도) 작동하는 새 CD 플레이어로 교체할 수 있다. 이게 결합체를 사용할 때의 이점으로 이러면 클래스 간의 연결을 최소로 유지할 수 있다.

팁

9장에서 지적했듯이, 강하게 묶인 클래스는 일반적으로 눈살을 찌푸리게 하는 게 맞기는 해도 때로는 강하게 묶이게 하는 설계로 인한 위험을 감수해야 하는 경우도 있다. CD 카세트가 그러한 예 중 하나다. 강하게 묶이게 하는 설계 방식으로 만든 것임에도 때로는 선호되는 선택지다.

이제 상속과 합성을 사용해서 수행하는 묶임 문제를 검토했으므로 상속과 합성을 사용해 강하게 묶이게 한 설계의 예를 살펴보자. 학생들을 가르치면서 필자가 자주 그러는 것처럼, 우리는 의존성 주입이라는 기술을 사용해 묶임 문제를 완화할 때까지 이러한 예를 반복할 것이다.

합성 대 상속, 그리고 의존성 주입

먼저 우리는 이 책에서 자주 사용되는 예제에서 수집한 상속 모델을 가져와서 상속이 아니라 합성으로 다시 설계하는 방법에 초점을 맞춰 볼 것이다. 두 번째 예제로는 반드시 최적의 솔루션인 것은 아니지만, 응집을 사용함에도 합성으로 다시 설계하는 방법을 보여준다. 세 번째 예제에서는 응집체를 피하고 그 대신에 결합체를 사용해 설계하는 방법을 보여준다. 이게 **의존성 주입**(dependency injection)이라는 개념이다.

1) 상속

상속 대 합성이라는 논쟁에 여러분이 참여하든지 그러지 않든지 간에, 먼저 간단한 상속 사례를 제시한 다음에 합성을 사용해 상속을 어떻게 구현할 수 있는지를 살펴보고, 이 책에 자주 나온 포유류 예제를 다시 살펴보자. 이번에는, 그림 11.1에서 볼 수 있듯이 날 수 있는 포유류인 박쥐를 소개한다.

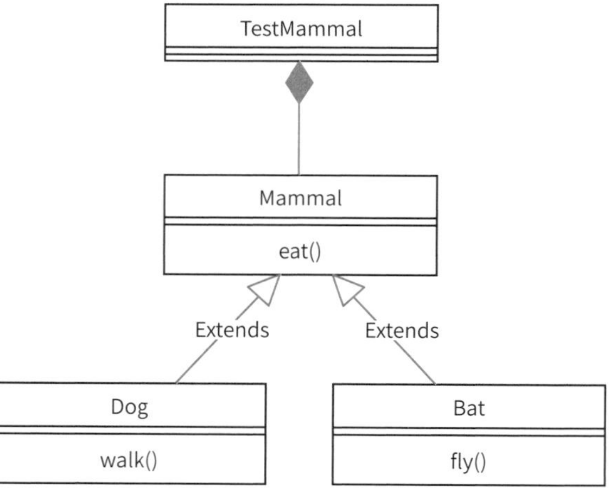

그림 11.1 상속을 사용해 포유류 만들기

특별히 이번 예제에서는 상속이 명백한 선택지인 것으로 보인다. `Mammal`에서 상속을 받아 `Dog` 클래스를 생성하는 건 극적인 덩크 슛 같지 않은가? 이러한 방식으로 상속을 활용하는 다음 코드를 살펴보자.

```
class Mammal {
    public void eat() { System.out.println("I am Eating"); };
}

class Bat extends Mammal {
    public void fly() { System.out.println("I am Flying"); };
}

class Dog extends Mammal {
    public void walk() { System.out.println("I am Walking"); };
}

public class TestMammal {

    public static void main(String args[]) {

        System.out.println("Composition over Inheritance");

        System.out.println("\nDog");
        Dog fido = new Dog();
        fido.eat();
        fido.walk();

        System.out.println("\nBat");
        Bat brown = new Bat();
        brown.eat();
        brown.fly();

    }

}
```

이 설계에서 Mammal은 모든 포유류가 무언가를 먹어야만 한다고 가정하므로 eat()라는 단일 행위를 갖게 된다. 그러나 우리가 Mammal의 서브클래스인 Bat와 Dog을 추가하게 되면, 즉시 상속 문제가 발생하기 시작한다. 개는 걸을 수 있지만, 모든 포유류가 걷는 것은 아니다. 또한, 박쥐는 날 수 있지만, 모든 포유류가 날 수 있는 것은 아니다. 문제는 이러한 메서드들이 어디에 속해야 하는가다. 이전의 펭귄 예제에서와 같이 조류라고 해서 다 날 수 있는 게 아니기 때문에 상속 위계구조에서 메서드를 배치할 위치를 결정하는 것은 까다로울 수 있다.

Mammal 클래스를 FlyingMammals와 WalkingMammals로 분리하는 방식은 모든 게 드러나지 않은 빙산 중에 한 부분만 드러낼 뿐이므로 아주 우아한 해결책은 아니다. 어떤 포유류는 헤엄칠 수 있고, 어떤 포유류는 알을 낳기도 한다. 더욱이, 개별 포유동물 종이 가지고 있는 수많은 다른 행위가 있을 수 있으며, 이러한 모든 행위에 대해 별도의 클래스를 만드는 일은 비현실적일 수 있다. 따라서 이 설계를 is-a 관계로 접근하는 대신에 has-a 관계를 사용해 설계를 탐색해야 한다.

2) 합성

이 전략에서는 클래스 자체에 행위를 포함하지 않고 각 행위에 대해 개별 클래스를 만든다. 따라서 상속 위계구조에 행위를 배치하는 대신에 각 행위에 대한 클래스를 만들고 나서 필요한 행위만 (응집을 통해) 포함함으로써 개별 포유류를 만들 수 있다.

따라서 우리는 그림 11.2와 같이 `Walkable`이라는 클래스와 `Flyable`이라는 클래스를 만든다.

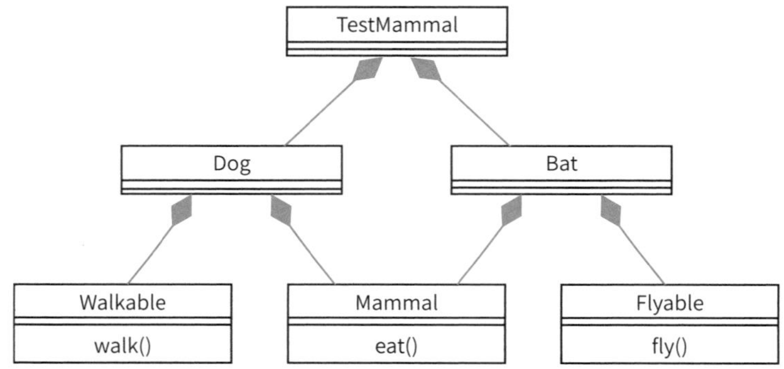

그림 11.2 **합성을 사용해 포유류 만들기**

예를 들어, 다음 코드를 보자. 우리는 `Mammal` 클래스와 이 클래스의 `eat()` 메서드를 여전히 가지고 있을 뿐만 아니라 여전히 `Dog` 클래스와 `Bat` 클래스도 가지고 있다. 여기서 중요한 설계의 차이점은 `Dog` 클래스와 `Bat` 클래스가 합성 관계의 일종인 응집을 통해 행위들을 획득한다는 점이다.

> **주의**
>
> 응집(aggregation)이라는 용어는 앞 단락에서 사용되었다는 점에 유념하자. 이번 예제는 상속 대신에 합성을 사용할 수 있는 방법을 보여준다. 또한, 여전히 중요한 묶음(coupling) 개념까지 포함해 응집이라는 말을 사용하고 있다. 따라서 인터페이스를 사용해 다음 예제로 나아가는 중간 교육 단계를 생각해 보자.

```
class Mammal {
    public void eat () { System.out.println("I am Eating");};
}

class Walkable {
    public void walk () { System.out.println("I am Walking");};
}

class Flyable {
    public void fly () { System.out.println("I am Flying");};
}

class Dog {
    Mammal dog = new Mammal();
    Walkable walker = new Walkable();
}

class Bat {
    Mammal bat = new Mammal();
    Flyable flyer = new Flyable();
}

public class TestMammal {

    public static void main(String args[]) {

        System.out.println("Composition over Inheritance");
        System.out.println("\nDog");
        Dog fido = new Dog();
        fido.dog.eat();
        fido.walker.walk();

        System.out.println("\nBat");
        Bat brown = new Bat();
        brown.bat.eat();
        brown.flyer.fly();

    }

}
```

참고

이번 예제의 목적은 상속 대신에 합성을 사용하는 방법을 설명하는 것이다. 설계에 상속을 전혀 사용할 수 없다는 의미는 아니다. 예를 들어, 모든 포유류가 다 포식 행위를 한다고 결정하면 Mammal 클래스에 eat() 메서드를 배치하고 Dog과 Bat이 Mammal로부터 상속을 받게 할 수 있다. 항상 그렇듯이, 이게 설계 결정이다.

아마도 이 논의의 핵심은 우리가 앞서 다루었던 개념, 즉 상속이 캡슐화를 깬다는 점일 것이다. Mammal 클래스를 변경하게 되면 모든 Mammal 서브클래스를 다시 컴파일(및 아마도 재배치)해야 하기 때문에 이런 측면을 쉽게 이해할 수 있다. 이는 이와 같은 클래스들이 서로 밀접하게 결합되어 있으며, 클래스를 가능한 한 많이 분리한다는 목표에 반한다는 뜻이다.

우리의 합성 예제에서 Whale 클래스를 추가한다고 해도 이전에 작성된 클래스 중 어느 것도 다시 작성할 필요는 없다. 여러분은 Swimmable이라는 클래스와 Whale이라는 클래스를 추가한다. 그러면 Swimmable 클래스를 Dolphin 클래스와 같이 재사용할 수 있다.

```
class Swimmable {
    public void fly() {System.out.println("I am Swimming");};
}

class Whale {
    Mammal whale = new Mammal();
    Walkable swimmer = new Swimmable ();
}
```

기본 애플리케이션은 이전에 존재했던 클래스를 변경하지 않은 채로 이 기능을 추가할 수 있다.

```
System.out.println("\nWhale");
Whale shamu = new Whale();
shamu.whale.eat();
shamu.swimmer.swim();
```

경험 법칙 중 하나를 들자면, 다형성이 꼭 필요한 상황에서만 상속을 사용하라는 것이다. 따라서 Shape에서 상속된 Circles와 Rectangle은 상속을 합법적으로 사용하는 것일 수 있다. 반면에, 걷기나 날기와 같은 행위는 상속에 대한 좋은 후보가 아닐 수 있다. 예를 들어, Dog에서 fly() 메서드를 무시하면 명백한 옵션은 no-op(아무것도 하지 않음)다. 방금 전에 나온 Penguin 예제에서 보았듯이, 여러분은 Dog이 절벽을 넘어 뛰면서 자신이 이용 가능한 fly() 메서드를 실행할지라도, '피도'라는 개에게는 참 애석한 일이지만, fly()가 아무런 일도 하지 않는다는 점을 피도가 깨닫게 될 것이다.

이번 예제는 실제로 합성을 사용해 이 솔루션을 구현하지만, 설계에는 심각한 결함이 있다. new 키워드를 사용하는 것이 명백하기 때문에 객체는 강하게 묶여 있다.

```
class Whale {
    Mammal whale = new Mammal();
    Walkable swimmer = new Swimmable ();
}
```

클래스를 분리하는 연습을 완료하기 위해 **의존성 주입**(dependency injection)이라는 개념을 소개한다. 간단히 말해서, 객체를 생성하는 대신에 매개변수 목록을 통해 다른 객체 내부로 외부 객체를 주입한다는 뜻이다. 토론은 의존체(dependencies) 주입 개념에만 초점을 맞춘다.

의존성 주입

이전 단원에 나온 예제에서는 합성(응집 포함)을 사용해 Dog에게 Walkable이라는 행위를 제공한다. Dog 클래스는 문자 그대로 다음 코드 조각과 같이 Dog 클래스 자체 내에 새로운 Walkable 객체를 만들었다.

```
class Dog {
    Walkable walker = new Walkable();
}
```

이것은 실제로 작동하지만, 클래스들은 여전히 서로 강하게 결합되어 있다. 이전 예제에서 클래스를 완전히 분리하기 위해 앞에서 언급한 의존성 주입 개념을 구현해 보자. 의존성 주입과 제어 역전은 종종 함께 다루어진다. 제어 역전(IoC, inversion of control)에 대한 한 가지 정의는 다른 사람이 의존체를 인스턴스화해 전달하게 하는 것이다. 이것을 바로 이번 예제에서 구현할 것이다. 모든 포유류가 날고 걷고 헤엄치는 것은 아니기 때문에 분리 과정에 착수하기 위해 우리는 먼저 다양한 포유류의 행위를 나타내는 인터페이스를 만든다.

이번 예에서는 그림 11.3에 표시된 것처럼 IWalkable이라는 인터페이스를 만들어 보행 행위에 중점을 둘 것이다.

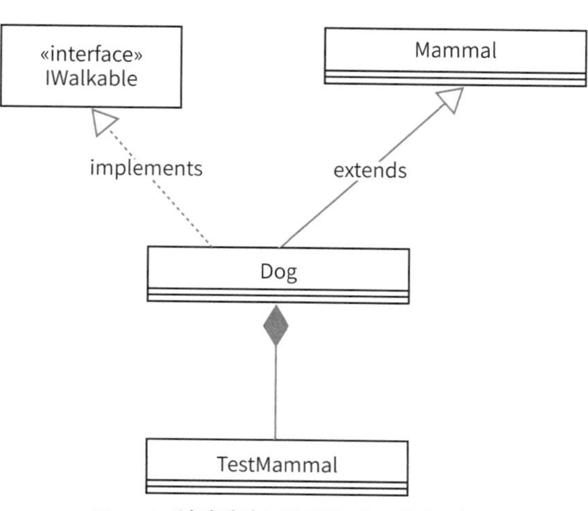

그림 11.3 **인터페이스를 사용해 포유류 만들기**

IWalkable 인터페이스의 코드는 다음과 같다.

```
interface IWalkable {
    public void walk();
}
```

이 인터페이스의 유일한 메서드는 walk()이며, 구현부를 제공하기 위해 구상 클래스에 남겨진다.

```
class Dog extends Mammal implements IWalkable {
    Walkable walker;

    public void setWalker(Walkable w) {
        this.walker=w;
    }

    public void walk() {
        System.out.println("I am Walking");
    };
}
```

옮긴이 자바 언어에 맞게 코드를 작성하면 다음과 같다는 베타리더의 의견이 있었다.

```
public class Dog extends Mammal
implements IWalkable {
    private IWalkable walker;
    public voic setWalker
    (IWalkable walker) {
        this.walker = walker;
    }

    public void walk() {
        this.walker.walk(); // delegate
    }
}
```

Dog 클래스는 Mammal 클래스를 확장하고 IWalkable 인터페이스를 구현한다. 또한, Dog 클래스는 의존성을 주입하는 메커니즘을 제공하는 참조 및 세터를 제공한다.[58]

```
Walkable walker;

public void setWalker(Walkable w) {
    this.walker=w;
}
```

간단히 말해서 이것이 의존성 주입이다. Walkable 행위는 새 키워드를 사용해 Dog 클래스 내에 작성되지 않는다. 매개변수 목록을 통해 Dog 클래스에 주입된다.

다음은 완성된 예다.

```
class Mammal {
    public void eat() {System.out.println("I am Eating");};
}

interface IWalkable {
    public void walk();
```

58 **옮긴이** 원서에는 참조와 생성자를 제공한다고 되어 있다.

```
}

class Dog extends Mammal implements IWalkable {
    Walkable walker;

    public void setWalker(Walkable w) {
        this.walker=w;
    }

    public void walk() { System.out.println("I am Walking"); };
}

public class TestMammal {

    public static void main(String args[]) {

        System.out.println("Composition over Inheritance");
        System.out.println("\nDog");
        Walkable walker = new Walkable();
        Dog fido = new Dog();
        fido.setWalker(walker);
        fido.eat();
        fido.walker.walk();

    }

}
```

옮긴이 구현체인 Walkable 대신에 다음과 같이 인터페이스인 Iwalkable에 의존하게 하는 게 좋다는 베타리더의 의견이 있었다.

```
Iwalkable walker;
```

옮긴이 위임(delegation) 방식으로 이 문장을 다음과 같은 코드로 작성하는 게 본문 내용에도 맞고 코드의 맥락에도 맞다는 베타리더의 의견이 있었다.

```
public void walk() {
    this.walker.walk();
}
```

옮긴이 앞의 옮긴이 주석에서 언급한 대로 위임하는 식으로 처리하자면 이 문장은 다음과 같이 되어야 한다는 베타리더의 의견이 있었다.

```
fido.walk();
```

이번 예제에서는 세터를 사용해 주입하지만, 이게 의존성 주입을 처리하는 유일한 방법은 아니다.

생성자를 사용해 주입하기

Walkable 행위를 주입(inject)하는 한 가지 방법은 Dog 클래스 내에 생성자가 호출될 때 다음과 같이 기본 애플리케이션에서 인수를 허용하는 생성자를 작성하는 것이다.

```
class Dog {
    Walkable walker;
    public Dog (Walkable w) {
        this.walker=w;
    }
}
```

이 접근방식에서 애플리케이션은 Walkable 객체를 인스턴스화하고 생성자를 거쳐 Dog에 삽입한다(inserts).

```
Walkable walker = new Walkable();

Dog fido = new Dog(walker);
```

세터를 사용해 주입하기

객체가 인스턴스화될 때 생성자가 속성을 **초기화**하지만, 객체 수명 주기 동안에 값을 재설정해야 하는 경우가 종종 있다.[59] 이게 접근자 메서드가 세터 형태로 작동하는 방식이다. setWalker()라는 세터를 사용해 Walkable이라는 행위가 Dog 클래스에 **삽입될**(inserted) 수 있다.

```
class Dog {
    Walkable walker;

    public void setWalker(Walkable w) {
        this.walker=w;
    }
}
```

생성자 기술과 마찬가지로 애플리케이션은 Walkable 객체를 인스턴스화하고 세터를 거쳐 Dog에 삽입한다.

```
Walkable walker = new Walkable();
Dog fido = new Dog();
fido.setWalker(walker);
```

결론

의존성 주입은 여러분이 만든 클래스의 구성을 클래스 의존체들의 구성으로부터 분리한다. 이는 여러분이 매번 자신만의 것을 직접 제작하는 대신에 (공급업체의) 상품 진열대에서 무언가를 구입해 오는 일과 같다.

이게 상속과 합성에 대한 토론의 핵심이다. 이것이 단순히 토론이라는 점에 유의해야 한다. 이번 장의 목적은 클래스를 설계하기에 '최적인' 방법을 설명하기 위한 것이 아니라 상속과 합성

59 옮긴이 원칙적으로 생성자를 통해서 의존성을 주입하고 세터는 선택적으로 제공해야 하지만, 생성자 대 세터라는 식으로 대립하게 하면 안 되며, 원칙적으로 생성자를 사용하고 세터를 부가적으로 사용하는 게 좋다는 베타리더의 의견이 있었다.

사이의 결정과 관련된 문제에 대해 생각하는 것이다. 다음 장에서는 소프트웨어 개발 커뮤니티가 높이 평가하고 수용하는 개념인 객체지향 설계의 SOLID 원칙을 살펴본다.

참고문헌

Martin, Robert, et al. Agile Software Development, Principles, Patterns, and Practices. 2002. Boston: Pearson Education, Inc.

Martin, Robert, et al. Clean Code. 2009. Boston: Pearson Education, Inc.

CHAPTER

12 객체지향 설계의 SOLID 원칙

객체지향 프로그래밍과 관련해 많은 개발자가 가장 흔히 하는 말 중에 하나는 '실제 세계를 모델링할 수 있는 게 객체지향 프로그래밍의 주요 장점이다'는 말이다. 필자가 고전적인 객체지향 개념에 관해 말할 때면 이러한 단어들을 많이 사용한다는 점을 인정한다. 로버트 마틴(Robert Martin)에 따르면(적어도 유튜브에서 본 한 차례 강의에 따르면), 객체지향이 우리가 생각하는 방식과 밀접하다고 말하는 것은 그저 마케팅에 불과하다고 한다. 그 대신에, 그는 객체지향이란 핵심 의존성들을 역전시킴으로써 경직된 코드나 취약한 코드 및 재사용이 불가능 코드가 되지 않게 하는 식으로 의존체들을 관리하는 일이라고 말한다.

예를 들어, 고전적인 객체지향 프로그래밍 과정에서는 코드를 종종 실제 상황에 맞게 모델링하는 경우가 많다. 예를 들어, 개가 포유류의 일종이라면(is-a) 이 관계를 상속으로 나타내는 게 명백한 선택지이기는 하다. 엄격한 has-a 및 is-a 리트머스 테스트라는 게 수년간 객체지향적 마음가짐의 한 부분을 차지했다.

그러나 이 책 전체에서 보았듯이 상속 관계를 강요하려고 하면 설계 문제가 생길 수 있다. (짖지 않는 개를 기억하는가?) 짖지 않는 개와 짖는 개, 날지 못하는 새와 날 수 있는 새를 상속 설계를 잘 선택해서 하는 것만으로 서로 구분되게 할 수 있다고 생각하는가? 이 모든 생각들이 객체지향 마케팅 담당자 때문에 이루어진 건 아닐까? 좋다. 허풍은 잊어버려라. 앞 장에서 보았듯이, 아마도 'has-a'와 'is-a'를 엄밀하게 구분해 결정하는 데 집중하는 것만이 최선의 접근 방식은 아닐 것이다. 아마도 우리는 클래스를 분리하는 데 더 집중해야 할 것이다.

앞에서 언급한 강의에서 종종 '밥 삼촌'이라고도 불리는 로버트 마틴은 재사용할 수 없는 코드를 설명하기 위해 다음과 같은 세 가지 용어를 정의한다.

- **경직성(rigidity):** 프로그램의 한 부분을 변경하면 다른 부분까지 변경해야 하는 경우
- **취약성(fragility):** 관련이 없는 곳에서 오류가 발생하는 경우
- **부동성(immobility):** 코드를 원래 맥락에서 벗어나 재사용할 수 없는 경우

이러한 문제들을 해결하고 목표를 달성하기 위해 SOLID가 도입되었다. 로버트 마틴이 '소프트웨어 설계를 더 이해하기 쉽고 더 유연하며 더 유지보수 가능하게 만들기' 위해 도입한 다섯 가지 설계 원칙을 SOLID로 정의한다. 로버트 마틴에 따르면 모든 객체지향 설계에 적용되지만, SOLID 원칙은 애자일 개발이나 적응형(adaptive) 소프트웨어 개발과 같은 방법론의 핵심 철학을 형성할 수 있다. SOLID라는 약어는 마이클 페더스(Michael Feathers)가 도입한 것이다.

다섯 가지 SOLID 원칙은 다음과 같다.

- **SRP:** 단일 책임 원칙(Single Responsibility Principle)
- **OCP:** 개방/폐쇄 원칙(Open/Close Principle)
- **LSP:** 리스코프 대체 원칙(Liskov Substitution Principle)
- **ISP:** 인터페이스 분리 원칙(Interface Segregation Principle)
- **DIP:** 의존성 역전 원칙(Dependency Inversion Principle)

이번 장에서는 이 다섯 가지 원칙을 다루는 데 중점을 두면서, 이 원칙들이 수십년 동안 존재해 온 고전적인 객체지향 원칙과 관련지어 보겠다. SOLID를 다루면서 필자는 아주 간단한 예제로 개념을 설명한다는 목표를 세웠다. 훌륭한 유튜브 동영상 몇 개를 포함해 온라인에는 많은 콘텐츠가 있다. 이 동영상 중에 상당수는 개발자를 대상으로 한다. 프로그래밍에 익숙하지 않은 학생들을 대상으로 한 것은 아니다.

이 책의 모든 예제에서 그랬던 것처럼, 필자는 교육이라는 목적에 맞게 지나치게 복잡한 예제는 걸러 내고 될 수 있으면 공통성을 보이면서도 수준이 높지 않은 예제를 뽑아 내려고 한다.

객체지향 설계의 SOLID 원칙

11장 '의존적이거나 경직된 클래스가 되지 않게 하기'에서 다섯 가지 SOLID 원칙에 대한 논의로 이어지는 몇 가지 기본 개념에 대해 논의했다. 이번 장에서는 각 SOLID 원칙에 대해 자세히 알아본다. SOLID에 관한 모든 정의는 엉클 밥(Uncle Bob) 사이트(http://butunclebob.com/ArticleS.UncleBob.PrinciplesOfOod)에서 제공한다.

1) SRP: 단일 책임 원칙

단일 책임 원칙(Single Responsibility Principle)에 따르면 클래스를 변경한 이유가 단일해야 한다. 프로그램의 각 클래스와 모듈은 단일 작업에 중점을 두어야 한다. 따라서 같은 클래스 안에 다른 이유 때문에 변경될 메서드를 넣지 않도록 한다. 클래스를 설명하는 글에 '그리고'라는 단어가 포함된다면 SRP가 깨질 수 있다. 다시 말해서, 모든 모듈이나 클래스는 소프트웨어가 제공하는 기능의 단일 부분에 대해서만 책임을 져야 하며, 그 책임을 클래스로 완전히 캡슐화해야 한다.

도형을 위계구조 형태로 만드는 일은 고전적인 상속 사례 중 하나다. 도형은 종종 교수용 예제로 사용되며, 이번 장과 책에서도 많이 사용한다. 이번 예제에서 Circle 클래스는 추상 클래스인 Shape를 상속받는다. Shape 클래스는 자식 클래스와 하는 계약 대상으로 calcArea()라는 추상 메서드를 제공한다. Shape에서 상속된 모든 클래스는 자체적으로 calcArea()를 구현해야 한다.

```
abstract class Shape {
    protected String name;
    protected double area;
    public abstract double calcArea();
}
```

이번 예제에서 우리는 Shape에서 상속을 받으며, 필요한 경우에는 calcArea()를 구현하는 Circle 클래스를 만들어 사용한다.

```
class Circle extends Shape {
    private double radius;

    public Circle(double r) {
        radius = r;
```

```
    }

    public double calcArea() {
        area = 3.14 * (radius*radius);
        return (area);
    };
}
```

> **주의**
>
> 우리는 단일 책임 원칙에 초점을 맞출 뿐만 아니라 가능한 한 간단한 예제가 되게 하려고 Circle 클래스만 이번 예제에 포함했다.

CalculateAreas라는 세 번째 클래스는 Shape 배열에 포함된 다른 도형의 면적을 합산한다. Shape 배열의 크기는 무제한이며, 이 배열에 정사각형 및 삼각형과 같은 다른 도형이 포함될 수 있다.

```
class CalculateAreas {
    Shape[] shapes;
    double sumTotal=0;

    public CalculateAreas(Shape[] sh) {
        this.shapes = sh;
    }

    public double sumAreas() {
        sumTotal=0;
        for (inti=0; i<shapes.length; i++) {
            sumTotal = sumTotal + shapes[i].calcArea();
        }
        return sumTotal;
    }

    public void output() {
        System.out.println("Total of all areas = " + sumTotal);
    }
}
```

CalculateAreas 클래스도 애플리케이션의 출력을 처리하므로 문제가 있다. 면적 계산 행위와 출력 행위는 같은 클래스에 포함되어 있다.

이 코드가 TestShape라는 다음 테스트 애플리케이션에서 작동하는지 확인할 수 있다.

```
public class TestShape {
    public static void main(String args[]) {

        System.out.println("Hello World!");

        Circle circle = new Circle(1);

        Shape[] shapeArray = new Shape[1];
        shapeArray[0] = circle;

        CalculateAreas ca = new CalculateAreas(shapeArray);

        ca.sumAreas();
        ca.output();
    }
}
```

이제 테스트 애플리케이션이 준비되면 단일 책임 원칙 문제에 중점을 둘 수 있다. 다시 말하지만, CalculateAreas 클래스에 문제가 있으며, 이 클래스에는 출력(output) 행위뿐 아니라 다양한 면적을 합산(summing)하는 행위가 포함되어 있다.

여기서 근본적인 문제는 다음과 같다. output() 메서드의 기능을 변경하려면 면적을 합산하는 메서드를 변경할지 여부에 관계없이 CalculateAreas 클래스를 변경해야 한다. 예를 들어, 어떤 시점에서 간단한 텍스트가 아닌 HTML로 콘솔에 출력을 표시하려면 책임이 결합되어 있기 때문에 영역을 합한 코드를 다시 컴파일하고 재배치해야 한다.

단일 책임 원칙에 따르면, 한 메서드를 변경해도 다른 메서드에 영향을 미치지 않게 하여 불필요하게 다시 컴파일하는 일이 없게 하는 게 목표다. '한 클래스에는 변화해야 할 이유가 한 가지, 아니 단 한 가지여야 한다. 즉 변화해야 할 책임이 단일해야 한다.'

이를 해결하기 위해, 우리는 두 개의 메서드를 서로 분리된 클래스에 넣을 수 있는데, 그중에 하나는 원래 콘솔 출력용이고 다른 하나는 새로 포함된 HTML 출력용이다.

```
class CalculateAreas {
    Shape[] shapes;
    double sumTotal=0;

    public CalculateAreas(Shape[] sh) {
        this.shapes = sh;
    }

    public double sumAreas() {
```

```
        sumTotal=0;

        for (inti=0; i<shapes.length; i++) {

            sumTotal = sumTotal + shapes[i].calcArea();

        }
        return sumTotal;
    }
}

class OutputAreas {
    double areas=0;

    public OutputAreas(double a) {
        this.areas = a;
    }

    public void console() {
        System.out.println("Total of all areas = " + areas);
    }

    public void HTML() {
        System.out.println("<HTML>");
        System.out.println("Total of all areas = " + areas);
        System.out.println("</HTML>");
    }
}
```

이제 새로 작성한 클래스를 사용해 우리는 면적 합산 코드에 영향을 주지 않으면서 HTML로 출력하기 위한 기능을 추가할 수 있다.

```
public class TestShape {
    public static void main(String args[]) {

        System.out.println("Hello World!");
        Circle circle = new Circle(1);

        Shape[] shapeArray = new Shape[1];
        shapeArray[0] = circle;

        CalculateAreas ca = new CalculateAreas(shapeArray);

        CalculateAreas sum = new CalculateAreas(shapeArray);
        OutputAreasoAreas = new OutputAreas(sum.sumAreas());

        oAreas.console();   // 콘솔에 출력
        oAreas.HTML();      // HTML에 출력
```

```
    }
}
```

여기서 요점은 요구사항에 따라 다양한 대상으로 출력을 보낼 수 있다는 것이다. 그 밖에 JSON 등으로도 출력하려는 경우에 CalculateAreas 클래스를 변경하지 않은 채로 OutputAreas 클래스에 해당 기능을 추가할 수 있다. 결과적으로 CalculateAreas 클래스를 독립적으로 재배포하면서도 그 밖의 클래스에 전혀 영향을 미치지 않는다.

2) OCP: 개방/폐쇄 원칙

개방/폐쇄 원칙(Open/Close Principle)에 따르면 클래스를 수정하지 않고 클래스의 행위를 확장할 수 있어야 한다.

도형 예제를 다시 살펴보자. 다음 코드에는 Rectangle 객체를 허용하고 해당 객체의 면적을 계산한 다음에 해당 값을 반환하는 CalcurateAreas라는 클래스가 있다. 간단한 애플리케이션이지만, 사각형에 한해서 작동한다.

```
class Rectangle {
    protected double length;
    protected double width;

    public Rectangle(double l, double w) {
        length = l;
        width = w;
    };
}

class CalculateAreas {

    private double area;

    public double calcArea(Rectangle r) {

        area = r.length * r.width;

        return area;

    }
}

public class OpenClosed {
    public static void main(String args[]) {
```

```
        System.out.println("Hello World");

        Rectangle r = new Rectangle(1,2);

        CalculateAreas ca = new CalculateAreas();

        System.out.println("Area = "+ ca.calcArea(r));

    }
}
```

이 애플리케이션이 사각형에 한해서 작동한다는 사실은 개방/폐쇄 원칙을 설명하는 제약 조건을 제공한다. CalculateArea 클래스에 Circle을 추가하려면(담당 작업을 변경하려면) 모듈 자체를 변경해야 한다. 분명히 이것은 개방/폐쇄 원칙과 상충되며, 모듈을 변경하기 위해 모듈을 변경할 필요가 없다는 것을 명시하고 있다.

개방/폐쇄 원칙을 준수하기 위해 우리가 시도해 본 진짜 도형의 예를 다시 볼 수 있는데, 여기서 Shape라고 부르는 추상 클래스가 만들어지고 그 다음에 모든 도형은 getArea()라고 부르는 추상 메서드의 Shape 클래스로부터 상속을 받아야 한다.

이때, 우리는 Shape 클래스 자체를 변경할 필요 없이 원하는 만큼의 다양한 클래스를 추가할 수 있다(예: Circle). 이제 우리는 Shape 클래스가 **폐쇄되었다**(closed)고 말할 수 있다.

다음 코드는 사각형 및 원형에 대해 이 해법을 구현하며, 이 코드를 사용하면 무제한으로 도형을 만들 수 있다.

```
abstract class Shape {
    public abstract double getArea();
}

class Rectangle extends Shape {
    protected double length;
    protected double width;

    public Rectangle(double l, double w) {
        length = l;
        width = w;
    };

    public double getArea() {
        return length * width;
    }
```

```
}

class Circle extends Shape {
    protected double radius;

    public Circle(double r) {
        radius = r;
    };
    public double getArea() {
        return radius * radius * 3.14;
    }
}

class CalculateAreas {
    private double area;

    public double calcArea(Shape s) {
        area = s.getArea();
        return area;
    }
}

public class OpenClosed {
    public static void main(String args[]) {

        System.out.println("Hello World");

        CalculateAreas ca = new CalculateAreas();

        Rectangle r = new Rectangle(1,2);

        System.out.println("Area = " + ca.calcArea(r));

        Circle c = new Circle(3);

        System.out.println("Area = " + ca.calcArea(c));

    }
}
```

이런 식으로 구현하면 새 Shape를 추가할 때 CalculateAreas() 메서드를 변경할 필요가 없다.

여러분은 레거시 코드에 대해 걱정할 필요 없이 코드를 확장할 수 있다. 핵심은 개방/폐쇄 원리는 자식 클래스를 통해 코드를 확장해야 하며, 원래 클래스는 변경할 필요가 없다는 것이다. 그러나 확장(extension)이라는 단어는 SOLID와 관련된 여러 토론에서 문제가 된다. 앞으로 자세히 살펴보겠지만, 우리가 상속보다 합성을 선호한다면 이것이 개방/폐쇄 원칙에 어떤 영향을 미칠까?

SOLID 원칙 중 하나를 따르는 경우에, 코드가 또 다른 SOLID 원칙 중 하나를 따라야 할 수도 있다. 예를 들어, 개방/폐쇄 원칙을 따르도록 코드를 설계했는데 이 코드가 단일 책임 원칙을 준수할 수도 있다는 말이다.

3) LSP: 리스코프 대체 원칙

리스코프 대체 원칙(Liskov substitution principle)에 따르면 부모 클래스의 인스턴스를 해당 자식 클래스 중 하나의 인스턴스로 교체할 수 있게 설계해야 한다. 부모 클래스가 무언가를 할 수 있다면 자식 클래스도 그것을 할 수 있어야 한다.

합리적으로 보일 수 있지만, 리스코프 대체 원칙을 위반하는 코드를 살펴보자. 다음 코드에는 Shape라는 일반적인 추상 클래스가 있다. 그런 다음 Rectangle은 Shape에서 상속하고 추상 메서드 calcArea()를 오버라이딩한다. 정사각형은 Rectangle에서 상속된다.

```
abstract class Shape {
    protected double area;

    public abstract double calcArea();
}

class Rectangle extends Shape {
    private double length;
    private double width;

    public Rectangle(double l, double w) {
        length = l;
        width = w;
    }

    public double calcArea() {
        area = length * width;
        return (area);
    };
}

class Square extends Rectangle {
    public Square(double s) {
        super(s, s);
    }
}

public class LiskovSubstitution {
    public static void main(String args[]) {
```

```
        System.out.println("Hello World");

        Rectangle r = new Rectangle(1,2);

        System.out.println("Area = " + r.calcArea());

        Square s = new Square(2);

        System.out.println("Area = " + s.calcArea());

    }
}
```

지금까지는 좋았다. 직사각형(rectangle)은 도형의 일종이므로(is-a 관계이므로) 모든 것이 좋아 보인다. 정사각형(square) 또한 직사각형의 일종이므로(is-a 관계이므로) 아직까지는 문제가 없는 것 같은데, 만약 이런 관계가 아니라면 어떻게 해야 할까?

이제 우리는 다소 철학적인 토론을 해야 할 것 같다. 정사각형이 실제로는 직사각형의 일종인가? 많은 사람들이 그렇다고 말한다. 그러나 정사각형은 특수한 유형의 사각형일 수 있지만, 직사각형과는 속성이 다르다. 직사각형은 사각형이기도 하지만, 평행사변형이기도 하다(대각에 놓인 변끼리 일치하는 경우다). 한편, 정사각형은 마름모(각 변이 일치)이지만, 직사각형은 그렇지 않다. 따라서 직사각형과 정사각형 간에는 약간 다른 점이 있다.

실제로는 객체지향 설계 시에 기하학이 문제 되지는 않는다. 우리가 직사각형과 정사각형을 어떻게 만드느냐가 문제다. 다음은 Rectangle(직사각형) 클래스의 생성자다.

```
public Rectangle(double l, double w) {
    length = l;
    width = w;
}
```

생성자에는 분명히 두 개의 매개변수가 필요하다. 그러나 부모 클래스인 Rectangle은 Square 생성자가 두 개이기를 기대하지만, 한 개만 필요하다.

```
class Square extends Rectangle {
    public Square(double s) {
        super(s, s);
    }
}
```

실제로, 면적을 계산하는 기능은 두 클래스에서 미묘하게 다르다. 사실, Square는 동일한 매개변수를 두 번 전달하여 Rectangle을 속인다. 이것은 받아들일 수 있는 해결책처럼 보일지 모르지만, 실제로 코드를 유지하는 누군가를 혼란스럽게 할 수 있고 의도하지 않은 유지보수 문제를 일으킬 수 있다. 이것은 최소한 일관성이 없는 설계 결정이며, 아마도 의심스러운 설계 결정일 것이다. 생성자가 다른 생성자를 호출하는 것을 보게 된다면 설계를 일시 중지하고 다시 생각해 보는 게 좋다. 적절한 자식 클래스가 아니어서 그럴 수 있기 때문이다.

여러분은 이 특정 딜레마를 어떻게 해결하는가? 간단히 말해서, 정사각형은 직사각형을 대체(substitute)하지 않으며, 정사각형은 자식 클래스가 아니어야 한다. 따라서 별도의 클래스이어야 한다.

```
abstract class Shape {
    protected double area;

    public abstract double calcArea();
}

class Rectangle extends Shape {

    private double length;
    private double width;

    public Rectangle(double l, double w) {
        length = l;
        width = w;
    }

    public double calcArea() {
        area = length * width;
        return (area);
    };
}

class Square extends Shape {
    private double side;

    public Square(double s) {
        side = s;
    }

    public double calcArea() {
        area = side * side;
        return (area);
    };
}
```

```
public class LiskovSubstitution {
    public static void main(String args[]) {

        System.out.println("Hello World");

        Rectangle r = new Rectangle(1,2);

        System.out.println("Area = " + r.calcArea());

        Square s = new Square(2);

        System.out.println("Area = " + s.calcArea());

    }
}
```

4) IPS: 인터페이스 분리 원칙

인터페이스 분리 원칙(Interface Segregation Principle)에 따르면 몇 개의 큰 인터페이스가 있는 편보다는 작은 인터페이스가 많은 편이 바람직하다.

이번 예제에서는 Mammal, eat() 및 makeNoise()에 대한 여러(multiple) 행위를 포함하는 단일(single) 인터페이스를 작성한다.

```
interface IMammal {
    public void eat();
    public void makeNoise();
}
class Dog implements IMammal {
    public void eat() {
        System.out.println("Dog is eating");
    }
    public void makeNoise() {
        System.out.println("Dog is making noise");
    }
}
public class MyClass {
    public static void main(String args[]) {

        System.out.println("Hello World");

        Dog fido = new Dog();
        fido.eat();
        fido.makeNoise();
    }
}
```

Mammal에 대한 단일 인터페이스를 만드는 대신에 모든 행위에 대해 별도의 인터페이스를 만들 수 있다.

```
interface IEat {
    public void eat();
}
interface IMakeNoise {
    public void makeNoise();
}
class Dog implements IEat, IMakeNoise {
    public void eat() {
        System.out.println("Dog is eating");
    }
    public void makeNoise() {
        System.out.println("Dog is making noise");
    }
}
public class MyClass {
    public static void main(String args[]) {

        System.out.println("Hello World");

        Dog fido = new Dog();
        fido.eat();
        fido.makeNoise();
    }
}
```

실제로, 우리는 Mammal 클래스에서 행위를 분리한다. 따라서 상속(실제 인터페이스)을 통해 단일 Mammal 엔터티를 만드는 대신에 이전 장에서 취한 전략과 비슷한 합성 기반 설계로 이동한다.

요컨대, 이 접근법을 사용함으로써 단일 Mammal 클래스에 포함된 행위를 강요하지 않고 합성으로 Mammal들을 만들 수 있다. 예를 들어, 누군가가 먹지 않고 대신에 피부를 통해 영양분을 흡수하는 Mammal을 발견했다고 가정해 보자. eat()라는 행위가 포함된 단일 Mammal 클래스에서 상속받으면 새 포유류에는 이 행위가 필요하지 않다. 그러나 모든 행위를 별도의 단일 인터페이스로 분리하면 각 포유동물을 정확하게 제시하는 방식으로 구축할 수 있다.

5) DIP: 의존성 역전 원칙

의존성 역전 원칙(Dependency Inversion Principle)은 코드가 추상화에 의존해야 한다고 명시하고 있다. 종종 의존성 역전(dependency inversion)과 의존성 주입(dependency injection)이라는 용어가 서로 교환해 쓸 수 있는 말처럼 들리겠지만, 이 원칙을 논의할 때 이해해야 할 몇 가지 핵심 용어는 다음과 같다.

- **의존성 역전**: 의존체들을 역전시키는 원칙
- **의존성 주입**: 의존체들을 역전시키는 행위
- **생성자 주입**: 생성자를 통해 의존성 주입을 수행
- **파라미터 주입**: 세터와 같은 메서드의 파라미터를 통해 의존성 주입을 수행

의존성 역전의 목표는 구상적인 것에 결합하기보다는 추상적인 것에 결합하는 것이다.

어떤 시점에서는 분명히 구상적인 것을 만들어야 하지만, 우리는 main() 메서드에서와 같이 가능한 한 사슬을 멀리 뻗어 구상 객체를 만들려고 노력한다(new 키워드를 사용함으로써). 아마도 이것을 생각하는 더 좋은 방법은 8장과 9장을 다시 들여다보는 것일 텐데, 8장 '프레임워크 및 재사용: 인터페이스와 추상 클래스를 사용해 설계하기'에서는 실행 시간에 클래스를 적재하는 일을 논하고 9장 '객체 구축과 객체지향 설계'에서는 소규모 클래스로 분리하거나 만듦으로써 책임을 제한하는 일을 다룬다.

같은 맥락에서 의존성 역전 원칙의 목표 중 하나는 컴파일타임이 아니라 런타임에 객체를 선택하는 것이다. (여러분은 런타임에 프로그램의 행위를 변경할 수 있다.) 여러분은 이전 클래스를 다시 컴파일하지 않고도 새 클래스를 작성할 수도 있다(사실, 새 클래스를 작성해 주입할 수 있다).

이 토론의 기초는 대부분 11장 '의존적이거나 경직된 클래스가 되지 않게 하기'에서 설명했다. 의존성 역전 원칙을 고려하면서 그것을 토대로 구축해 보자.

1단계: 초기 예제

이번 예제의 첫 번째 단계를 위해, 우리는 이 책 전체에서 사용된 고전적인 객체지향 설계 예제 중 하나인 Mammal 클래스의 예제와 Mammal에서 상속된 Dog 클래스 및 Cat 클래스를 다시 살펴본다. Mammal 클래스는 추상적이며, makeNoise()라는 단일 메서드를 포함한다.

```
abstract class Mammal {
    public abstract String makeNoise();
}
```

Cat과 같은 자식 클래스는 상속을 사용해 포유류의 행위인 makeNoise()를 활용한다.

```
class Cat extends Mammal {
    public String makeNoise() {
        return "Meow";
    }
}
```

그런 다음 기본 애플리케이션은 Cat 객체를 인스턴스화하고 makeNoise() 메서드를 호출한다.

```
Mammal cat = new Cat();

System.out.println("Cat says " + cat.makeNoise());
```

첫 번째 단계의 전체 애플리케이션은 다음 코드와 같다.

```
public class TestMammal {
    public static void main(String args[]) {

        System.out.println("Hello World\n");

        Mammal cat = new Cat();
        Mammal dog = new Dog();

        System.out.println("Cat says " + cat.makeNoise());
        System.out.println("Dog says " + dog.makeNoise());

    }
}

abstract class Mammal {
    public abstract String makeNoise();
}

class Cat extends Mammal {
    public String makeNoise() {
        return "Meow";
    }
}

class Dog extends Mammal {
    public String makeNoise() {
        return "Bark";
    }
}
```

2단계: 행위를 분리해 내기

앞의 코드에는 잠재적으로 심각한 결함이 있다. 코드는 포유류와 행위(MakingNoise)를 연결한다. 포유류의 행위를 포유동물 자체로부터 분리하면 상당한 이점을 얻을 수 있다. 이렇게 하기 위해 우리는 포유류뿐만 아니라 포유류가 아닌 것들도 모두 사용할 수 있는 MakingNoise라는 클래스를 만든다.

이 모델에서 Cat, Dog 또는 Bird는 MakeNoise 클래스를 확장하고, Cat에 대한 다음 코드 조각과 같이 필요에 따라 고유한 울음 발생 행위를 만든다.

```
abstract class MakingNoise {
    public abstract String makeNoise();
}

class CatNoise extends MakingNoise {
    public String makeNoise() {
        return "Meow";
    }
}
```

Cat 클래스와 분리된 MakingNoise 행위를 사용하면 다음 코드 조각과 같이 Cat 클래스 자체의 하드코딩된 행위 대신에 CatNoise 클래스를 사용할 수 있다.

```
abstract class Mammal {
    public abstract String makeNoise();
}

class Cat extends Mammal {
    CatNoise behavior = new CatNoise();

    public String makeNoise() {
        return behavior.makeNoise();
    }
}
```

다음은 두 번째 단계의 전체 애플리케이션이다.

```
public class TestMammal {
    public static void main(String args[]) {

        System.out.println("Hello World\n");
```

```
        Mammal cat = new Cat();
        Mammal dog = new Dog();

        System.out.println("Cat says " + cat.makeNoise());
        System.out.println("Dog says " + dog.makeNoise());

    }
}

abstract class MakingNoise {
    public abstract String makeNoise();
}

class CatNoise extends MakingNoise {
    public String makeNoise() {
        return "Meow";
    }
}

class DogNoise extends MakingNoise {
    public String makeNoise() {
        return "Bark";
    }
}

abstract class Mammal {
    public abstract String makeNoise();
}

class Cat extends Mammal {
    CatNoise behavior = new CatNoise();
    public String makeNoise() {
        return behavior.makeNoise();
    }
}

class Dog extends Mammal {
    DogNoise behavior = new DogNoise();
    public String makeNoise() {
        return behavior.makeNoise();
    }
}
```

문제는 코드의 주요 부분을 분리했지만, Cat이 여전히 Cat 울음 소리내기 행위를 인스턴스화하기 때문에 우리는 의존성 역전이라는 목표에 도달하지 못했다는 것이다.

```
CatNoise behavior = new CatNoise();
```

Cat은 저수준 모듈인 CatNoise에 결합된다. 다시 말해서, Cat은 CatNoise와 연결되어서는 안 되며, 울음 생성을 위한 추상화에 연결되어야 한다. 실제로 Cat 클래스는 울음 생성 동작을 인스턴스화하지 말고 대신 주입을 통해 행위를 받아야 한다.

3단계: 의존성 주입

이 마지막 단계에서 우리는 설계의 상속 측면을 완전히 버리고 합성을 통한 의존성 주입을 활용하는 방법을 조사한다. 상속보다는 합성이라는 개념이 탄력을 받는 주요 이유 중 하나는 상속 위계구조가 필요하지 않다는 점이다. 여러분은 위계구조 모델로부터 하위 형식(subtype)을 만드는 대신에 하위 형식을 합성한다.

설명하자면, 초기 구현에서 Cat과 Dog은 기본적으로 정확히 같은 코드를 포함하고 있다. 서로 다른 울음소리만 돌려줄 뿐이다. 결과적으로 코드의 상당 부분이 중복된다. 따라서 포유동물이 많으면 울음소리를 유발하는 코드가 많을 것이다. 아마도 더 나은 설계는 포유류가 울음소리를 내도록 코드를 취하는 것이다.

여기서 한 단계 더 도약하자면 특정 포유류(Cat과 Dog)를 버리고 다음과 같이 간단히 Mammal 클래스를 사용하는 것이다.

```
class Mammal {
    MakingNoise speaker;

    public Mammal(MakingNoise sb){
        this.speaker = sb;
    }

    public String makeNoise(){
        return this.speaker.makeNoise();
    }
}
```

이제 우리는 Cat 울음 소리 생성 행위를 인스턴스화하고 이를 Animal 클래스에 제공하여 Cat처럼 행위를 하는 포유류를 만들 수 있다. 실제로, 여러분은 전통적인 클래스 구축 기술을 사용하는 대신에 행위를 주입하여 언제든 Cat을 조립(assemble)할 수 있다.

```
Mammal cat = new Mammal(new CatNoise());
```

다음은 최종 단계를 위한 완벽한 애플리케이션이다.

```
public class TestMammal {
    public static void main(String args[]) {

        System.out.println("Hello World\n");

        Mammal cat = new Mammal(new CatNoise());
        Mammal dog = new Mammal(new DogNoise());

        System.out.println("Cat says " + cat.makeNoise());
        System.out.println("Dog says " + dog.makeNoise());

    }
}

class Mammal {
   MakingNoise speaker;

   public Mammal(MakingNoise sb) {
       this.speaker = sb;
   }

   public String makeNoise() {
       return this.speaker.makeNoise();
   }
}

interface MakingNoise {
    public String makeNoise();
}

class CatNoise implements MakingNoise {
    public String makeNoise() {
        return "Meow";
    }
}

class DogNoise implements MakingNoise {
    public String makeNoise() {
        return "Bark";
    }
}
```

이제는 의존성 주입을 논의할 때 객체를 실제로 인스턴스화하는 시점이 중요한 고려 사항이다. 목표는 주입을 통해 객체를 작성하는 것이지만, 여러분은 어느 시점에서는 객체를 인스턴스화해야 한다. 결과적으로 설계 결정은 이 인스턴스화를 수행할 시기를 중심으로 이루어진다.

이번 장의 앞부분에서 언급했듯이, 의존성 역전의 목표는 특정 시점에서 구체적으로 무언가를 만들어야 하지만, 무언가 구상적인 게 아닌 추상적인 것에 결합하는 것이다. 따라서 간단한 목표 중 하나는 (new 키워드를 사용함으로써) main() 메서드에서 그러는 것처럼 최대한 멀리까지 이어지게 구상 객체를 만드는 것이다. new 키워드를 볼 때마다 언제나 그 대상의 값을 평가(evalute)하자.

결론

이것으로 SOLID에 대한 논의를 마친다. SOLID 원칙은 오늘날 사용되는 가장 영향력 있는 객체지향 지침 중 하나다. 이러한 원칙을 연구하는 데 있어 흥미로운 점은 원칙들이 기본적으로 객체지향적인 캡슐화, 상속, 다형성, 합성과 어떤 식으로 관련되어 있느냐 하는 점이었다. 특히, 상속 대 합성에 관한 논쟁과 관련해서는 더욱 그랬다.

필자의 경우에 SOLID 토론에서 가장 흥미로운 점은 상투적인 면이 전혀 없었다는 것이다. 상속 대 합성에 관한 논의에서 오래된 근본 객체지향 개념조차도 다시 해석할 만한 여지가 있음이 분명해졌다. 우리가 보았듯이, 다양하게 생각하다 보면 이런 생각들이 서로 정반합의 과정을 거치며 발전할 수 있으므로 혁신을 이루기까지는 어느 정도 시간이 필요하다고 생각한다.

참고문헌

Martin, Robert, et al. Agile Software Development, Principles, Patterns, and Practices. 2002. Boston: Pearson Education, Inc.

Martin, Robert, et al. Clean Code. 2009. Boston: Pearson Education, Inc.

찾아보기

D

E

F

G

H

I

J

L

M

N

ㄴ

ㄷ

ㄹ

ㅁ

ㅂ

ㅅ

ㅈ

ㅊ

ㅎ